U0050869

天台緣起中道實相論

陳英善　著

中華佛學研究所論叢 5

通序

中華佛學研究所的前身是中國文化學院附設中華學術院的佛學研究所，自一九六八年起，發行《華岡佛學學報》，至一九七三年，先後出版了三期學報。一九七八年十月，本人應聘爲該所所長；一九八〇年十月，發行第四期《華岡佛學學報》。至一九八五年十月，發行到第八期之後，即因學院已昇格爲中國文化大學，政策改變，著令該所停止招生。於是，我假台北市郊新北投的中華佛教文化館，自創中華佛學研究所；一九八七年三月，以年刊方式，發行《中華佛學學報》，迄一九九四年秋，已出版至第七期。這兩種學報，在現代中國的佛學研究史上，對於學術的貢獻和它所代表的地位，包括中國大陸在內，應該是最有份量的期刊了。

本所自一九八一年秋季開始，招收研究生，同時聘請專職的研究人員。一九八六年三月，便委託東初出版社出版了研究生的第一册研究論集——惠敏法師的《中觀與瑜伽》；一九八七年三月，出版了研究生的第一册畢業論文——果祥法師的《紫柏大師研究》；一九八九年五月，出版了研究生的第一册佳作選《中華佛學研究所論叢》，接著於一九九〇年，出版了研究員的研究論著，曹仕邦博士的《中國佛教譯經論集》及冉雲華教授的《中國佛教文化研究論集》。到目前爲止，本所已出版的佛教學術論著，除了東初老人及我寫的不算之外，已達二十多種。

本所是教育機構，更是學術的研究機構；本所的教師羣也都是研究人員，他們除了擔任授課工作，每年均有研究的撰著成果。本所的研究生，每年也有幾篇具有相當水準的畢業論文，自從一九八九年以來，本所獎助國內各大學碩士及博士研究生的佛學論文，每年總有數篇很有內容的作品。同時，本所也接受了若干部大陸學者們的著作，給與補助。這四種的佛學著作，在內容的性質上，包括了佛教史、佛教文獻、佛教藝術、佛教語文、佛學思想等各方面的論著。

由於教育、研究以及獎助的結果，便獲得了數量可觀的著作成品，那就必須提供出版的服務。經過多方多次的討論，決定將這些論著，陸續精選出版，總名爲「中華佛學研究所論叢（Series of the Chung—Hwa Institute of Buddhist Studies，簡稱SCIBS）。凡本所研究人員的專題研究、研究生的碩士畢業論文、本所舉辦的博碩士徵文、大陸學者的徵文、特約邀稿，以及國際學術會議論文集等，透過中華佛學研究所編審委員會嚴格的審查通過，交由東初出版社以此論叢名義出版、發行。本所希望經由嚴格的審核程序，從各種來源中得到好書、出版好書，俾爲佛教學術界提供好書。

出版「中華佛學研究所論叢」的目的，除了出版好的學術作品，更是鼓勵佛教研究風氣，希望由作者、讀者中能培養更多有志於佛教學術研究的人才。此外，更期望藉由本所與東初出版社合作出版的學術論著，與國際各佛學研究機構的出版品相互交流，進而提高國內佛教研究的國際學術地位。

一九九四年七月三十日釋聖嚴序於台北北投中華佛學研究所

自序

首先，感謝本所創辦人上聖下嚴法師於文大研究所以來的諄諄教誨，以及於博士班畢業後提供了這樣優秀的研究環境，使《天台緣起中道實相論》才得以完成。

再者，本人於中華佛學研究所教學和研究期間，除了完成《天台緣起中道實相論》（民79年本所研究計劃論文）外，亦陸續撰寫了與天台相關的論著：《天台智者的禪觀》（民82年已提出）、《天台智者的戒學》（民84年將提出）、唐宋天台諸論文（散見諸期刊）、《蕅益思想之研究》（民81年已提出）等，若再加上《天台緣起中道實相論》第十章〈檢視近代學者所理解的天台學〉一文，可說已將天台學整個輪廓勾勒了出來。雖然本人的研究旁涉了天台的戒定慧三學及唐宋以來天台思想之詮釋，但此等畢竟還是偏重於義理之探討，有關於天台的復興和弘揚，其關鍵在於落實於天台的戒學和禪觀，此乃有賴於台灣和大陸天台宗道場的專修者來開拓天台戒學與禪觀的修證。

其次，感謝評審者們寶貴的審查意見，趁本書出版之便，針對其意見在部份的論

目　錄

第七章　實相之實踐——智者大師的成佛觀

導論

本書取名爲《天台緣起中道實相論》，主要探討的是天台實相論，而天台實相是基於緣起、中道來建構的。因此，我們可以說（就法無自性而言），「實相」就是等於「緣起」，等於「中道」，合起來說，就是「緣起中道實相論」，也就是說天台的實相論本身是立基於緣起、中道來談的。由此藉以釐清近代學者以實體、存有、真常等非以緣起的觀念來詮釋天台實相論之偏頗。

本書共分十章節，約可分爲三部份來看，第一部份（第一～三章）所處理的是有關天台實相義理之建構，第二部份（第四～七章）是有關實相義理之展現，第三部份（第八～十章）則是針對近代學者所理解下的天台實相論之觀點提出反省、檢討。

就第一部份而言，內容包括第一、二、三章。原本打算以一章節來處理，分實相之義理、簡別、方法來處理實相義理之建構，而由於篇幅太長，因之分爲三章節來進行。然不管是對實相義理之探討（如第一章），或是對實相類別之分判（如第二章），乃至論述實相建構之方法（如第三章），此三單元皆是彼此相關連著。如第一章所處理的實相之義理，爲了讓吾人對實相義理有進一步之理解、掌握、分別，因此有第二章之設計，反過來說，透過不同層次、派別對實相的理解，使我們更確切了解實相真正之涵義。也就是透過正反兩面之陳述，來彰顯實相之義理精神。了解實相義理精神後，則進一步探討天台以什麼樣的方式把握實相精神，用什麼樣的方法建構實相義理，乃至用什麼樣的態度展現實相內涵，這就是第三章所探討的內容。

就第二部份而言，內容包括第四～七章，共四章節。有關實相之基本義理，在第一部份中已做了交待，而第二部份內容所要處理的，則是對實相義理之進一步發揮，亦即是實相義理之展現。此部份共分四章節來進行，如第四章〈實相之經喻〉，是就《法華經》的實相觀念提出探討，以便透過《法華經》對實相的陳述，來開顯實相的精神。第五章〈實相之教相〉，是透過天台四教判（藏、通、別、圓）來論述實相之教相，亦即透過佛陀一時代教化之內容來看實相之呈現。因眾生根機之不同，佛陀之施教則有種種不同。因此，也就有偏圓大小等之差別。智者大師以藏、通、別、圓四教來作分判、歸類。透過四教判之教理觀行的表達，以便了解天台實相思想的運作模式，此亦是吾人了解天台思想基本的前提。雖分判爲四教，而整個運作是依實相爲判準的。第六章〈實相之展現〉，則是藉由對一念三千之探討，以便展現實相之圓滿教理與圓頓觀行。第七章〈實相之實踐〉，此是藉由智者大師之成佛觀來探討實踐問題，以及如何運用實相義理表現在成佛觀上。

就第三部份而言，內容包括第八～十章，共分三章節。從前述第一、二部份的論述，有關天台實相論之教理與觀行已可告一段落。接下來第三部份所處理的是對近代學者詮釋天台思想的觀點提出質疑、反省。然爲何會形成天台實相之困阨、對實相諦說之非難，乃至使實相論呈現種種變形，此可說皆導因於以西洋哲學觀點來詮釋天台實相下的結果，或許應該說是基於非以緣起的觀點來理解天台實相之所致。第八章〈實相之困阨〉，是藉由對《觀音玄義》性惡問題的釐清，以說明以性具論、性惡說來理解天台思想之謬誤。另外因爲《觀音玄義》性惡說之困擾，而成了實相之困阨。第九章〈實相之諦說〉，以透過對三諦之探討，說明幾諦幾諦之說辭，皆是文字表面上的爭執，重要的是要由諸諦說中看它們表現的內涵來作判斷。然而，卻因爲天台講了三諦，而被判爲是外道梵我思想，或是實體的東西。依智者大師的看法，若對緣起精神掌握不住，不要說是講三諦是外道，縱使講一諦或二諦，本質上也皆是外道的東西。反過來說，若能掌握緣起精神，何止於說二諦？而是有無量諦可說。近代學者往往以三諦說來非難天台實相論，或對天台實相論大大宣美一番。另一個有趣的問題，有關學者們對天台實相的理解，往往形成兩極化。一種是認爲天台實相論違背了佛教原意，而大加唾棄；另種主張是天台實相論真正把握了佛教精神，而大加讚美。然不管是唾棄或是讚美，彼此之間有一共同模式——基於非以緣起來理解天台。在此情況下，天台的實相論呈現種種變形，這是第十章所處理的內容，探討近代學者所理解下的天台觀點。

從第一章至第十章皆是環繞者天台實相論來探討，這也是爲什麼本文以「實相」爲標題，乃至以實相標章節之所在。

第一章　實相之義理

第一節　實相之原語

「實相」一語，主要來自於鳩摩羅什大師之翻譯，如羅什大師所譯經論——《妙法蓮華經》、《般若經》、《大智度論》、《中論》等經論中，皆可見到此一用語①。然若對照上述已有的梵文版經論來看，可發現並沒有一固定的用語，用以專門來表達「實相」這概念②。換言之，就羅什大師所譯經論「實相」一語，就有諸多不同的梵文文字來表達之，歸納爲五類③：

一、dharmatā

二、sarvadharmatathatā

三、bhūta

四、dharmasvabhāva

五、tattvasya lakṣaṇa

以上是就羅什大師所譯的《法華經》、《中論》、《摩訶般若經》、《小品般若經》，對照梵文版歸納得來的。

同樣地，屬於上述五類的梵文文字，但羅什大師並不一定將之譯為「實相」、如「dharmatā」一語，有將之譯為「法性」，且在羅什大師所譯的經論中，譯為「法性」的梵文文字，也不只用「dharmatā」一語。

因此，我們可以得到一個結論，在梵文版經論中，並沒有一個足以確切用以表達「實相」概念的文字，也可以說羅什大師所譯經論中，並沒用統一的梵文文字來翻譯「實相」。

甚至，在羅什大師所譯經論中，沒有類似「實相」梵文文字的地方，而羅什大師卻將之譯為「實相」（或「諸法實相」），如《法華經》〈法師品〉云：

諸所說法，隨其義趣，皆與實相，不相違背。若說俗間經書，治世語言，資生業等，皆順正法④。

yaṃ ca dharmaṃ bhāṣiṣyati sā śya smṛta na sa saṃpramoṣaṃ yāsyati⑤

又如〈方便品〉云：

唯佛與佛，乃能究盡諸法實相⑥。

tathāgata eva Śāriputra tathāgatasya dharmāṃ deśayed yān dharmāṃs tathāgata jānāti. sarvadharmān api Śāriputra tathāgata eva deśayati. sarvadharmān api tathāgata eva jānāti.⑦

在上述所引述羅什所譯《法華經》與梵文本對照中，可看出在梵文裡，並沒有相當於「實相」、「諸法實相」之語，而羅什大師卻以「實相」「諸法實相」譯之。

從上述論述中，羅什大師不但沒有固定統一翻譯「實相」的梵文文字，且連沒有類似「實相」之梵文文字，也以「實相」譯之。至此，或許我們會有一個疑慮——究竟「實相」代表什麼涵義？何以會令人如此捉摸不住？這是值得吾人進一步深思探索的問題。

就上述所列舉梵語「實相」五類來考察：

一、dharmatā

譯爲「法如是」或「法性」，指「爲法」的意思，意即指「法爲法所成的原委」之意思。法爲法所成的原委是什麼？即法如是這般，亦即是「緣起」，一切法皆依因緣而現起，因此，以此稱爲「法性」。如《大智度論》云：

「法性者，諸法實相」⑧。

「一切法實相，名為法性」⑨。

什麼是「諸法實相」?「一切法實相」?也就是指諸法如實之相，此即「緣起」之意。

二、sarvadharmatathatā

譯爲「諸法實相」，sarvadharmatathatā是由「Sarva」（一切）、「dharma」（法）、「tathatā」（如，真如）三字所組合而成，合起來譯爲「一切法如」、「一切法真如」、「諸法如」，也就是「諸法實相」，其意即指一切法如實之相，或云諸法如斯存在，亦即「緣起」之意。

三、bhūta

譯爲「實際」。「實際」其意爲何?依《大智度論》之解釋：

「實際者，如先說，法性名為實，入處名為際」⑨。

依《大智度論》對「實際」之解釋，可知「實」與「際」皆指「法性」的意思。另又如《入大乘論》云：

「是故因緣法空，名為真如、法性、實際」⑩。

由此我們可以了解到上述所謂之法性(dharmatā)、一切法真如(sarvadharmatathatā)、實際(bhūta)，此三者皆是同一意思，皆表達「因緣法空」的意思，也就是指「諸法皆是相互依存而成立，皆無有自性」，故以「空」表示「法無自性」。

四、dharmasvabhāva

譯爲「法的自性」，dharmasvabhāva是由「dharma」（法）與「svabhāva」（自性）組合而成，合譯爲「法的自性」。此處所謂「法的自性」，是否與前面所述諸法緣起無自性之法性、真如、實際形成矛盾衝突？雖然言「法的自性」，然其基本前提是建立在諸法相互依存的基礎上，以此說爲法的自性，然不同於諸法互相獨立的自性。

五、tattvasya lakṣaṇa

譯爲「真實相」，tattvasya lakṣaṇa合成語是tattvalakṣaṇa，譯之爲「真實相」，亦即「它爲它」，也就是說「法爲法而成立」（tattva爲lakṣaṇa而成立著）。因此，雖然應用了「tattva」（真性）一詞，但其表達之意，是指著諸法間相互依存的關係。

從上述五大類「實相」原語意義之探討中，我們可以得到一結論：即羅什大師所翻譯爲「實相」一語，乃指諸法相互依存的緣起關係而言，因此無論是dharmatā（法性）、或Sarvadharmatathatā（諸法實相）、或bhūta（實際）、或dharmasvabhāva（法的自性）、或tattvasya lakṣana（真實相），皆是指諸法緣起之意。而諸法既皆是緣起，緣起則無定性，因此也就有了種種之異名，隨著事物不同之表徵，賦予其適當之名相，此也可以看出，何以羅什大師之翻譯「實相」，沒有固定統一之實相原語，另也可以了解到羅什大師何以同一梵語有諸多不同之翻譯，甚至，連沒有類似「實相」原語的句子，只要文句中所表現的意思合乎緣起精神，那麼同樣以「實相」來表達，如《法華經》所說的「十如是」，如經云：

> 佛所成就第一希有難解之法，唯佛與佛乃能究盡諸法實相，所謂諸法如是相、如是性、如是體、如是力、如是作、如是因、如是緣、如是果、如是報、如是本末究竟等⑪。

此中之「十如是」可說是徹底發揮了緣起實相的道理，文中雖無類似「實相」之原語，然其整段話卻頗具緣起之精神，故以諸法實相譯之。

也許我們可以這樣說，羅什大師是以「實相」來把握「緣起」的義涵，而此「實相」觀念也深深影響了中國佛教，尤其是天台的思想。然而近代學者往往認爲中國佛教的「實相」觀念已背離了「緣起」精神⑫，此值得吾人深思之問題，亦是本書探討之核心。

註解

① 如《妙法蓮華經》「序品」云：

「今佛放光明，助顯實相義」（大正9．5中）。

「諸法實相義，已為汝等說」（大正9．5上）。

又如「方便品」云：

「唯佛與佛乃能究竟諸法實相」（大正9．7下）。

「我以相嚴身，光明照世間，無量眾所尊，為說實相印」（大正9．8中）。

諸如此類，不勝枚舉，可參本書之第四章〈《法華經》的實相觀念〉。

另如《大智度論》，依據《大藏經索引》第十三冊之統計，計有五十一處之多（參《索引》頁68），另又有不少處是為《索引》所遺漏的，如《大智度論》卷第三十一「第一義空者，第一義，名諸法實相，不變壞故，是諸法實相亦空，何以故？無受無著故。若諸法實相有者，應受應著，以無實故，不受不著」（大正25．288中）、「第一義不離諸法實相，能使諸法實相空，是名為第一義空」（同上，頁288下）、「諸法實相無量無數，故名為空」（同上，頁293中）等等。其它如「諸法之實相」、「諸法實相——陀羅尼」、「諸法如實相」……，皆未列入「實相」條目，而分佈於其它條目亦不少。總之，我們可以了解到《大智度論》大量使用「實相」一語。同樣地，在羅什大師所譯《小品般若經》、《大品般若經》、《中論》，也都有使用「實相」這一概念，此處不再列舉。

② 此依據日本學者中村元先生就梵文版的《法華經》、《八千頌般若》及《十萬頌般若》中的部份，與羅什大師所譯漢譯對照之結論。有關梵文「實相」一語，歸納為五類。參其所著《華嚴經》在思想史上的意義〉一文中的「諸法實相的原語與其各個意義」這一小節。此文收錄在川田熊太郎等著《華嚴思想》一書中（見李世傑譯《華嚴思想》頁108及118～121）。

③ 此分類依據中村元先生之看法，參註②。

④ 大正9．50上

⑤ 南條出版本，頁372。

⑥ 大正9．5下。

⑦ 荻原出版本，頁29。

⑧ 大正25・334上。

⑨ 大正25・298下。

⑩ 大正32・42上。

⑪ 大正9・5下。

關於羅什大師所譯《法華經》這段話，引起近代學者諸多爭議。其關鍵在於此段文字，不僅不見於竺法護譯的《正法華經》、及世親《法華論》的漢譯譯本所依止的經文上（如菩提流支譯的《妙法蓮華經憂波提舍》，簡稱為《法華論》），此論所引述之經文，是這樣寫著：

舍利弗！唯佛與佛說法，諸佛如來能知彼究竟實相。舍利弗，唯佛如來知一切法，唯佛如來能說一切法；何等法？云何法？何似法？何相法？何體法？（大正26・4下）

此中的「何等法」、「云何法」、「何似法」、「何相法」、「何體法」，即是所謂的「五法」，此即說明《法華論》所依據的《法華經》中只提及「五法」並沒有述及如「十如是」這樣的內容，至於勒那摩提所譯的《法華論》所引經文與菩提流支的一樣，故不重引述），甚至連今日所傳的梵本《法華經》亦不見有「十如是」之內容。茲將抄錄於下：

"ye ca te dharmā yathā ca te dharmā yādṛśāś ca te dharmā yal lakṣaṇāś/ca te dharmā yat svabhāvāś ca te dharmāḥ/ye ca yathā ca yaḍṛśāś ca yal lakṣuṇāś ca yat svabhāvāś ca te dharma iti"（間接引自坂本幸男編《法華經の中國的展開》一書，頁69）

另又因羅什譯的《大智度論》三十二卷提及「九事」，此類似「十如是」之內容，如論云：「復次一一法有九種，一者、有體。二者、各各有法，如眼耳雖同四大造，而眼獨能見，耳無見功，又如火以熱為法，而不能潤。三者、諸法各有力，如火以燒為力，水以潤為力。四者、諸法各自有因。五者、諸法各自有緣。六者、諸法各自有果。七者、諸法各自有性。八者、諸法各有限礙。九者、諸法各有開通方便。諸法生時，體及餘法，凡有九事」（大正25．298下）。又如《大智度論》卷二十七及卷三十三亦提及類似之內容，因此，學者們一般認為是羅什大師假手於《大智度論》，而有《法華經》「十如是」之譯著。否則就是羅什大師所依據梵本《法華經》版本不同。

⑫ 「緣起」與「實相」兩概念是佛教本身非常重要的觀念，了解佛教之義理不得不由此入手。然而對此兩概念的理解，學者們給予不同的評價，如中村元先生對諸法實相研究之結果，其認為「實相」乃表示著：「諸法互依互相限定之關係上所成的如實相的意思，這與「緣起」同意義」（參《華嚴思想》頁117，李世傑譯），對於此段話，基本上筆者是認同的。然而中村元先生接著又說到：「從來，是把『緣起』與『實相』當做對立的概念處理著。可是兩者是同一意趣的，諸法實相的任何原語，都是指著『緣起的理法』」（同前書，頁117），此中所謂「從來」將「緣起」與

「實相」當做對立的概念來處理之「從來」兩字，在此段文中並沒有指明出自哪宗哪派之觀點，然而實際上其所指的就是中國佛教，此在中村元這篇文章的另一段可得到印證，如文中寫道：

「現在把以上所檢討的結果，挪用於前揭《華嚴經》的「實相」或「諸法實相」，似乎可照原樣適用於它。於是吾人能得到重大的結論——即：將「諸法實相」與「緣起」作對立性思考之中國佛教以來的見解，對《華嚴經》本身是不得適用的。再說，對印度佛教結果也一樣，是不能夠適用的」（見前書，頁134）。

在此中村元先生明顯地指出中國佛教向來是把「緣起」與「實相」作對立性的思考（即「緣起」與「實相」兩個概念是對立的，更明白地說，「緣起」所講的，是立基在法無自性，彼此相互依存上，而「實相」所講的，是立基於自性上，所以與「緣起」觀念形成對立），試問：中國佛教果真如此乎？抑是中村元先生所理解下的中國佛教如此？而認為中國佛教所理解下的「實相」已違背了「緣起」原則，因此認為中國佛教所理解的「實相」觀念，不適用於來理解《華嚴經》，乃至不適用於來理解印度佛教，果真如此乎？基本上，筆者是無法同意此看法的，無法同意其對中國佛教作如此之詮釋，如此之誤解，然而對中國佛教抱持此之看法，在日本已成為極普遍之現象。中國佛教何以如此被曲解著？這是個非常嚴重的問題。本文試從透過對天台實相觀念的探索，希望能釐清此一問題。

第二節　實相之異名

從前節論述「實相」之原語中，吾人已約略可以了解到「實相」之涵義，而天台智者大師（538—597）是如何來表達「實相」概念？如何來掌握「實相」義理呢？此乃本節所要處理之問題。

在智者大師諸論著中①，有關探討「實相」義理，特別以大篇幅來處理此問題的，要算是《法華玄義》②，《法華玄義》一文中，足足以十五頁的篇幅③，來處理「實相」的內涵，在其它論著中有關處理到「實相」問題時，往往提及參考大本玄義④。因此，我們可以了解到探討天台「實相」義理，《法華玄義》乃是一重要文獻資料，本節擬先從「實相」諸多的名稱異名中，來理解天台「實相」的概念，亦藉由此之概念，窺知「實相」所表達之義涵。

一、列舉十二異名

「實相」之種種名稱，可說是天台表達「實相」涵義的方式之一⑤。在《法華玄義》探討「實相異名」⑥，就直接了當地道出：

實相之體，祇是一法，佛說種種名；亦名妙有、真善妙色、實際、畢竟空、如如、涅槃、虛空佛性、如來藏、中實理心、非有非無中道、第一義諦、微妙寂滅等。無量異名，悉是實相之別號，實相亦是諸名之異號耳。惑者迷滯，執名異解⑦。

此雖列舉了十二種有關「實相」之異名，但實際上，「實相」是有無量種種之異名的，如引文中云：「無量異名，悉是實相之別號，實相亦是諸名之異號耳」，反過來說，「實相」也成為無量異名的別號。事實上，此說明了所有一切法莫不是「實相」之異名，亦即所有一切法莫不是「實相」。「實相」究竟代表什麼涵義？何以擁有種種無量異名？何以成為種種名稱的別號？

上述引文中值得吾人注意的，是「實相之體，祇是一法」中之「實相」「體」「一法」三者之間的關係如何？此說明了三者是等同的，即「實相」是「體」是「一法」⑧，而「一法」只是「體」之代表罷了，用以說明「體」，然實際上並無所謂叫「一法」的這種東西，因此藉由諸多名稱以彰顯其義。

二、十二異名之分析

上述所列舉十二種有關「實相」之異名，大致可歸納爲四門⑨，即：

一、有門——妙有、真善妙色、實際。

二、無門——畢竟空、如如、涅槃。

三、亦有亦無門——虛空佛性、如來藏、中實理心。

四、非有非無門——非有非無中道、第一義諦、微妙寂滅。

由此可看出十二異名之成立，不外乎依此四門而立，且每一名稱之成立皆有其所要表達的內容，亦即每一名稱皆依其特殊之內涵而立名，如《法華玄義》云：

又此實相，諸佛得法，故稱妙有。妙有雖不可見，諸佛能見，故稱真善妙色。實相非二邊之有，故名畢竟空。空理湛然，非一非異，故名如如。實相寂滅，故名涅槃。覺了不改，故名虛空佛性。

多所含受，故名如來藏。

寂照靈知，故名中實理心。

不依於有，亦不附無，故名中道。

最上無過，故名第一義諦。

如是種種異名，俱名實相，種種所以，俱是實相功能[10]。

從上述引文中，可得知「實相」之種種名，是從「實相」之功能上來立名的，由所扮演的功能角色不同，就有種種不同之名稱，如：稱「實相」爲「妙有」——此乃從「實相」爲諸佛能證得的立場來看，因爲由於眾生於「實相」難了知，亦難證得，爲了區分佛所證之有，別於眾生情執之有，故稱「實相」之有爲「妙有」。所謂「妙有」者，乃不異於空之有，所以是非有（即非實體者），即緣起之有。又如：稱「實相」爲「真善妙色」，是從實相妙有不可見，而諸佛能見之立場而立名。又如稱「實相」爲「畢竟空」，此乃從「實相」離二邊之有（即非「空」「有」二邊之有），故以「畢竟空」稱之。……從如是種種「實相」的異名中，吾人不但可以看到如此豐富的「實相」義涵，而且吾人也可因此了解到「實相」之特色。「實相」何以有如此無量之異名呢?乃由於「實相」本身是「無相無不相，無不相無相」[11]，即「實相」之相，本身是無相，因無相，所以是無不相，能由諸法中顯示其義涵，「實相」雖無不相，然畢竟是無相的。由「無相」與「無不相」中，充分了顯示「實相」非有定性，故是即「無相」即「無不相」，即「無不相」即「無相」。另從「實相」諸種異名中，也讓我們進一步明瞭「實相」之涵義。

三、「實相」何以有種種異名

至於「實相」何以會有如此多不同名稱呢？此在《法華玄義》有段巧妙問答，如其云：

問曰：實相一法，何故名義紛然？

答曰：隨彼根機，種種差別，赴欲、赴宜、赴治、赴悟。例如世人學數則捨大，修衍則棄小，習空惡有，善地則彈中，既不欲聞，聞之不悅，無心信受，不滅煩惱，不發道心，各於己典，偏習成性。得作未來聞法根緣，如來于時，以佛眼觀其信等諸根，以若干言辭隨應方便，而為說法，為有根性說妙有、真善妙色，不違不逆，信戒忍進，蕩除空見，即能悟入，契入實相。為空根性說畢竟空、如如、涅槃等，諦聽諦聽，以

> 善攻惡，無相最上。為亦空亦有根性說虛空佛性、如來藏、中實理心，欣然起善，離非心淨。為非空非有根性者，即說非有非無中道，遮於二邊，不來不去，不斷不常，不一不異等，欣如渴飲，信樂修習，眾善發生，執見皆袪（驅），無惡不盡，第一義理豁然明發。隨此四根，故四門異說，說異故名異，功別故義異，悟理不殊，體終是一⑫。

此中指出諸佛說法無不隨順眾生之根性而說，而眾生之根性，略約分爲四種：即「有根性」、「空根性」、「亦有亦空根性」、「非有非空根性」等，由於眾生根性有種種之差別，所以就有種種不同名稱以隨順之，雖有種種不同名稱，但就實相理體而言，則是一樣的，所謂「說異故名異，功別故義異，悟理不殊，體終是一」。此偈中確切地道出，因眾生根性有別，所以有種種不同之演說，因有種種不同之演說，故而有種種不同之名稱，由於名稱不同，那麼不同名稱所扮演之角色也就有所不同，其所代表涵義也就有所差異。然而不管如何，於其所悟之「理」（即「實相」），是沒有二樣的，畢竟理體是一。

上述引文中所提及的「赴欲、赴宜、赴治、赴悟」，乃是就四種根性的眾生，再加以分配，即眾生根性不外乎「欲」、「宜」、「治」、「悟」等四種類型（即樂欲、便宜、對治、悟理四種類型）。佛菩薩依此而引領眾生契入實相理體。若就佛菩薩立場而言，隨順樂欲而說法，即是世界悉檀，隨順便宜說法，是爲人悉檀，隨順對治說法，即對治悉檀，隨順悟理而說法，即是第一義悉檀⑬。因此，我們可以說，所有演說法，不外四悉檀。再就眾生的樂欲而言，亦有種種之不同，有喜好樂聞「有」法，有樂聞「空」法，亦有樂欲聞「亦有亦空」法，或欲聞「非有非空」法。所以就「樂欲」一類而言，就有種種不同之樂欲，約略歸爲四門，而門門又有無量。因此，我們可以說，有無量的眾生，就有無量「實相」之異名。

透過由「功能」，或「眾生根性」，我們約略可以了解到「實相」的涵義。然而，免不了我們仍會進一步尋問：「實相」究竟是什麼？或許應說「實相」究竟代表什麼？何以能容納如此多之不同名稱，且藉由如此多之名稱來表達「實相」之內涵。此一連串問題，乃是下節所要處理的問題。

註解

① 關於智者大師著作問題，近年來已有許多學者從事專文討論（如日本學者佐藤哲英則是此方面之專家，其《天台大師の研究》一書即是一系列論述智者大師的著作，另其亦有幾篇文章發表在

《印度學佛教學報》上）。引發此問題的關鍵點，在於智者大師一生極少著作，而大多由其弟子記錄整理而成，且有關智者大師論著的數目，前後記錄各不一，愈到後代所記就愈多，在數字上相差亦極大。如章安大師《隋天台智者大師別傳》（下文以《別傳》稱之）云：「智者弘法三十餘年，不蓄章疏，安無礙辯，契理符文，挺生天智，世間所伏，有大機感乃為著文。奉敕撰《淨名經疏》，至〈佛道品〉為二十八卷、《覺意三昧》一卷、《六妙門》一卷、《法界次第章門》三百科，始著六十科為三卷、《小止觀》一卷、《法華三昧行法》一卷。又常在高座云：若說《次第禪門》一年一遍，若著章疏可五十卷，若說《法華玄義》並《圓頓止觀》半年各一遍，若著章疏各三十卷，此三法門皆無文疏，講授而已。大莊嚴寺法慎私記《禪門》，初分得三十卷。……灌頂私記《法華玄》，初分得十卷，《止觀》初分得十卷（大正50・197中）。

此段詳述了智者大師論著之情形，雖「不蓄章疏」，然於有所感及奉敕的情形下，仍完成了一些論著，另像《釋禪波羅蜜次第禪門》乃其弟子法慎記錄完成，《法華玄義》及《圓頓止觀》則為章安灌頂記錄整理而成，灌頂大師《別傳》所述，可說是第一手資料，也是最值採信的資料。至於如道宣《續高僧傳》（大正50・567下）、《大唐內典錄》（大正55・284上）、《佛祖統紀》（大正49・258中）及《天台宗章疏》（大正55・1135中）等所記載有關智者大師著作情形，與灌頂《別傳》之記載皆有諸多出路，而其實際確切卷數，亦難以定論。基本上，像《法華玄義》、《摩訶止觀》雖不是智者大師之親筆，但仍可視為大師的論著。

② 《法華玄義》一文乃經灌頂大師記錄、修治、再治而成，其科判大綱（見次頁）：
由科判大綱中，吾人可以了解到「實相」在《法華玄義》所佔之重要性
另在《維摩詰經玄疏》亦發不少篇幅論述實相（見大正38．554中～559下），而所述內容與《法華玄義》頗相似。

③ 參②科判有關「五重玄義」——「體」之部份。

④ 如《觀音玄義》卷下云：「第二釋體者，以靈智合法身為體。……若明實相體義，廣出大本玄義」（大正34．890下）。此處所言「大本玄義」，乃指《法華玄義》。

⑤ 此乃筆者依據《法華玄義》「顯體」部份加以統計歸納而成，得知天台表達「實相」義的方式有數種，詳如下述：
(1)由舊解中明實相，顯《法華經》是實相一乘體。

法華玄義（大正33・681～814）

- 一、通釋
- 二、別釋（五重玄義）
  - ㈠釋名
  - ㈡辨體（779上～794）
    - 1正題經體——實相
    - 2廣簡偽
    - 3一法異名
    - 4入法之門
    - 5為眾經體
    - 6遍為諸行體
    - 7遍為一切法體
  - ㈢明宗
  - ㈣論用
  - ㈤判教

(2)由經體之意明實相——實相印。

(3)由諸法中直顯實相——如三軌、十界、……

(4)由譬喻明實相——如樑柱之譬喻。

(5)由悟明實相。

(6)約理明無所作（即約理明實相）。

(7)由一法異名明實相。

(8)由《法華經》諸品中明實相。

(9)由四教明實相。

(10)由開權顯實明實相。

(11)由四悉檀明實相。

⑥ 天台採「實相異名」（即「一法異名」）的模式，在《大智度論》也有類似表達方式，如其云：「問曰：如、法性、實際是三事為一為異？若一云何說三？若三今當分別說。答曰：是三皆是諸法實相異名」（大正25．297下）。此中提及「諸法實相異名」，也許是天台受此之影響而採用之，也許是得自於「實相緣起」精神，此理乃覺悟者共通之門戶。

⑦ 大正33．782中下。

⑧ 如《法華玄義》論及「實相」與「一法」之關係，說到：「無量義者，從一法生，一法者，所謂實相」（大正33．783中）。再由《法華玄義》對「體」之探討，以「實相為體」。（詳參下節第一項）。因此，我們可以說實相、體、一法基本上指的是同一義。所以「實相之體」不能理解成實相的實體，因為一般所謂的實體是指離緣起之外的自性化存有。

⑨ 此四門參自《法華玄義》（大正33．783下）

⑩ 大正33．783中。

⑪ 如《法華玄義》所說的「實相之相，無相不相，不相無相」之意（參大正33．783中），此中「不相」應是「無不相」之省略。

⑫ 大正33．783下～784上。

⑬ 此即是有名的「四悉檀」說明，出自於《大智度論》，而智者大師於《法華玄義》有詳備之發揮（參見大正33．686下～691上）。

第三節　實相之涵義

一、以「體」明實相

在《法華玄義》開宗明義地告訴吾人——《法華經》之體，是「實相」，亦即「實相」就是體，此是從佛所乘之乘，而不取莊校之方便而來①，故以「實相」爲《法華經》之體。「實相」不僅爲《法華經》之體，亦爲一切經典之體②，亦爲一切修行之體③，更確切地說，「實相」是一切法之體。

總而言之，「實相」之義是什麼？「體」也。然而「體」是什麼？吾人首先得對「體」作一番理解。《法華玄義》對「體」有如下之解釋：

> 體字訓禮，禮，法也。各親其親，各子其子，君臣撙節，若無禮者，則非法也。出世法體亦復如此，善惡凡聖菩薩佛，一切不出法性，正指實相以為正體④。

此中先從世間法上來說明「體」，「體」猶如世間法之禮法，一切世間法莫不依此禮法軌則而運作。同樣地，出世間法亦有其軌持之法則，一切出世間法皆不離此法性，此法性、軌持之則是什麼？那就是「實相」。

因此，我們可以說「實相」就是「體」、就是「法性」，或直接言，就是「理」。爲什麼諸法之理體、法性以「實相」作代表呢？那是因爲從「佛的立場」，從「佛的知見」⑤，而立此名稱——「實相」，以此作爲一切法之「體」。佛之知見爲何？即就是「實相」，亦即是「如實之相」，此「如實之相」爲何？是「無相」。「無相」者，離一切自性之執，即是「緣起」也⑥。

說「實相」爲「體」，爲「法性」，那是就一切法之理體而立，此爲便於理解一切法之道理故⑦，非離一切法之外，另有「實相」可得⑧。

以上以「體」明實相義，是就整體性來說。下列諸項中，則是以空、中、即空即假即中來分別論述實相義，即就分別性而言。

二、以「空」明實相

從「體」「法性」來明「實相」，此乃是首先界定了「實相」之大方向。至於實際內涵則須進一層由「空」入手。

所以，《法華玄義》在以「實相」爲「體」「法性」之後，緊接著以「空」來詮釋「實相」之義涵，所謂：

若譬喻明義，如樑柱綱紀，一屋非樑非柱，即屋內之空。樑柱譬以因果，非樑非柱譬以實相。實相為體，非樑柱也。屋若無空，無所容受，因果無實相，無

所成立。《釋論》云：若以無此空，一切無所作⑨。

此首先是以譬喻來說明「實相」的涵義——空。一屋的形成，需依欅柱而組合而成，然其先決條件，屋子本身必須是非欅非柱，也就是屋子本身必須是「空」，才有成爲屋之可能，也才能有所容受。同樣地，「實相」與因果關係亦復如此，「實相」是非因非果，所以才能成就因果之可能，亦即因果本身是非因非果，所以能成爲因果。一切法無非是因果，然而成其爲因果之可能，乃在於法本身是非因非果，是空。故如《釋論》（指《大智度論》）云：「若以無此空，一切無所作」，此即以「空」來表達「實相」之義。

三、以「中」明實相

除了以「空」來表達「實相」外，智者大師有時亦以「中」（中道）來顯示「實相」。

就諸法實相體性而言，以「空」來表達之，在某個層面而言，也許就夠了，足以將「實相」義涵表達出來，然而，由於眾生無始以來的執性太強，難免又會對「空」形成另種執著，將「空」固定化、實體化，落入與「有」相對的另一種執著中，即視空爲「無」，其實此亦不過是另種形式的執著罷了。爲了面對此困境，「中道」可說是因應此而生的。在龍樹菩薩時爲了遮遣眾生之自性執，故特別凸顯「空」，以「空」來遮除一切執障，甚至應用「畢竟空」，而此無非在表現一種「中道」的精神，如《中論》云：

眾因緣生法
我說即是無（空）
亦為是假名
亦是中道義⑩。

此偈頌說明了「因緣生法」本身就是無自性，所以說它是「空」，甚至連所說的「空」，也是因緣生法，是假名施設的，是無自性的，能如是理解諸法，那麼這就是一種「中道」的精神。所以，我們可以說「因緣法」、「空」、「中道」所展現的內涵是一致的⑪，因本身皆無自性，簡單地說，就是種「中道」的精神。

「中道」的精神表現在離二邊執上，如《大智度論》云：

……行者以有患，用空破有。心復貴空，著於空者，則墮斷滅。以是故，行是空以破有，亦不著空，離是二邊，以中道行⑫。

又云：

若人但觀畢竟空，多墮斷滅邊，若觀有，多墮常邊。離是二邊，故說十二因緣空，何以故？若法從因緣和合生，是法無有定性，若法無有定性，即是畢竟空、寂滅相，離二邊故，假名為中道⑬。

諸如此類描述「中道」的文字，在《大智度論》不勝枚舉。而其運用「中道」來遮遣二邊執，或定性執的方法，卻深深影響了智者大師⑭，如《觀音玄義》從「觀心」來表達「中道」，所謂：

若觀心空，從心所造，一切皆空。若觀心有，從心所生，一切皆有。心若定有，不可令空。心若定空，不可令有。以不定空，空則非空。以不定有，有則非有。非空非有，雙遮二邊，名為中道⑮。

此是以「非空」「非有」來遮除對「空」「有」的定性執著。另如《摩訶止觀》之「三止」（體真止、方便隨緣止、息二邊分別止）中所言的「息二邊分別止」，則是一種中道止，如其云：

三、息二邊分別止者，生死流動，涅槃保證，皆是偏行偏用，不會中道。今知俗非俗，俗邊寂然；亦不得非俗，空邊寂然，名息二邊止⑯。

此是以息「俗」邊、「空」邊，來表現「中道」止。另又如其所謂的「三觀」之第三觀，亦表現此中道之精神，如其云：

從假入空，名二諦觀。從空入假，名平等觀。二觀（指二諦觀及平等觀）為方便，得入中道，雙照二諦，心心寂滅，自然流入薩婆若海，名中道第一義觀⑰。

另又云：

中道第一義觀者，前觀「假」空，是空生死；後觀「空」空，是空涅槃，雙遮二邊，是名二空觀，為方便道，得入中道⑱。

此可看出，「中道」所表現的精神，無非是離二邊執，其基本精神與方法，和前述所論及「空」是一致，皆表現在離執上。即生死假有（假）是空，連涅槃寂滅（空）亦是空。

而對這種定性執之鞭策入裡，作淋漓盡致之發揮，要算是表現在「即空即假即中」的實相內涵上。

四、以「即空即假即中」明實相

不論在教理或觀行上，我們可以時常看到智者大師以「即空即假即中」來表現「實相」觀念。甚至，我們可以說「即空即假即中」的表達方式，是天台思想的獨特風格，亦是天台思想之核心。故本項中，特就實例——「十如是」、「一實諦」、「一心三觀」來明「即空即假即中」，藉由此顯實相義。

㈠以「十如是」三轉讀明「實相」

有關「十如是」三轉讀，記載於《法華玄義》中，如其云：

今經用十法攝一切法，所謂諸法如是相、如是性、如是體、如是力、如是作、如是因、如是緣、如是果、如是報、如是本末究竟等。……天台師（指灌頂法師對智者大師之稱呼）云：依義讀文，凡有三轉，一云：是相如、是性如，乃至是報如。二云：如是相、如是性，乃至如是報。三云：相如是、性如是、乃至報如是。若皆稱如者，如名不異，即空義也。若作如是相、如是性者，點空相性，名字設施，邐迤不同，即假義也。若作相如是者，如於中道實相之是，即中義也。分別令易解故，明空假中。得意為言，空即假中。約如明空，一空一切空；點如明相，一假一切假；就是論中，一中一切中。非一二三，而一二三，不縱不橫，名為實相⑲。

由上引文中，可以很明顯地看出此乃是智者大師藉由「即空即假即中」的方式來詮釋「十如是」，且以此來理解諸法實相的道理，亦即是以「即空即假即中」的方式把握「實相」之義涵。此段引文中，不僅對「空」、「假」、「中」之意，皆作了明確說明（如：「空」是就「如」的立場而言；「假」是就空之「假名施設」而言即「點如明相性」；「中」是就「如於中道實相之是」而言，不論說「空」說「假」說「中」，皆是就不同的立場而發言，如此作分別，無非爲了便於吾人之了解，然更重要的是要「得意爲言」），而且更進一步道出「空」「假」「中」三者的關係——那就是：若從「空」的角度來看一切法，那麼諸法莫不都是「空」，連「假」「中」也都是「空」。同樣的道理，若從「假」的角度觀一切法，那麼一切法莫不是「假名施設」的，連「空」「中」皆是「假名施設」的。若從「中」的角度觀一切法，那麼無法不是「中道實相」，連「空」「假」亦皆是「中道」。此「空」「假」「中」三者，是屬於一種「非一二三，而一二三，不縱不橫」的關係，所謂「非一二三」者，是指「空」「假」「中」皆無自性，「而一二三」者，說明「空」「假」「中」皆是因緣而現，假名施設之法，「不縱不橫」者，指的就是不偏「非一二三」（即不偏空），亦不偏「而一二三」（即不偏假），此即是中道。若能如此以「即空即假即中」理解諸法，此即是「實相」。

㈡以「一實諦」明「實相」

在《法華玄義》對「一實諦」有如下之描述，如經云：

一實諦者，則無有二，無有二故，名一實諦。又一實諦者，名無虛偽。又一實諦者，無有顛倒。又一實諦者，非魔所說。又一實諦者，名常樂我淨。常樂我淨，無空假中之異，異則為二，二故非一實諦。一實諦即空即假即中，無異無二故，故名一實諦，若有三異，則為虛偽，虛偽之法，不名一實諦，無三異故，即一實諦，若異即是顛倒未破，非一實諦，無三異，故無顛倒，無顛倒，故名一實諦，異者，不名一乘，三法不異，具足圓滿，名為一乘，是一乘高廣，眾寶莊挍（校），故名一實諦。魔雖不證，別異空假，而能說別異空假，若空假中不異者，魔不能說，魔不能說，名一實諦。若空假中異者，名顛倒，不異者，名不顛倒，不顛倒，故無煩惱。無煩惱，故名為淨，無煩惱則無業，無業故名為我。無業故無報，無報故名樂。無報則無生死，無生死故名為常。常樂我淨名一實諦。一實諦者，即是實相。實相者，即經之正體也。如是實相，即空即假即中⑳。

此說明了「一實諦」是「無有二」、「無虛僞」、「無顛倒」、「非魔所說」、「常樂我淨」、「一乘」。然而此中所謂的「無有二」、「無虛僞」、「無顛倒」、「非魔所說」、「常樂我淨」、「一乘」，是建立在一個共同基礎上——那就是「空假中」三者不異的基礎上，反過來說，若「空假中」三者是異，那麼就成了「虛爲」、「顛倒」、「魔所說」（因爲魔所說是空假相異，而無法明空假中不異之道理）、「非常樂我淨」、「非一乘法」。所以，若能了知「空假中」三者不異，那麼，則不顛倒；不顛倒，則無煩惱；無煩惱，名淨；淨則無業，無業名我；無業則無報，無報名樂；無報則無生死，無生死名常。那麼，常樂我淨，即是「一實諦」，「一實諦」即是「實相」，「實相」即是「即空即假即中」，若將此段話以簡表表之：

一實諦——無有二——無虛偽——無顛倒——非魔所說——常樂我淨——一乘

（無虛偽……一乘）——建立在空假中不二上→

空假中不異→不顛倒→無煩惱——（淨）

←無業——（我）

←無報——（樂）

←無生死——（常）

（淨）（我）（樂）（常）——一實諦——實相——即空即假即中

「空假中」三者不異，即是說明「空假中」三者不相捨離。確切地說，就是「即空即假即中」之意。「一實諦」者，即是「即空即假即中」，而「一實諦」亦即是「實相」，「實相」亦即是「即空即假即中」。因此，可將此關係以圖表表之：

一實諦＝即空即假即中＝實相

（或：一實諦＝實相＝即空即假即中）

總而言之，不論是「一實諦」或「實相」，皆不外乎「即空即假即中」。然而爲何將「一實諦」以「即空即假即中」來表達之，目的無非對治眾生的諸種執著，且開顯一切法之道理，如《法華玄義》云：

一實諦者，即是實相，實相者，……如是實相，即空假中。即空故，破一切凡夫愛論，破一切外道見論；即假故，破三藏四門小實，破三人共見小實；即中故，破次第偏實，無復諸顛倒小偏等㉑。

此說明了以「即空」對治凡夫外道對愛見等之偏執。以「即假」是爲了對治對「空」

之偏執，不管執有或執空，都是一種偏執，甚至於法外求法（即捨「有」捨「空」而另求別法），仍是一種偏執，故以「即中」對於「次第偏實」，捨離諸偏執，即是「中道」，也就是諸法如實之相，即是「實相」。「實相」是什麼？非離諸法外而有。所以，若能如是理解法，那麼法法無非是中道實相，無非是即空即假即中，所謂「一色一香無非中道實相」㉒，「一切世間治生產業，皆與實相不相違背」㉓。甚至連凡夫的諸愛論、外道的諸邪見等莫不是「實相」，所謂：

> ……又開諸見論實，於見不動而修道品故。又開諸愛論實，魔界即佛界故，行於非道，通達佛道，一切諸法中悉有安樂性㉔。

引文最後所說的「一切諸法中悉有安樂性」之「安樂性」，是說明一切法莫不即是「實相」，顯示法法皆是「實相」，吾人皆能當下成就之。

㈢由「一心三觀」明即空即假即中

若從觀行上來進一步了解「即空即假即中」的「實相」義理，此可由「一心三觀」入手，如《摩訶止觀》在處理「觀陰入界境」之「不可思議境」時，說到：

> 若解一心一切心，一切心一心，非一非一切；一陰一切陰，一切陰一陰，非一

非一切；一入一切入，一切入一入，非一非一切；一界一切界，一切界一界，非一非一切；一眾生一切眾生，一切眾生一眾生，非一非一切；一國土一切國土，一切國土一國土，非一非一切；一相一切相，一切相一相，非一非一切，乃至一究竟一切究竟，一切究竟一究竟，非一非一切；遍歷一切皆是不可思議境。

又之：

若法性無明合，有一切法陰界入等，即是俗諦，一切界入是一法界，即是真諦，非一非一切即是中道第一義諦，如是遍歷一切法，無非不思議三諦。

又云：

若一法一切法，即是因緣所生法，是為假名，假觀也，若一切法即一法，我說即是空，空觀也，若非一非一切者，即是中道觀。一空一切空，無假中而不空，總空觀也。一假一切假，無空中而不假，總假觀也。一中一切中，無空假而不中，總中觀也，即中論所說的不可思議一心三觀㉕。

上述的三段引文中，第一段引文，說明任何一法皆是不可思議境，從「一念三千」的「一念」，及所觀的「陰入界」境，乃至組合成爲「三千」的任何一法㉖，無不皆是

不思議境，此所謂的「不可思議境」表現在於任何一法皆代表著是「一」、是「一切」、是「非一非一切」上。事實上，亦即是「空」，亦即是「假」，亦即是「中」。因此，在第二段的引文中，就進一步以「俗諦」、「真諦」、「中道第一諦」來說明「不思議境」即「不思議三諦」，即任何一法，無不是「不思議三諦」。第三段引文，是就觀行的立場，將前所述之三諦，落實在觀行上來看就是「假觀」、「空觀」、「中道觀」。然而值得注意的，是在第三段引文中，進一步道出此三觀的關係，不是孤立存在的，因爲甚至連所立的「空」「假」「中」三觀本身，也是「空」，此不單「空觀」是空，連「假觀」「中觀」也都是空，如引文中所謂的「一空一切空，無假中而不空，總空觀也」，此說明了從「空觀」的角度觀一切法，不單一切法本身是無自性，甚至連所立的「假」「中」，也都是無自性，也都是空。同樣的道理，從「假觀」立場來觀一切法，沒有一法不是假名施設而有，沒有一法不是緣起有，甚至連說「空」、說「中」，其本身也是緣起的，假名施設的。同樣地，從「中」的立場來觀法，任何一法無不是「中道實相」，甚至連所說的「空」，所說的「假」也不例外，皆是「中道實相」。此是更深一層由「空」「假」「中」三觀本身，來說明連三觀本身的任何一觀，仍不外乎是「即空即假即中」，更充分表現出任何一法，無不是空假中，連三觀的任何一觀也不例外，甚至連所立的「即空即假即中」本身，也是空，也是假，也是中，此即是所謂的「一心三觀」，而由此知「一心三觀」極富有「辯證」之意味，然此「即空即假即中」之「辯證」，並不同於西洋哲學上之「辯證法」㉗。

從「一心三觀」的表現的內涵來看，仍不外乎「即空即假即中」之充分運作。如此可以令吾人遠離對「空」，或對「假」，甚至對「中」的偏執，且再度的提醒我們，甚至連所立的「空假中」，其本身也是無自性，其本身也都是因緣所生法，是假名施設，因此，也不能將「空假中」自性化，實體化。若能如是理解一切法，觀照一切法，才是如實地理解「即空即假即中」的涵義，才是如實把握「實相」的涵義。

由上述(1)(2)(3)等三例舉明「即空即假即中」之實相義中，我們可以看出「即空即假即中」除了顯示了法之不可偏執外，且更進一步地顯示「空」、「假」、「中」三者之間的互動關係。

註解

① 如《法華玄義》云：「於今經（指《法華經》）明乘體，正是實相，不取莊挍也。若取莊挍者，則非

佛所乘（ㄔㄥˊ）乘（ㄕㄥˋ）也」（大正33・779下）。因此，吾人可以理解到：天台何以以「實相」為乘體，乃是因於「實相」為佛所乘乘之故，故以此為《法華經》之經體，不從諸多莊校顯體，（莊校者，如般若，因果等），此可從智者大師評論諸家所用的經體可得知（此可參大正33・779中）。

其次，天台之以「實相」為體，除了受《法華經》之「實相」觀念影響之外（詳請參閱本書第四章《法華經》的實相觀念）。另有可能受下列「五論」之乘體的影響：

(1)《中邊分別論》——真如佛性
(2)《唯識論》——真如佛性
(3)《攝大乘論》——真如佛性
(4)《法華論》——如來平等法身
(5)《十二門論》——諸法實相（大正33・779下）

以上「五論」之乘體，《法華玄義》評之為「此五論明乘體同，而莊校（校）小異」（大正33・797下）。

② 《法華玄義》在論述「五重玄義」之「顯體」部份時，言及「……實相為諸經作體」（大正33・792下）。

③ 如《法華玄義》云：「第六、諸行體，……諸行各有事相方法，勤身苦策，悉用實相正觀為體」（大正33．793下）。

④ 大正33．682中。

⑤ 此是就「實相」為佛所乘之乘而言，另依《法華經》「方便品」言及佛出現於世間的一大因緣——是為眾生「開」佛知見，「示」佛知見，「悟」佛知見，「入」佛知見，即「開示悟入」佛之知見（參大正9．7上）。佛之知見為何？諸法實相也，所謂「唯佛與佛乃能究竟諸法實相」（大正9．5下），窮盡諸法實相，唯佛之智慧才能做到，故以「實相」稱之為佛之知見。

⑥ 此可由下面第二項探討「以「空」明實相」這項中作進一步說明，明了「實相」之空義。

⑦ 《法華玄義》之「五重玄義」——名、體、宗、用、教。其第二「顯體」部份，無非令人直接了當了解到《法華經》的要理。同樣的道理，探討一切法之體，也無非令人掌握到一切法之道理。如《法華玄義》云：「第二顯體者，前釋名總說，文義浩漫，今頓點要理，正顯經體。直辦真性，真性非無二軌，欲令易解，是故直說」（大正33．779上）。此也可以看出「釋名」與「顯體」間的不可分割，非離「名」外，有「體」可言。另就「三軌」言，亦非離「資成軌」與「觀照軌」外，另有「真性軌」可言，故《法華玄義》進一步描述三軌的關係，是「不縱不橫，不即不離，顯示義便，須簡觀照等（即指「觀照軌」、「資成軌」），唯指真性當名」（大正33．780上）。

⑧ 請參註⑦三軌之關係。

⑨ 大正33．780上。

⑩ 大正30．33中。

⑪ 對於《中論》此偈頌，學者們頗有諸多爭議，請參第九、十兩章。

⑫ 大正25．396上。

⑬ 大正25．622上。

⑭ 此可從湛然法師《止觀義例》卷上所描述一段話可看出，其云：「故知一家教門，遠稟佛經。……，況所用義旨，以《法華》為宗骨，以《智論》為指南，以《大經》（指《涅槃經》）為扶疏，以《大品》（《大品般若經》）為觀法」（大正46．452下）。由此可知《大智度論》與《般若經》對天台影響之深。

⑮ 大正34．887中。

⑯ 大正46．24上。

⑰ 大正46．24中。

⑱ 大正46．24中。

⑲ 大正33．693中。

十如是三轉讀如下：

(1)「如」：是相「如」，是性「如」，乃至本末究竟等「如」。

(2)「假」：如是「相」，如是「性」，乃至如是「本末究竟等」。顯示「相」「性」等皆是假有。

(3)「是」：相如「是」，性如「是」，乃至本末究竟等如「是」。

⑳ 大正33．781中。

㉑ 大正33．781下。

㉒ 此為天台諸論著中常用之語。

㉓ 此為天台一再使用之名言，如《玄華玄義》云：「今經體者，體化他之權實，即是自行之權實，如垢衣內，身實是長者。體自行化他之權實，即是自行之權實，如衣內繫珠即無價實也。自行之權，即自行之實，如一切世間治生產業，皆與實相不相違背」（大正33．683上）。關於此句話之名言，則是來自於《法華經》「法師品」，所謂「諸所說法，隨其義趣，皆與實相不相違。若說俗間經書，治世語言，資生業等，皆順正法」（大正9．50上）。

㉔ 大正33．781下。

㉕ 上述三段引文皆參自大正46．54中。

㉖ 引文中所列與的「眾生」「國土」、「相」，乃至「究竟」，皆屬於「三千」法之內容，亦即是

組成「三千法」之成份，但引文中祇是略舉而已，並沒有完整列舉形成「三千法」的內容出來，此可參《摩訶止觀》「一念三千」之內容（大正46．54上），另詳參本書第六章。

㉗ 此處所謂的「辯證」與西洋哲學的「辯證法」之意思是絕然不同的，譬如一般認為的黑格爾（Hegel）所講的「正」、「反」、「合」之辯證法，其辯證法的根據、辯證的過程、辯證的最終目的，都只是「絕對精神」本身而已，而此「絕對精神」是絕對、唯一、且自性的存在。天台所謂的「即空即假即中」，目的不是在找尋一絕對唯一自性的法，而是任何一法本身皆是「即空即假即中」，以此顯示一切法莫不是緣起無自性而已。

第四節　「空」「中」「即空即假即中」三者之關係

若我們將智者大師表達「實相」之模式加以歸納，有如下之情形：

1.空……………原基型
2.中……………緣現型
3.即空即假即中……圓通型

筆者將以上三種類型，各以「原基型」、「緣現型」、「圓通型」來表達，而此三種型之涵義，不同於近代學術之用語①，且藉此以區別學者所理解下的天台「實相」之義。另想藉由此三種型態，顯示「空」、「中」、「即空即假即中」彼此之間的特色，亦可由此看出三種概念在歷史上發展演變之痕跡，隨順時宜，有種種不同的表達方式，且有其非常豐富之內涵，以及彼此之間的共通性。以下分別就共通性、特色性、歷史性三方面來論述，首先明三者之共通性。

此三種概念之共通性是：

㈠此三種概念皆扮演著破執的角色。

㈡此三種概念皆顯示了諸法無自性。

㈢此三種概念皆代表著緣生的道理。

而此三層涵義，其實只是一種而已，即皆表達著諸法緣起的道理。因此，將上述三層涵義可以濃縮成——此「空」、「中」、「即空即假即中」三種概念的共通性，是皆表達了諸法因緣生無自性，且能遍破種種自性執。

「空」、「中」、「即空即假即中」等三種概念，除了上述的共通性外，亦有其彼此之特色，「空」所扮演的角色，表現在佛教「原來面目」之基本型態上。因此，以「空」作爲佛教與其它學說理論之區分，也就是說佛教的學說理論是以法的「無自

性」（空）為基礎，而其它學說理論則是以「自性」為基礎，此為佛教不同於其它學說之處，故以「空」作為佛教與其它學說理論之區別，「空」所擔任的，即是此特色，故稱「空」為「原基型」。

「中」所扮演的特色，則著重在法的「因緣所現」上。「中」雖然也扮演著「非空非假」（雙遮）之「破」的角色，且亦扮演著「即空即假」（雙照）之「立」的角色，顯示非離「空」「假」外，而另有「中」可言。若吾人泯除了對「空」、「假」之自性執，那麼「空」、「假」當下即是緣起中道實相。另外，智者大師是以「中」來區別二乘人對「空」之偏執，特以「中」來表示菩薩大悲之精神，以「中」表達「空」與「不但空」之深義，即二乘人偏執「空」，以「空」為究竟，而止於「空」，不深求「空」之深義，不知「空」亦不可偏執，且亦不可得，故以「不但空」對治對「空」之偏執，此「不但空」即是「中」，為了區別於二乘所偏執之「空」，故以「中」表達緣起。因此，我們可以這樣說：天台「中」是著重在「不但空」（「不空」）的表達上，說明「空」亦不可得的道理，以此彰顯菩薩大悲之精神，以此來開顯一切法，而此所開顯之一切法，基本上皆是因緣所現，故特以「緣現型」來表達「中」之特色。

以「即空即假即中」表達「實相」之觀念，可說是天台的獨特方法。此「即空即假即中」不單具有破執之作用，亦有開顯一切法之功能，且扮演著融會通達一切法之角色，此可由「空」、「假」、「中」三者的關係，以及彼此之間的融通可得知，故而以「圓通型」來代表「即空即假即中」，以此顯示「即空即假即中」之特色。

除了上述的「共通性」與「特色性」，我們亦可由「空」、「中」、「即空即假即中」三個概念之演變，來了解三者之間的關係——即就「歷史性」來了解。

我們知道「空」、「中」、「即空即假即中」三個概念皆在陳述緣起的道理，然由於所面對問題不一，所以表達緣起實相的方式也就有所不同。約略來說，「空」所面對的對象，是因緣法，故以「空」來表達因緣法，亦以「空」來破除對因緣法之自性執。當「空」的概念提出後，則形成了「因緣法」——「空」之二概念，即「假」（有）與「空」二概念。爲了避免把「空」與「假」對立化（或對「空」之偏執，或對「假」之偏執），因而以「中」來化解之。因此，「中」所面對的是「空」、「假」之問題，故以「中」來化解之。當「中」之概念形成時，所面對的問題——「空」「假」「中」三個概念的問題，爲了避免對「中」之執著（即視「中」爲自性），因而以「即空即假即中」來化解之，以連結「空」「假」「中」三者之關係，是彼此相即不離，故以「即空即假即中」表之，此不單可以遮除對「中」之偏執，亦可遮除對「空」「假」之偏執，且顯示「空」「假」「中」融通無礙，此是從「空」、「中」、「即空即假即中」三者於歷史性上之發展來作比較說明，若以簡表表之，即：

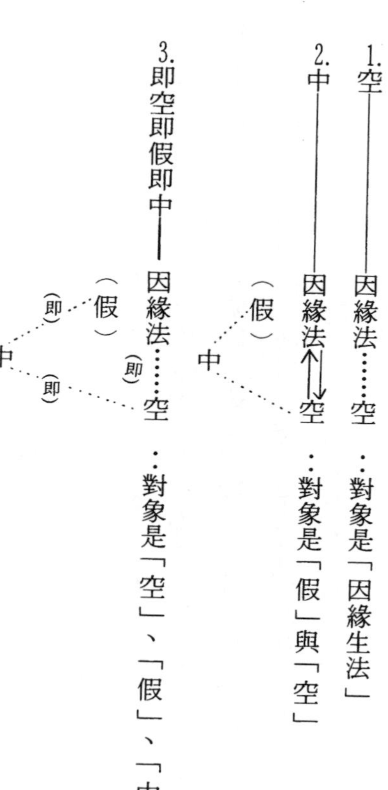

若就「空」、「中」、「即空即假即中」本身而言，其皆代表著「實相」，其皆就其所面對的問題，提出適當的因應之道。

綜合前面所述，我們可以將「空」、「中」、「即空即假即中」彼此之間的關係，分成以下幾組來探討：

㈠「空」與「中」

㈡「中」與「即空即假即中」

㈢「空」與「即空即假即中」

㈣「空」、「中」、「即空即假即中」。

若就㈠「空」與「中」兩個概念的關係而言，有其同，亦有其異。同者，表現彼此之共通性上，異者，表現在歷史性，及其彼此的特色性上。就共通性而言，「空」和「中」兩個概念，皆表達了諸法因緣生無自性的道理，且擔任了破執（破自性執）之角色，就歷史性而言，當「空」發展成爲一概念，形成與「有」相對，即「空」與「有」成爲對立之概念，或視「空」爲自性，因而有「中」的提出，以解決對「空」之偏執，說明「空」也是假名施設的，因緣所生法而已。不能把「空」作爲自性化，絕對化，以此進一層破斥二乘人對「空」所產生的定性執，顯示「空」「有」（「假」）不二，是不二而二，二而不二的關係，皆不可偏執，如此才合乎中道緣起之意。天台爲了區分「中」與被自性化的「空」之不同，常以佛之知見和二乘人之知見作爲區分，佛之知見代表「中」，二乘人之知見代表偏「空」，若以因緣法之四門來看②，即：

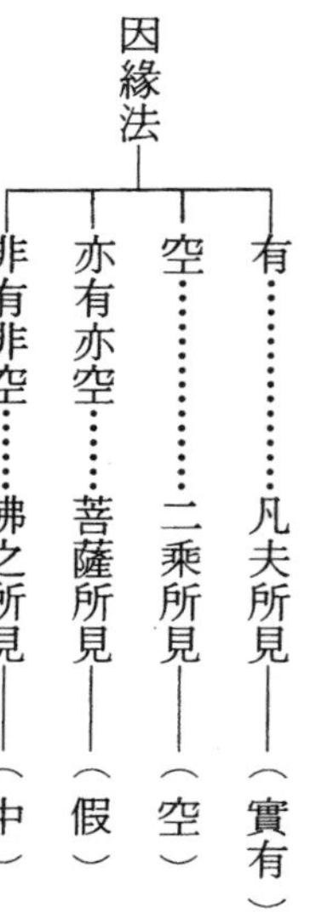

此外，「中」除了顯示破「空」「假」之自性執外，其另層涵義則表現開顯一切法上，這是「空」並未述及的，也就是說「空」所扮演角色著重在「破」，強調法的無自性上，而「中」則是兼備了「破」與「立」，即「破」即「立」的角色，所以天台有時以「中」來代表佛性③，這是從「中」的「立」方面來開顯的。因此，從「原基型」與「緣現型」可以表現「空」與「中」彼此之特徵。

就㈡「中」與「即空即假即中」兩概念而言，其實兩者並沒有什麼差別，當天台說「中」時，其實即是「即空即假即中」的意思。因此，此二者並沒有什麼明顯之差別。若勉強要加以作區分，可以「緣現型」與「圓通型」來作區別。「緣現型」之「中」，著重在開顯一切法，且此一切法，乃為因緣所現，而「圓通型」之「即空即假即中」，不單具有「緣現型」之「中」所具有之特色，且著重在諸法的融會通達上，故特以「圓通型」來代表「即空即假即中」之涵義。無怪乎天台善用「即空即假即中」來表達「實相」之涵義，「即空即假即中」不單能遍「破」一切執著，亦能遍「立」一切法，且能遍「開」一切法，遍「會」一切法④。另以「即空即假即中」來表達「圓教」之「中」與「別教」之「中」的差異，因為圓教所說之「中」，乃是「三即」（指「即空即假即中」），而別教所談之「中」，只有「二即」（指「即空即假」，而「中」不與「空」「假」相即，故「空」「假」「中」彼此有次第隔別）。所以，基本上，圓教所謂的「中」與「即空即假即中」之意思是一樣的，並沒有實質上之差異。由「即空即假即中」的表達中，是將「空」「假」「中」三個概念牢牢的結合在一起，任何一法不外是「空」「假」「中」，此顯示任何一法皆是「無自性」（空），「因緣所生」（假），如是之法，即是「中道」，即是「實相」。

若就㈢「空」與「即空即假即中」兩概念而言，其共通性，皆說明諸法無自性，不可偏執。然「空」則強調在「破」方面，而「即空即假即中」則顯示「破」與

「立」以及諸生之間「開」「會」上。

若就㈣、「空」、「中」、「即空即假即中」三概念之關係來看，則有其共通性、歷史性、特色性之異同。就實質而言，實皆是表達緣起實相之不同方式而已，並沒有根本上之差別。再者，此三種概念雖「不異」，然亦不妨成爲「空」、「中」、「即空即假即中」三種概念，故亦「不一」，此可由三概念之共通性、歷史性、特色性等得到證明。故「空」、「中」、「即空即假即中」三種概念，是「一而三，三而一」的關係，且「一三，三一」彼此不相妨礙，或言「非一二三」，而「一二三」，「非縱非橫」之關係。

由此我們可得知天台以「空」、「中」、「即空即假即中」來表達「實相」之涵義，是充分地展現了緣起之精神。

註解

⑴ 以「原基型」代表「空」，此「原基型」之義，不同於勞思光《中國哲學史》所用的「基源法」，如其於〈序言——論中國哲學史之辦法〉所採用的方法，而其此方法的基本模式卻沿自於G. E. Moor的《倫理學原理》一書的觀點。勞氏所謂的基源問題之設準，有四：

(1)形軀我
(2)認知我
(3)情意我
(4)德性我(《中國哲學史》,頁81)。

此先預設了「德性我」為一切之根本,即以道德主體為中心,而否定其餘三種。本文所謂的「原基型」,目的在於顯示諸法無自性,即是「空」。為了區別與勞氏「基源法」之不同,故在文字的運用上,將以「原基型」來表達,而不用「基源型」以防混淆。

另以「緣現型」作為「中」之代表,目的在於說明一切諸法,無不是緣起所現,而天台所說的「中道實相」,亦是緣起所現之法,並非以此為絕對點,亦非以此為自性,此可由「即空即假即中」所表現的關係得知,而學者們卻往往把天台的「中」,解為「空」外之「不空」,以此來認定天台所講的「中道實相」之「實相」,已違背佛教的原意(請參第一章第一節註②及第十章部份)。因此,本文以「緣現型」來代表「中」,以此來區別不同於近代學者所理解的「中」。天台由「中道」所開顯「實相」義,乃至所開顯的一切法,其基本精神表現在因緣所現上。

至於何以採「圓通型」,筆者個人的理念中,極想以「圓融型」來代表天台「即空即假即中」的思想(如天台往往以「圓融三諦」之辭來稱呼「妙法」,或以「圓融三諦」代表「妙法」之妙,即法法皆是中道實相，法法皆妙），然而「圓融」兩字之語辭，如今卻已被濫用，甚至可以說，已經被用壞了，含有太多太多的價值判斷之色彩在裏頭，為了避免此太多的意識型態之爭，故不得不割捨「圓融」兩字，另以「圓通」兩字來表達天台「即空即假即中」之內涵。「圓」者，圓滿，「通」者，通達也。此「即空即假即中」之圓滿教理，能通達一切法，融攝一切法。

② 此是依據天台往往以「四門」（有、空、亦有亦空、非有非空）來解釋法（因緣法），另亦依據天台解釋《法華經》〈壽量品〉所謂的「不如三界見於三界，非如非異」時，如是說到：「若三界人見三界為異，二乘人見三界為如，菩薩人見三界亦如亦異，佛見三界非如非異」。

③ 此可由天台「三觀」（即空觀、假觀、中道第一義觀）來了解，其認為「空觀」是定多慧少，「假觀」是慧多定少，所以皆不見佛性，唯定慧等齊之第三觀，則見佛性，如《摩訶止觀》云：「二觀（指平等觀之「空觀」及二諦觀之「假觀」）為方便，得入第三觀（指中道第一義觀），則見佛性」（大正46．25上）。另可參本書第五章天台四教判，認為藏、通二教不及「中」，別教雖及「中」，然而是與「空」「假」隔別之「中」，是棄二邊取中，故非真正之「中」，而圓教「即空即假即中」之「中」才足以作為「中」之涵義。

④ 請參大正33．788中所述之「圓會」，另參大正33．792中下所述《法華經》之「開」，及本文第一章第三節第二項。

第二章　實相之簡別

關於「實相」之道理，往往不易爲人所了解，且往往容易爲人所誤解，造成是非混淆之現象。因此，若能作進一步之分判，必有助於吾人對「實相」之了解，且可避免魚目混珠。

在諸種學說理論中，無不以己爲「實」，既然如此，則有種種所謂的「實」，如《法華玄義》云：

《釋論》云：世典亦稱實者，乃是護國治家稱實也。外道亦稱實者，邪智僻解謂為實也。小乘稱實者，厭苦蘇息，以偏真為實也。如是等但有實名，而無其義①。

在此《法華玄義》引用了《釋論》（指《大智度論》）的話②，來說明世俗典籍、外道乃至佛教內部之小乘教，他們皆自認自己才是代表「實」（真實），如世典以護國治家爲「實」，外道以邪智僻解爲「實」，小乘以厭苦蘇息之偏真爲「實」。嚴格說，世典、外道、小乘雖自認爲「實」，然實際上只有「實名」，卻不具有「實義」。面對此種情形，吾人又該如何作分判？才不致於混淆「實相」之義。以下就六方面來探討：㈠凡夫之實。㈡外道之實。㈢三藏教之實。㈣通教之實。㈤別教之實。㈥圓教之實。前二者屬教外之「實」，後四者屬教內之實。因此以下將此六者分爲兩節來探討。

第一節　教外之實

一、凡夫之實

凡夫世典所理解的「實」是什麼？一般世人所崇奉爲「實」的，約略可分爲二種：一爲世間的妖幻道術，一爲世間之清正善法。《法華玄義》對此有詳盡描述，所謂：

> 世間妖幻道術亦稱為實，多是鬼神魅法，此法入心迷醉狂亂，自衒善好，謂勝真實；立異動眾，示奇特相；或髑髏盛屎，約多人前，張口大咽；或生魚肉，

增狀餔食；或裸形弊服，誇傲規矩；或直來直去，不問不答。種種譎詭，眩誘無智，令信染惑著，著已求脫叵得，內則病害其身，外則誅家滅族，禍延親里，現受眾苦，後受地獄長夜之苦，生生障道，無解脫期，此乃世間現見，何實可論，鈍使愛論攝③。

此簡別了世間的妖幻道術並非「實相」之義。世間人雖信奉此妖幻道術爲「實」，然此「實」只是更增加其迷惑吧了。信奉者想於此「實」中求解脫，是不可能的，因爲此「實」只會更增加他的迷惑執著而已。更嚴重地，此不單自己本身受害，且會影響他的家人，乃至禍延親里，與此妖幻道術相對的，是世間的清正善法，如《法華玄義》云：

若周孔經籍，治法、禮法、兵法、醫法、天文、地理、八卦、五行、世間墳典，孝以治家，忠以治國，各親其親，各子其子，敬上愛下，仁義轉讓，安於百姓，霸立社稷。若失此法，彊者陵弱，天下焦遑，民無聊生，鳥不暇栖，獸不暇伏；若依此法，天下太平，牛馬內向。當知，此法乃是愛民治國而稱為實④。

此是就「愛民治國」的觀點，而稱此世間清正善法爲「實」。然而究竟地說，此世間清正善法仍不過是種愛論⑤，並非實相之義，更何況世間之邪惡法。甚至像釋提桓因所講的種種善論，諸梵天王所說的出欲論，乃至五神通人所說的神仙論，皆不出乎愛論之範圍，如《法華玄義》云：

> 釋提桓因種種勝論，即其義也，蓋十善意耳，……又大梵天王說出欲論，即是修定出欲淤泥，亦是愛論攝耳，……⑥。

諸如此類種種論說，吾人須一一加以明辨，知世間種種論說，亦皆非「實相」之義⑦。

二、外道之實

前面已總述及外道，是以「邪智僻解」爲「實」，此所謂的「邪智僻解」，即是指眾生的見論，依《摩訶止觀》此見論有四大類型⑧，整理如下：

㈠單四見：有、無、亦有亦無、非有非無等見。
㈡複四見：(1)有有、有無。(2)無有、無無。(3)亦有有無、亦無有無。(4)非有有無、非無有無。
㈢具足四見：

(1)有見具四：即有「有」、有「無」、有「亦有亦無」，有「非有非無」。

(2)無見具四：即無「有」、無「無」、無「亦有亦無」、無「非有非無」。

(3)亦有亦無具四：即亦有亦無「有」、亦有亦無「無」、亦有亦無「亦有亦無」、亦有亦無「非有非無」。

(4)非有非無四見：即非有非無「有」、非有非無「無」、非有非無「亦有亦無」、非有非無「非有非無」。

㈣絕言見：指單四見外，有一絕言見，及複四見外，有一絕言見，乃至具足四見外，有一絕言見。

總而言之，所謂外道之知見，實不外乎上述所列舉出之四大類型，從單四見、複四見、具足四見中，可以看出其共通處——有、無、亦有亦無、非有非無，此即是以單四見為基本模式，而加以層層轉深、愈形複雜（如複四見之有見，是視「有」為有、「有」亦是無，即其組合內容，皆是把「有」視為有無。同樣地，複四見之無見，不單是「無」是無，且「無」亦是有。因此我們可以看出複四見的結構，除了單四見之基本模式外，且以「有」「無」為其組合內容，即在單四見中的每一見，皆加入「有」「無」的內容，則形成複四見之形式。再就具足四見而言，其形式則比複四見更形複雜，除了單四見之基本模式外，且在每一見中，皆有單四見之內容，如以具足四見的有見——具足有見爲例，所謂「具足有見」，是視「有」爲「有、無、亦有亦無、非有非無」，同樣地，具足無見，是視「無」爲「有、無、亦有亦無、非有非無」，依此類推，「具足亦有亦無見」、「具足非有非無見」莫不是如此）。複四見是以「有、無」爲内容，具足四見則以「有、無、亦有亦無、非有非無」爲其基本模式之内容，可知其複雜性。

一般以「單四見」來統括外道之知見，也就夠了，至於「複四見」、「具足四見」，皆乃是「單四見」進一步之推演，不離「單四見」之基本模式，然在内容上，則顯得更爲複雜、微細。當然仍可無限的推演下去，形成無止無盡之外道知見，不管内容如何之變化而其基本模式仍不外乎「有」、「無」、「亦有亦無」、「非有非無」四種。

若以例子來說明諸邪見⑨，如老莊、論力、長爪梵志等人，以下分別述之：

1. 老莊

《法華玄義》對老莊的思想，有如下記載：

若此間莊老無為無欲，天真虛靜，息諸誇企，棄聖絕智等，直是虛無其抱，尚不出單四見，何關聖法？縱令出單四見外，尚墮複四見中，見網中行，非解脫道⑩。

此中認爲老莊之見，是「無爲無欲，天真虛靜，息諸誇企，棄聖絕智等」，因此評爲「尚不出單四見」。此值得我們注意的是，智者大師所理解下的老莊思想，實乃魏晉南北朝時代已是墮落頹廢的老莊，而非先秦時之老莊，故評之爲不出「單四見」，縱使出單四見，亦仍陷於複四見中。

2. 論力外道

《法華玄義》記載論力與佛論辯究竟之道的情形，其云：

若外國論力，受黎昌募，撰五百明難，其一云：瞿曇為一究竟道？為眾多道？佛言：但一究竟道。論力云：云何諸師各各說究竟道？佛指鹿頭，汝識其不？論力言：識。究竟道中，其為第一。佛言若其得究竟道，云何自捨其道，為我弟子耶？論力即悟，歎佛法中獨一究竟⑪。

此中說明外道論力梵志（即毗離耶梵志，因於諸議論中，自負最有力，故稱爲論力）受黎昌（Licchavi，指剎帝利種）之聘雇，一夜中撰寫五百條難辭，隔天與佛論難，其中有一條是詢問佛陀是爲一究竟道？或是眾多究竟道？佛陀答覆：「但一究竟道」，而論力梵志則進一步提出疑問既然但一究竟道，爲何諸論師各各皆有究竟道呢？此不是有衆多究竟道嗎？佛則進一步回答問題：雖然諸論師各皆有衆多究竟道，然此衆多究竟道，皆非實道，因爲諸論師所說的諸多究竟道，實皆不離邪見貪著，所以不能稱爲究竟道。佛爲了要讓論力明白究竟道之道理，就問論力梵志：長老鹿頭梵志你認不認識，論力梵志回答：認識，而且認爲鹿頭梵志是究竟道中最爲第一。此時已出家爲比丘的鹿頭正好在佛背後爲佛扇涼解熱，服侍於佛。因此，佛就告訴論力梵志，既然鹿頭梵志已得究竟道，那爲什麼還捨棄他的究竟道，來做我的弟子呢？至此，論力才恍然大悟，讚歎佛法乃獨一究竟。

3.長爪梵志

有關長爪梵志之事跡，在《大智度論》有諸多之記載，長爪梵志大論師是舍利弗之舅舅，曾爲了要讀盡十八種經書，而誓言不剪指甲，人們因看到他的指甲過長，故稱他爲長爪梵志。因長爪梵志具有種種經書智慧能力，譏刺諸論師之「有」「無」之見，摧伏諸論師的見解。由於其姪子舍利弗本身爲佛陀的弟子，長爪梵志不服，就找佛陀論辯，其所持觀點——

一切論可破，一切語可壞，一切執可轉，是中何者是諸法實相？何者是第一義？何者相？不顛倒？如是思惟，譬如大海水中欲盡其涯底，求之既外，不得一法實可以入心者⑫。

甚至標榜其「一切法不受」，因此佛反過來問他：「汝一切法不受是見受不？」⑬，經佛一質問，當下覺悟。此也可看出長爪梵志本身雖標榜其「一切法不受」，然其所言的「一切法不受」之見，卻成為其不得不受，此剛好推翻其自己所設的「一切法不受」之立論。

在《法華玄義》中，對長爪梵志有如下評述：

釋論（指《大智度論》）云：長爪執亦有亦無見。又云亦計不可說見⑭。

此為《法華玄義》引自《大智度論》，對長爪梵志之見，歸納為兩類：㈠亦有亦無見；㈡不可說見⑮。

對於外道之知見，智者大師作了如下評語：

如斯流類，百千萬種虛妄戲論，為惑流轉，見網浩然，邪智瀾漫，觸境生著。或時䄍揲有無為有、無有無無為無、有非有非無為有、無非有非無為無，日千番牒，悉皆見倒，生死諸邊非真實也⑯。

此說明了外道諸多戲論邪見，無量無邊，然皆非究竟道，即亦皆非實相義。

註解

① 大正33．780中。

② 如《大智度論》云：「……取要言之，諸法實相是般若波羅蜜。問曰：一切世俗經書，及九十六種出家經中，皆說有諸法實相，又聲聞法三藏中，亦有諸法實相，何以不名為般若波羅蜜，而此經（指《般若經》）中，諸法實相，獨名般若波羅蜜？答曰：世俗經書中，為安國全家身命壽樂故非實。外道出家墮邪見法中，心愛著故，是亦非實。聲聞法中，雖有四諦，以無常、苦、空、無我，觀諸法實相，以智慧不具足、不利（眾生），不能為一切眾生，不為得佛法故，雖有實智慧，不名般若波羅蜜，如……」（大正25．195下），此是從「般若波羅蜜」的角度，來界定「諸法實相」之義理。由於世俗經書，外道邪見法，因為不具有「般若波羅蜜」之智慧，所以不能稱為「實相」，乃至佛教聲聞法中，雖有四諦法，且以無常、苦、空、無我，來觀諸法實相，雖有智慧，然由於智慧不具足，不能利益眾生，所以仍不能稱為「實相」。由此我們得知，「實相」是「般若波羅蜜」，亦即具足智慧，且能廣利羣生。

③ 大正33．780中。

④ 同上。

⑤ 對於世間清正善法，在《法華玄義》將之比擬為似釋提桓因之種種勝論（即十善之意），如其云：「若周孔經籍，……當知此法乃是愛民治國，而稱為實，《金光明》云：釋提桓因種種勝論，即其義也，蓋十善意耳，修十善，上符天心，諸天歡喜，求天然報，此法為勝，故言勝論耳」（大正33．780中）。在此中，並沒有明顯指出世間清正善法是愛論攝，然若對照下句「又大梵天王說出欲論……亦是受論攝耳」，則知上句十善法中，省略了「愛論攝」。在《維摩經玄疏》中，則有明顯地加以說明，如云：「一、世間經書所明非實相者，世間經書所明但為安國治家、賞善罰惡、仁義禮智、誠信孝敬、養生養性之道，皆是愛論」（大正38．55中）。

⑥ 大正33．780中。另在《維摩經玄疏》亦有類似此文之記載，如云：「世間經書……皆是愛論，乃至釋提桓因種種善論，諸梵天王說出欲論，五通之人神仙之論，亦皆是屬愛之戲論（大正38．555中）。

⑦ 對於世間此種種論說（即種種愛論戲論）何以不是「實相」，《維摩詰玄疏》有如下之解釋：「世間經書……，亦皆是屬愛之戲論，愛論破慧眼，不見於真實，是故皆非實相也」（大正38．555中），此說明了愛論障礙了眾生慧眼，使眾生無法真正了解到法的真實義，所以世間經書等種種論說，實皆非實相。

有某位學者在《首都早報》中將智者大師批評儒家「愛國治民」之觀點非「實相」，扭曲成是智者大師對儒家「愛國治民」是「實相」而加以推崇。由於此篇作品是屬情緒之作，而發表於強烈意識型態的報紙上，不值中論。

⑧ 參見大正46．62中下。

⑨ 以下僅就《法華玄義》所列舉外道諸邪說邪見來加以說明，基本上，外道諸邪見不外上述所明之四大類型。

⑩ 大正33．780下。

⑪ 同上。

此段文字是引自於《大智度論》卷第十八，在《大智度論》中對論力梵志與佛陀之間的論議有詳細記載，今將抄之於下，以便於參考，且可彌補《法華玄義》記載之不詳。《大智度論》言：

「復次，毗耶離梵志名論力，諸黎昌等大雇其實物，令與佛論。取其雇已，即以其夜，思撰五百難。明旦與諸黎昌至佛所，問佛言：一究竟道？為眾多究竟道？佛言：一究竟道，無眾多也。（論力）梵志言：佛說一道（一究竟道），諸外道師各各有究竟道，是為眾多非一。佛言：是雖各有眾多，皆非實道，何以故？一切皆以邪見著故，不名究竟道。佛問梵志，鹿頭梵志得道不？答言，一切得道中是為第一，是時長老鹿頭梵志比丘在佛後扇佛，佛問梵志，汝識是比丘不？梵志識之，慚愧低頭。是時佛說義品偈：

各自謂究竟　而各自愛著
各自是非彼　是皆非究竟
是人入論眾　辯明義理時
各各相是非　勝負懷憂喜
勝者墮憍坑　負者墮憂獄
是故有智者　不隨此二法
論力汝當知　我諸弟子法
無虛亦無實　汝欲何所求
汝欲壞我論　終已無此處
一切智難勝　適足自毀壞（大正25・193中）。

⑫ 此段是引自《大智度論》佛與長爪梵志之間的一段對話（大正25・61下～62上）。《法華玄義》則如是寫著：「又如長爪云：一切論可破，一切語可轉，觀諸法實相，于久不得一法入心」（大正33・780下）。

⑬ 大正25・62下。

⑭ 大正33・780下。

⑮ 關於長爪梵志之知見，亦有將之置於「非有非無」之見來看，如吉藏，則持此之看法，如其云：「……天竺外道九十六師，略而言之，不出四種；第一迦毗羅執有、第二富蘭那計無、第三迦羅鳩馱明亦有亦無、第四長爪梵志立非有非無」（引自《維摩經義疏》卷第一，大正38．912下）。此資料亦可作為本節外道之邪說邪見之參考。

⑯ 大正33．780下。

第二節　教內之實

關於佛教教內對「實相」之解說，智者大師以「四教」（三藏教、通教、別教、圓教）來加以作區分說明①，下列分別述之：

一、藏教之實

三藏教，所指的是小乘聲聞、緣覺之教法，雖然他們也主張離有離無的中道說，而此「中道」仍是相對於「有」邊（有斷有常之有），而說的涅槃「無邊」（中道），所以此中道說，仍難免落入一邊中，而止宿草庵②，如《法華玄義》云：

聲聞法中，亦云離有離無，名聖中道。大集云：拘鄰如沙門，最初獲得真實之見。然小乘不運大悲，不濟眾生，功德力薄，不求作佛，不深窮實相，則智慧劣弱，雖云：離有離無名聖中道，乃以斷常二見為二邊，真諦為中道，真無漏慧名為見，證涅槃法名為知，雖斷見知，除滅分段，而住草庵，非究竟理，對前生死有邊，即是涅槃無邊，二俱可破可壞，非真實道，故不名實相③。

此中指出三藏聲聞法所謂的中道，並非真實道，因此不名爲「實相」，其原因：在於小乘不運大悲，及不深窮實相，而止宿草庵，取空之寂滅，此即以相對於斷常二邊爲有邊，另立涅槃無邊爲究竟道，故以此爲足，不求作佛，不深窮實相，即不深求「空」亦不可得也。故仍難免陷於涅槃無邊上，所以非真實道，故不能稱爲實相。

二、通教之實

就天台的判教言，通教教法是以接二乘人入圓滿教理爲主，因此帶有方便，故須對此加以明辨，如《法華玄義》云：

四、就偏簡者，諸大乘經共二乘人帶方便說者，名字既同，義須分別，如《摩訶衍》（指《大智度論》）云：三乘人同以無言說道，斷煩惱；《中論》云：諸法

> 實相，三人共得者，二乘之人，雖共稟無言說道，自求出苦，無大悲心，得空則止，鈍根菩薩亦爾。利根菩薩大悲為物，深求實相。共實相者，智如螢火，是故非實。不共實相，智如日光，是故為實④。

此將「實相」分爲兩種：共實相和不共實相，通教所闡述的道理，是屬「共實相」之理，而「共實相」之智，猶如螢火，仍非真正「實相」之道理，因爲其闡述之理，得「空」則止，亦即止於空寂（此爲二乘人及鈍根菩薩所修），未及「空」的深一層涵義——不空（即指「空」本身亦不可得），故只是寂，未能照，如《法華玄義》云：

> 《大經》（指《大般涅槃經》）：第一義空，名為智慧，二乘但空，空無智慧。菩薩得不但空，即中道慧，此慧寂而常照。二乘得其寂，不得寂照，故非實相，菩薩得寂，又得寂照，即是實相⑤。

此是進一步以「寂照」來形容「實相」，且點出二乘人與菩薩之最大差別，在於「寂」與「寂照」之不同，二乘人得「寂」而止，不運大悲，菩薩雖得「寂」，然而運大悲，故不以「寂」而止，故能寂而照，故其智慧如日光，二乘人智慧則如螢火。此爲菩薩與二乘人之差別所在。二乘人雖得「寂」，但不能「照」，所以不是「實相」，唯「寂」而「照」，才是合乎「實相」之涵義。因此，將此「寂」而「照」的智慧，稱爲「中道慧」（即「不但空」）。此中所說的「不但空」，在於強調「空」本身亦不可得，故不可止於「空」。

三、別教之實

從前述的探索中，也許我們會得到一個結論，認爲「實相」就是「不但空」（即不可把「空」自性化，只要能涉及「不但空」就能合乎「實相」義），實又不然，智者大師於此又作了進一步分辨，將「不但空」（或云「不空」）區分成二種型，即別教之不但空與圓教之不但空，如《法華云義》云：

> 見不空者，復有多種：㈠見不空次第斷結，從淺至深，此乃相似之實，非正實也。㈡見不空具一切法，初阿字門，則解一切義，即中即假即空，不一不異，無三無一。二乘但一即，別教但二即，圓具三即，三即真實相也⑥。

此中說明了別教之「不但空」，是屬於次第斷結，從淺至深，是相似之實，非真正「實相」。而真正能代表「實相」之義的，是「不但空」本身即具一切法，任一法本身即具一切法，無須經由次第斷結，才有所謂的「不但空」，形成法與法之間的相融。此段引文中，最後以「即空即假即中」來表達「實相」，唯如此，「空、假、中」三者，不一不異，無三無一，才能真正代表「實相」涵義。像其它只有「即空」（即「一即」），或只有「即空即假」（即「二即」），其「空」、「假」與「中」不相即，皆不能稱爲「實相」，因爲「實相」是「空」「假」「中」三者相即，不一不異。

四、圓教之實

經由前面三項對「實相」之義層層的探索，吾人約略可得知「實相」之真正涵義，乃是「即空即假即中」，對照藏、通、別三教所謂的「實相」，可讓我們對「實相」有著深一層之理解。

透過「即空即假即中」的表達方式，使我們能分辨「實相」與「非實相」之間的差異，如《法華玄義》引《大智度論》的話，所謂：

《釋論》云：何等是實相？謂菩薩入於一相（空），知無量相（假），知無量相又入一相（中）。二乘但入一相，不能知無量相。別教雖入一相，又入無量相，不能更入一相。利根菩薩即空，故入一相，即假故入無量相，即中故更入一相。如此菩薩深求智度大海，一心即三，是真實相體也⑦。

此中是以「入一相」表「即空」，「入無量相」表「即假」，「更入一相」表「即中」，由此表達方式，說明了「一相」與「無量相」是種「不一不異」的關係，因為「一無量相」非離「一相」之外，有所謂的「無量相」，所以是「不異」，因為「一相」與「無量相」皆表達著不同之意思，故「非一」。另若再從三個概念——「入一相」（即空）、「入無量相」（即假）、「更入一相」（即中）來看，可發現三者乃是「三而一，一而三」的關係，猶如透過「即空」「即假」「即中」對「法」之窮究，雖說「空、假、中」，然皆不離「法」外而有「空、假、中」，故雖說三，實乃一也，雖一亦不妨開為三。

因此，可就對「法」之窮究上，了解到「實相」之涵義。另從所謂「入一相」、「入無量相」、「更入一相」，層層地轉深中，顯示諸法的不可執著性。如此才是真正掌握到「實相」涵義。

此外，對於教內藏、通、別、圓四教「實相」之分判，可藉由下述三譬喻來了解：

1.三獸渡河

三獸，是指兔、馬、大象，然而由於三獸其體形強壯有差別，所以其渡水情形也就有所差異，如《法華玄義》云：

一、譬三獸渡河，同入於水，三獸有強弱，河水有底岸，兔馬力弱，雖濟彼岸，浮淺不深，又不到底。大象力強，俱得底岸。三獸喻三人，水喻即空，底喻不空，二乘智少，不能深求，喻如兔馬，菩薩智深，喻如大象。水軟喻空，同見於空，不見不空，底喻實相，菩薩獨到。智者見空及與不空，到又二種，小象但到底泥，大象深到實土，別（指別教）智雖見不空，歷別非實，圓（指圓教）見不空，窮顯真實。如是喻者，非但簡破兔馬二乘非實，亦簡小象不空非實，乃取大象不空，為此經體也。此約空中共為真諦，作如此簡也⑧。

若將上述引文這段話，以簡表表之：

三獸渡河
- 兔——水面……即空、不即不空……藏
- 馬——水中……即空、不即不空……通
- 象
  - 小象——底泥……即空、又即不空……別
  - 大象——實土……即空、又即不空……圓

若只「即空」，猶如兔馬浮於水之表面，未能窮究「水」（即空）真正之涵義，因為水裡本身不單只是「軟」而已，若深窮下去，有泥，有土，所以，以「不空」顯水亦非軟，或以「不空」表「空」亦不可得，而兔馬只知水軟，並不知水底有泥有土，此比喻藏、通二教所謂之「實」，實只止於「即空」而已，對於「不但空」並不了解。至於水底之情形亦有差異，小象也許觸及了泥漿，但仍不夠踏實，故有所隔別，唯大象能真正踏及實土，窮究底源，真正了解到水之軟而非軟之涵義，即「空」與「不但空」之涵義。

2. 頗黎珠與如意珠

頗黎珠與如意珠，此二珠看似相同，然頗黎但空，不能雨寶，如意亦空亦能雨寶。頗黎無寶，以喻偏空，如意能雨，以喻中道。此顯示但空（即偏空）與不但空（即中道）之差異。一無其力用，一有其力用，如《法華玄義》云：

二、譬頗黎如意，兩珠相似，形類欲同，而頗黎但空，不能雨寶；如意珠亦空，亦雨寶。頗黎無寶，以喻偏空，如意能雨，以喻中道⑨

此中以「頗黎珠」比喻為「但空」，因為頗黎珠不能雨寶；另以「如意珠」比喻為「中道」，因為此如意珠本身也是空，但能雨寶，所以亦是「不但空」，故比喻為

「中道」。由頗黎珠與如意珠兩珠雖相似，形狀也相同，但其功能作用卻有天壤之別。以此譬喻說明二乘人雖證「空」，但無其力用，所以如頗黎珠，而菩薩證「空」與「不但空」，故有其力用，所以如如意珠能雨眾寶。

另若單就如意珠來作譬喻，若得珠，則足，不知力用，那麼其所得也只是珠而已，而智者得之，則有種種之功用，如《法華玄義》云：

> 又但約一如意珠為譬者，得珠不知力用，唯珠而已，智者得之，多有所獲。二乘得空，證空休息，菩薩得空，方便利益，普度一切⑩。

3.黃石中金

此譬喻金在黃石中，識與不識，其價有天壤之別，如《法華玄義》云：

> 三、譬如黃石中金，愚夫無識，視之謂石，擲在糞穢，都不顧錄。估客得之，融出其金，保重而已。金匠得之，造作種種釵釧鐶鐺。仙客得之，練為金丹，飛天入地，捫摸日月，變通自在。野人喻一切凡夫，雖具實相，不知修習。估客喻二乘，但斷煩惱礦，保即空金，更無所為。金匠喻別教菩薩，善巧方便知空非空，出假化物，莊嚴佛土，成就眾生。仙客喻圓教菩薩，即事而真，初發心時，便成正覺，得一身無量身，普應一切⑪。

引文中以黃石中「金」，比喻為「實相」，凡夫雖具有「實」，由於無識，不知修習，棄之如石。商人識得此物，去石得金，但也只保有「空」金而已，沒有進一步加以利用。金匠得此物，能變造種種物品。仙客得之，練為金丹，變通自在。此四種比喻：第一種是凡夫，第二種是藏通之二乘人，第三種是別教菩薩，第四種是圓教菩薩，如下表：

黃石中金
1.石——愚夫——凡夫（具實相而不知修習）
2.金——估客——二乘人（斷煩惱惑保空金）
3.造種種金物——金匠——別教菩薩（造作種種金物，莊嚴佛土，成就眾生）
4.金丹——仙客——圓教菩薩（即事而真，不假方便）。

透過上述三種譬喻，可讓吾人了解到「實相」真正的涵義，以及藏、通、別、圓四教教理之不同所在。

總而言之，不單要辨別教外所謂之「實」與教內之「實」有所不同，同時也要更進一步分辨教內種種「實」之不同，而真正了解「實相」的涵義。依智者大師的看法，唯圓教所表達之「實相」，才是真正合乎「實相」之意，而教內之前三教所說的「實」，仍是有所偏執的，因有所偏執，所以非「實相」，至於教外凡夫外道所謂之「實」，實仍不離愛論見論之範圍，故非「實相」。

註解

① 若概略區分，祇有大小二乘之差異，且小乘三藏教所談是「三法印」，大乘教所談是諸法當體即空，所以是「一實相印」。因此，嚴格來講，小乘三藏教並未涉及「實相」，而大乘教所謂之「實相」，亦各有其不同。雖然小乘三藏教未及「實相」，但亦有其所認為之「實」。大乘諸教（通、別、圓）所談之「實相」，唯有圓教所言之「實相」，才足以代表「實相」之涵義。

② 「止宿草庵」乃出自《法華經》「信解品」，此語說明窮子雖於其父處工作了二十年，對於家中之金銀實物也已熟知，然仍不知其身份，不知此金銀寶物為己所應得，故將之比喻為「猶處門外，止宿草庵」（大正9・18上）。直至父子相認，才知其為父之子，而父之所有金銀實物，亦將為己所繼承，是自己本應得的（詳參大正9・12中～19上）。

③ 大正33・780下～781上。

④ 大正33・781上。

⑤ 同上。

⑥ 同上。

⑦ 同上。

⑧ 大正33・781下。

⑨ 同上。

⑩ 同上。781下～782上

⑪ 同上。782上。

第三章　實相之方法

本章節所要探討的是有關於「實相」觀念建立之方法，亦即是智者大師如何來建立「即空即假即中」的「實相」論理，此中運用了哪些方法？

從前面第一、二章的探索中，吾人得知由「即空即假即中」所建立的「實相」觀念，其特色表現在「破一切執」（破）及「立一切法」（立）上①，簡單地說，即是「破」與「立」②，結合此「破」「立」，即可遠離四謗。所謂「四謗」：是指斷無謗、建立謗、異謗、盡謗等③，離四謗，即離斷無謗、離建立謗、離異謗、離盡謗④，如《如華玄義》云：

《中論》云：因緣所生法，即空即假即中。因緣所生法，即空者，此非斷無也；即假者，不二也；即中者，不異也；因緣所生法者，即遍一切處也。今言實相體，即權而實，離斷無謗也；即實而權，離建立謗也；權實即非權實，離異謗也；雙照權實，遍一切處，離盡謗也⑤。

此是藉由「因緣所生法，即空即假即中」，來說明「因緣法」非斷無、非二、非異，且遍一切處，故能離四謗。

天台所運用「破」與「立」的方法，基本上是依據《中論》的「無生」「空假中」偈、《涅槃經》的「不可說」與「可說」，及《大智度論》的「四悉檀」而來，下列分別述之。

第一節　以「無生」及「空假中」爲方法

一、《中論》之「無生」法門

在諸經論中，扮演著「破」的角色，首推《中論》，而《中論》〈觀因緣品〉的「八不」中，其解釋「無生」的方法，則常爲智者大師所引用。所謂：

> 諸法不自生，亦不從他生
> 不共不無因，是故知無生⑥。

由於諸法非自生，非他生，非自他共生，非離自因他因而生，依此而推知諸法是無生。關於此偈頌，常於智者大師的論著中出現，如《摩訶止觀》在說明「十種觀法」中的「破法遍」時，則藉用了圓教之「無生」門，遍破一切知見執著⑦，因而悟入諸法「無生」的道理。另外，像智者大師在解說「一念三千」，以非「心具」、「緣具」、「共具」、「離具」來駁辯諸論師對「一念心」的執著⑧，此則運用了「非自」、「非他」、「非共」、「非無因」的模式，來反駁「自生」（心具）、「他生」（緣具）、「共生」（共具）、「無因生」（「離具」）的謬誤⑨。最後的結論，是「言語道斷，心行處滅」之不可思議境⑩，此即是諸法寂滅無生，如《法華經》所言：「是諸法寂滅相，不可以言宣」。

若再就智者大師的觀行法門來看，如智者大師所講的《釋摩訶般若波羅蜜經覺意三昧》所用的「四運心」推檢⑪，則是運用了《中論》之「非自、非他、非共、非無因」法門，來破除知見執著。另如「四種三昧」⑫所運用之方法，亦不離「無生」法門，如《觀心論》云：「問觀自生心，云何爲涅槃，修四種三昧，得真無生忍」⑬，此中說明透過「四種三昧」之修行，證得「無生忍」，而顯示此法門與「無生」之間的密切關係。又如智者大師臨終時口授《觀心論》之「觀心」法，其基礎是建立在「無生」觀上⑭。

諸如此類，不勝枚舉。由此我們可得知，天台智者大師不論在教理或觀行上，皆把握了《中論》之「無生」法門，尤其是在觀行修證方面，皆以「無生」作爲基本之前題。另我們可以說智者大師的學說思想，或觀行法門，與「無生」有著不可分割之關係。

二、《中論》之「空假中」偈

在天台實相之方法論中，與《中論》「無生」佔有同等地位的，且有過之而無不及，要算是《中論》之「空假中」偈，所謂：

眾因緣生法
我說即是無（空）
亦為是假名
亦是中道義⑮。

這偈名言，卻是深深地影響了智者大師整個的思想理論，而用以表達「實相」之「即空即假即中」，可說脫胎於此⑯，充分地展現緣起之精神⑰。

在智者大師的思想學說中，不管是闡述教理或觀行，我們時常可以見到「因緣所生法，即空即假即中」這樣的表達方式，乃至以「因緣所生法，即空即假即中」來明辨所有一切教理。以下分別述之：

㈠以「空假中」偈辨四教

智者大師的四教判，基本上，與「因緣所生法，空假中」偈有著非常密切之關係⑱，智者大師藉用了「空假中」偈來分辨藏、通、別、圓等四教之教理；若對因緣法之了解，只止於「即空」而已，那麼此可判爲藏、通教等二乘人之知見，二乘人止於「空」，卻不能進一步探求「空」亦不可得之「不但空」的道理，故只能知「空」，不能知「不但空」。若就觀行而言，取「空」息諸苦。藏、通二教對於「空」之理解，亦有所不同，藏教所了解的「空」，是種「析法空」，而通教所詮釋的「空」，是「當體空」，前者被評爲是法外之空，後者之「空」乃是諸法當體空。不管是「析法空」、或「當體空」，其共同之特色，皆以取「空」爲究竟，而止息於「空」。

至於別教，能觀「空」與「不空」，因此所詮之教理，則屬「即空」「即假」，即是所謂的「二即」。

圓教所理解之因緣法，則是「即空即假即中」，以此顯示，雖與別教同見「空」

與「不空」之理，然別教所詮之理，只是「二即」（即空即假），但並不即「中」，「中」與「空」「假」有隔別，是「空」「假」外之「中」，所以運用在觀行上，則形成次第之三觀，運用在教理上，則成爲隔別之三諦。圓教的「即空即假即中」，則強調「空」「假」「中」三者不相捨離，且與「因緣法」的關係，是「三而一，一而三」的關係，非離「因緣法」外，而另有「空」「假」「中」，而是「因緣法」本身即是「即空即假即中」，而「空假中」本身亦是因緣所生法，故從法無自性而言，無法不「空」，從假名施設言，無法不「假」，從諸法實相言，無法不「中」。此即所謂「一心三觀」、「圓融三諦」。

除四教之教理觀行外，智者大師亦將凡夫、外道之法，納入到因緣空假中偈來講，凡夫、外道之法，因皆不「即空」，即不解諸法是因緣法，皆將因緣法執以爲實。因此，只能算是界內生滅流轉法而已，仍屬因緣生滅法之範圍，而不及「空」「假」「中」層面。

(二)以「即空即假即中」明圓教

對於圓教之教理觀行之表達，莫過於以「即空即假即中」來表達之，以此代表圓教「圓融三諦」之教理，及「一心三觀」之觀行。

至於天台何以以「即空即假即中」來表達圓教之教觀，此從第一章第三、四節及第二章第二節可得知。諸法無非皆是緣起中道實相，祇要吾人能泯除「有、無」二邊之自性執，那麼法法當下皆是緣起中道實相，以什麼方式來表達皆可以，如以「空」，以「中」來表達皆無妨。然而，當所用的概念形成自性化、絕對化時，其因應之道也就因此而生，天台的「因緣所生法，即空即假即中」，從歷史上的發展演變來說，可說因應此而生。除此之外，則是以「即空即假即中」來表達諸法圓融的道理，徹底發揮「生死即涅槃」、「煩惱菩提」之不二觀念。

其它如對任一法之解釋，往往亦不離「因緣所生法，即空即假即中」的模式來解釋，譬如釋「我」，《法華文句》解釋到：

觀心釋者，因緣所生法，即空即假即中。即空者，我無我也；即假者，分別我也；即中者，真妙我也⑲。

又云：

觀心釋者，觀心先空，次假，後中，次第觀心也。觀心即空即假即中者，圓妙觀心也⑳。

又如以「觀心」，釋「佛」，其云：

觀心釋者，觀因緣所生心，先空，次假，後中，皆偏覺也。觀心即空即假即中，是圓覺也㉑。

諸如此類，以「因緣所生法，即空即假即中」來解釋諸法，可說不勝枚舉。以下僅就天台諸論著中摘錄以明之：

1.「《中論論》云：因緣所生法即空即假即中。因緣所生法，即空者，此非斷無也；即假者，不二也；即中者，不異也；因緣所生法者，即遍一切處也㉒」。

——《法華玄義》

2.「若能觀心識愛見心，皆是因緣生法，無常生滅，即有四番觀心眷屬，如《中論》偈云：因緣生法，即空即假即中，仍於四觀各明眷屬」㉓——《法華玄義》。

3.「若能淨心，諸業即淨。淨心觀者，謂觀諸心悉是因緣生法，即空即假即中，一心三觀，以是觀故，知心非心，心但有名，知法非法，法無我有，知名無名，即是我等；知法無法，即涅槃等，……，此解起時，於我我所，如雲如幻，即是地上清涼益，信敬慚愧諸善心生，於空假中意而有勇，即是因益。念念與即空相應，是中上草小樹等益；念念與即假相應是大樹益；念念與即中相應，是最實事。……」㉔——《法華玄義》。

4.「四不可說者：一生生不可說、二生不生不可說、三不生生不可說、四不生不生不可說，此即是約心因緣生滅即空即假即中四句不可說也」㉕——《維摩經玄疏》。

5.「一念心起，即空即假即中者，若根若塵，並是法界，並是畢竟空，並是如來藏，並是中道。云何即空？並從緣生，緣生即無主，無主即空。云何即假？無主而生，即假。云何即中？不出法性，並皆即中。當知一念即空即假即中，並畢竟空，並如來藏，並實相，非三而三，三而不三，非合非散而合而散，非非合非非散，不可一異，而一異」㉖——《摩訶止觀》。

6.「圓頓止觀相者，以止緣於諦，則一諦而三諦，以諦繫於止，則一止而三止。譬如三相在一念心，雖一念而有三相，止諦亦如是。而止之法，雖一而三，能止之心，雖三而一也。以觀觀於境，則一境而三境，以境發於觀，則一觀而三觀，如摩醯首羅面上三目，雖是三目而是一面，觀境亦如是。觀三即一，發一即三，不可思議。不權不實，不優不劣，不前不後，不並不別，不大不小，故《中論》云：因緣所生法，即空即假即中。……」㉗──《摩訶止觀》。

從上述諸名的引述中，我們可以看出智者大師慣以「即空即假即中」來表達圓教思想（即實相論理）。而此「即空即假即中」之運用又與《中論》「空假中」偈有著非常密切之關係。我們可以這樣說：《中論》「空假中」偈的義理啟發了智者大師「即空即假即中」之思想方法。

註解

①「破一切執」者，可分為橫破和豎破，「橫破」乃針對教外而言，即破凡夫外道之愛見等顛倒之四執，執我法為常樂我淨等（此部份可參考第二章之第一節，及《法華玄義》大正33．682下及781中，另可參章安灌頂法師著《觀心論疏》大正46．597中）。「縱破」，即針對教內種種之偏執，如

三藏教、通教之二乘人的執「空」，別教菩薩之執「不但空」，猶如雲外月，棄邊取中。另以即空假中破二十五有（大正33．725下）。「開一切法」者，乃將凡夫、外道、三藏教、通教、別教等一一法加以開顯。就同而言，法法無不是實相，所以開別教次第之實，即是圓實；開通教三乘人共得之實，深求即到底；開三藏教之實，決了聲聞法，是諸經之王；開外道諸見論之實，於見不動而修道品；開凡夫諸愛論之實，魔界即佛界故，行於非道，通達佛道（參見大正33．781下）。又如《法華玄義》、「若明若理，若人未妙者，今當開，謂開一切愛見，煩惱即菩提，故云觀一切法空如實相；開一切生死即是涅槃，故云世間相常住；開一切凡人即是妙人，故云一切眾生皆是吾子；開一切愛見言教即是佛法，故云若說俗間經書治生產業，即與實相不相違背；開一切眾生即是妙理，故云為令眾生開佛知見；……」（大正33．792中下）。

有關「破」、「立」之差別，「破」是針對失佛法之方便而破，「立」則表現在申佛法之方便上，如《法華玄義》云：「若《毗曇》《婆娑》中明菩薩義，龍樹往往破之，謂其失佛方便，是故須破；申佛方便，是故須立。此是龍樹破立意。若常途大乘師，全不整理三藏，此則失佛方便；常途小乘師，探取經義，釋所弘之論，辨菩薩義，毗婆娑自說菩薩義，而不肯用取大乘經，解三藏空有二門，豈應相會，此有二過，一埋佛方便，二彰論主不解菩薩義，是故須破。……若作通教大乘者，三乘同入真諦，至佛亦然，那得八地觀中道破無明，作通義不成，是故須破。……今窺見其過，是故須破，申佛方便，復應須立。即是今時破立之意」（大正33・737下）。

② 亦可以「圓破」、「圓會」表之。參大正33・788中。

③ 參自《法華玄義》（大正33・682下）。

④ 此離四謗，乃是配合「空有」、「不二」、「不異」、「不盡」及《中論》因緣所生法即空即假即中而來。因為空非斷無，所以是「空有」，有即空，空即有，故云「不二」；再者，非離空有外，別有中道，故云不異；遍一切處，故云「不盡」（參大正33・682下）。

⑤ 大正33・682下。

⑥ 大正30・33中。

《中論》此以偈頌來說明「八不」中之「不生」理由。雖說「八不」，而實質上只是「不生」而已，「不生」一門則攝盡餘「七不」，亦可說餘「七不」是建立在「不生」一門上，或說餘「七不」不過是「不生」（無生）之推演而已。由此可知「不生」一門之重要性，其成為「八不」整個的理論基礎，如何論證諸法「不生」（無生），可說是整部《中論》之關鍵所在，以此來泯除眾生自性執。天台實相觀念之建立，基本上，則是藉用此「不自生、不他生、不共生，不無因生」之「無生」法門，以此來真正把握「實相」之涵義。

⑦ 一切的知見執著，無非是對法的自性執。在《摩訶止觀》中，則將此種種知見分為四大類型——單

四見、複四見、見足四見、絕言見。此四大類型知見，基本上，仍不離有、無、亦有亦無，非有非無等四門（詳參第二章第一節第二項「外道之實」一文）。而對於眾生種種之自性執，則以「無生」法門加以破斥，以顯示諸法之無自性的道理。

⑧ 諸論師（包括地論師、攝論師等）對「一念心」的執著，可分為：心具三千、緣具三千、共具三千、離具三千等四種，亦即是有論師以「心」是一切法之所依，心能生三千法，心能見三千法，而主張此看法的，無異於主張「自生」之看法，此如地論師之主張。另亦有論師主張非「心」生一切法，而是「阿賴耶識」生一切法，此即所謂「緣具」一切法，主張此論點的，如同主張「他生」之看法，此如攝論師之主張。至於地論師何以主張「心具」一切法（或心「自生」一切法）的理論，乃是認為「心」是法性，法性是一切法之依持，那麼「心」則是一切法之依持，因此，認為心生一切法，或心具一切法。又如攝論師何以主張「緣具」一切法（或「他生」一切法）的理論，乃在於攝論師認為「心」（法性）是清淨的，不能作為一切法之依持，能作為法之依持的，乃是「阿賴耶識」，因為「阿賴耶識」是無沒無明，盛持一切種子，故能為一切法之依持。對於地論師攝論師所持之觀點，《摩訶止觀》有如下之描述：「地人（指地論師）：一切解惑真妄依持法性也。攝大乘（指攝論師）云：法性不為惑所染，不為真所淨，故法性非依持，言依持者，阿黎耶是也，無沒無明盛時一切種子」（大正46．54上）。

⑨智者大師如何透過「無生」、諸法無自性的道理來駁斥地論師「心具一切法」的觀點，及如何駁斥攝論師「緣具一切法」的論點，此在《摩訶止觀》有詳細記載，將抄錄於下，其云：「若從地（論）師則「心具」一切法，若從攝（論）師則「緣具」一切法，此兩師各據一邊。若法性生一切法者，法性非心非緣，非心故，而心生一切法者；非緣故，亦應緣生一切法。何得獨言法性（指「心」）是真妄依持耶？若言法性非依持，黎耶（指「阿黎耶識」）是依持，離法性外，別有黎耶依持，則不關法性，若法性不離黎耶，黎耶依持即是法性依持，何得獨言黎耶是依持？又違經（指《涅槃經》），經言：非內、非外、亦非中間、亦不常自有。又違龍樹，龍樹云：諸法不自生，亦不從他生，不共不無因」（大正46．54上中），在此中，首先指出了地論師攝論師的觀點，無非是「各據一邊」，各執一己之見，視「法性」與「阿黎耶識」為兩橛，對地論師攝論師所抱持的觀點，智者大師則進一步加以駁斥，指出：地論師既然是以「法性」為一切法之依持，而法性本身非心非緣（「緣」是指阿黎耶識），既然能從「非心」，而主張「心生一切法」，為何不能從「非緣」，而主張「緣（阿黎耶識）生一切法」？因此，在智者大師看來，地論師主張「心生一切法」的論點，無非是一己之見，一邊之執而已，因為既然可立「心生一切法」，那麼，也可以立「阿黎耶識生一切法」，有何不可？甚至，可以立更多的名目，由此來看，地論師容許自己立「心生一切法」之主張，而不容納他人有其它之觀點，此無異是一邊之見。同樣地，

攝論師主張「阿黎耶識」為一切法之依持，亦是一邊之見，理由在於：法性與阿賴耶識之關係上，若阿黎耶識是離法性而有，那麼阿黎耶識與法性是兩橛，彼此不相關係；若法性不離阿黎耶識，那麼阿黎耶依持，即是法性依持，既可主張「阿黎耶識為一切法」之依持，為什麼不可主張「法性為一切法」之依持？所以，不管地論師或攝論師之立論，皆有其破綻，故皆可破，實不外乎一己自性之執而已。

最後，《摩訶止觀》亦透過「心、眠、夢」之譬喻，來駁斥地論師攝論師所主張之謬誤。此譬喻中，心代表法性，眠代表阿黎耶識，夢代表一切法，以此三者的關係，來透視主張「心具一切法」、「緣具一切法」之不能成立，如《摩訶止觀》云：「更就譬檢，為當依心故有夢？依眠故有夢？眠法合心故有夢？離人離眠故有夢？若依心有夢者，不眠應有夢；若依眠有夢者，死人如眠應有夢；若眠心兩合而有夢者，眠人那有不夢時，又眠心各有夢，合可有夢，各既無夢，合不應有；若離心離眠而有夢者，虛空離二，應常有夢。四句求夢尚不得，云何於眠夢（「夢」字，應改為「心」）見一切事。心喻法性，夢（此「夢」字應改為「眠」）喻黎耶，云何偏據法性黎耶生一切法」（大正46・54中），此段文中，可分為三部份：第一部份，首先提出四個質詢——(1)依心有夢？(2)依眠有夢？(3)依心、眠有夢？(4)依離心離眠有夢？此四個質詢，基本上是運用《中論》的「自生？他生？共生？無因生？」之模式。第二部份，則是對此四種看法，一一加以駁斥，所謂：「若依心有夢者，不眠應有夢；若依眠有夢者，死人如眠應有夢；若眠心兩合而有夢者，眠人那有不夢時；……若離心離眠而有夢者，虛空離二（即指虛空無「心」無「眠」），應常有夢」，由此駁斥中，可看出此四種主張之謬誤，而其立論難以成立。所以，第三部份，則指出此種立論，皆是各偏一法。

⑩ 比是透過上述之「橫破」（即對「心具？緣具？共具？離見！」諸見之破斥），加上進一步的「豎破」（即對「一念心生一切法」之破斥），所得到之結論，如《摩訶止觀》云：「當知四句（指心具？緣具？共具？離具）求心不可得，求三千法亦不可得，既橫從四句生三千法不可得者，應從一念心滅生三千法耶？心滅尚不能生一法，云何能生三千法耶？若從心亦滅亦不滅生三千法者，亦滅亦不滅其性相違，猶如水火二俱不立，云何能生三千法耶？若謂心非滅非不滅生三千法者，非滅非不滅，非能非所，云可能所生三千法耶？亦縱亦橫求三千法不可得，非縱非橫求三千法亦不可得。言語道斷，心行處滅，故名不思議境」（大正46．54中），此則透過「橫四句」與「縱四句」來探討「一念」與「三千」法，皆不可得。「橫四句」是就「心具」、「緣具」、「共具」、「離具」來探討；「縱四句」是就一念心之生、滅、亦生亦滅、非生非滅等四句來探討。不僅是「橫四句」求生不可得，且「縱四句」求「一念心」「三千法」亦皆不可得。所以是「亦縱亦橫求三千法不可得，非縱非橫求三千法亦不可得」，此即是「言語道斷，心行處

滅」，故稱為「不思議境」。此整個的運作方法，基本上是運用了《中論》的「無生」法門之「四句」。

⑾「四運心」，是指「未念」、「欲念」、「念」、「念已」等四種心相，然後就此四種心相，一一加以觀照，觀照一念心本身是如何「生」的，最後結論，則是求此一念心生本不可得，如《釋摩訶般若波羅蜜經覺意三昧》云：「問曰：行者欲入此三昧，當對幾心相而觀察之？答曰：諸經論中辯（辨）心相，各各不同，今不具述，是中略明四種心相以為觀境，何等為四？一者未念、二者欲念、三者念、四者念已。未念名心未起緣境，欲念名心欲起緣境，念名緣境心滿住，念已名緣境心滿足已謝滅」（大正46・623上），此則舉出了四種心相，即「四運心」相，且對此四種心相加以一一作說明，而此四運心相，基本上則可攝盡一切法，所以此四運心相作為所觀境，則無所不攝。至於如何推檢此四運心相而起觀照，《覺意三昧》文中有進一步說明，所謂：「問曰：已知四運心相，攝一切法，行者云何觀察此心，通達實相，……，答曰：行者先以大誓莊嚴，善修如上六度法門，以調其心，信知諸法畢竟空寂，而我為無明所覆，未能覺了，必須勤修正觀，行到乃知，……然後隨心所起，以無所住著之心，反照觀察未念、欲念、念、念已之相，爾時諦觀未念心為滅，欲念心生？未念心為不滅，欲念心生？未念心為亦滅亦不滅，欲念心生？未念心為非滅非不滅，欲念心生？如此於未念四句中，觀欲念心生皆不可得。……」（大正46・623

下）。而如何於「未念」四句加以運作，觀「欲念心」不可得，此是就「未念心」之「滅」、「不滅」、「亦滅亦不滅」、「非滅非不滅」作進一步之推檢，經由此層層之推檢，得知「欲念心」了不可得，此亦可反過來由「欲念」四句推求「未念心」滅亦不可得。即得知「生」「滅」了不可得。同樣地，亦可推檢「欲念心」之滅、不滅、亦滅亦不滅、非滅非不滅」，而求「念心」之不可得。依此類推，推檢「念心」之滅、不滅、亦滅亦不滅、非滅非不滅，而求「念已」之心不可得。若從「念已」之滅、不滅、亦滅亦不滅、非滅非不滅，而求「未念心」不可得。反之，求「滅」亦不可得。終得知求一念心之「生」皆不可得。（詳參大正46．623下～624中）以圖表表之。（見次頁）

⑫「四種三昧」，指常坐三昧、常行三昧、半行半坐三昧、非行非坐三昧等。此「四種三昧」可視為智者大師對諸經論中有關修行三昧之儀軌方法所作的分類，即以身儀來分別三昧之修持法門。在此「四種三昧」中，尤其是第四種「非行非坐三昧」所使用的方法，在於透過觀照一念心本不生不滅（此可參註⑪），而其所使用之方法，基本上則運用了「非自、非他、非共、非無因」之「無生」法門，而達到諸法本寂。

⑬大正46．586中。

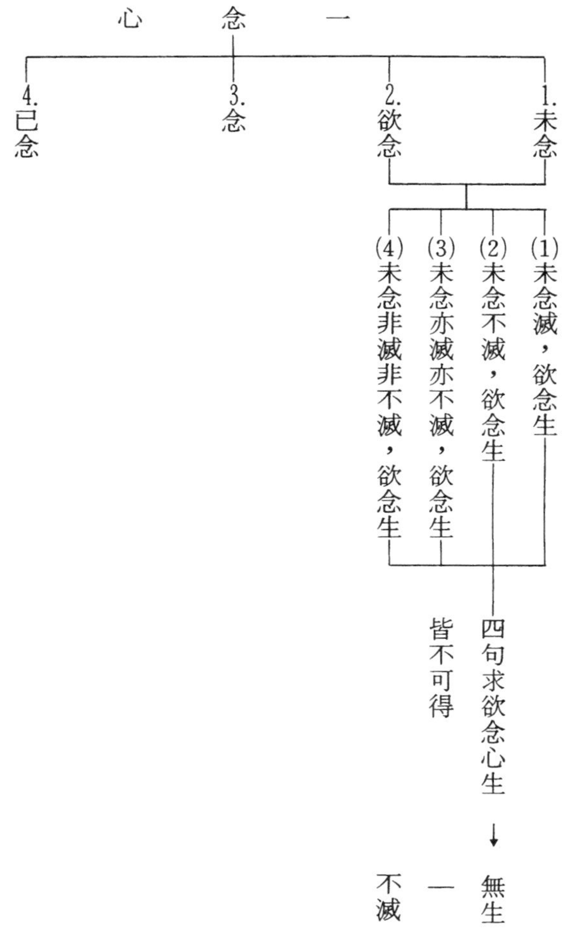

一念心

1. 未念
2. 欲念
3. 念
4. 已念

（1. 未念、2. 欲念）
(1) 未念滅，欲念生
(2) 未念不滅，欲念生
(3) 未念亦滅亦不滅，欲念生
(4) 未念非滅非不滅，欲念生

四句求欲念心生 → 無生
皆不可得 — 不滅

⑭ 如《觀心論》開宗明義，就提到：「問觀自生心，云何四不說（即「四不生」之意），離戲論執諍，心淨如虛空」（大正46．586上中），此中所謂的「四不說」，即指「四不生」之意，依智者大師的看法，《涅槃經》〈德王品〉之「四不可說」（即生生不可說、生不生不可說、不生生不可

說、不生不生不可說），其模式與《中論》之「非自、非他、非共、非無因」之「四不生」相同的，且其往往將「四不說」與「四不生」併舉在一起，如《摩訶止觀》：「……龍樹云：諸法不自生，亦不從他生，不共，不無因。……，大經云：生生不可說，生不生不可說，不生生不可說，不生不生不可說，即此義也」（大正46．54中下），接著又提到：「當知第一義中，一法不可得，況三千法？世諦中，一心尚具無量法，況三千耶？如佛告德女，無明內有不？不也。外有不？不也。內外有不？不也。非內非外有不？不也。佛言：如是有。龍樹云：不自、不他、不共、不無因生；大經：生生不可說，乃至不生不生不可說」（同上，54下）。另如章安灌頂法師《觀心論疏》對此偈頌之「四不說」的解釋，則云：「今論（指《觀心論》）初明四不可說，即是不生義，故引彼文也。次引龍樹《中論》八不者，一彼論初明八不，即是不生為首，……」，此是將《涅槃經》之「四不可說」，與《中論》之四不生的「無生」併舉說明其義（詳參大正46．594下～595下），一是從經的觀點來說，一是從論的立場來說，而其旨趣則是一樣的。事實上，此在《觀心論》本身，則作如是表達（請參大正46．586上）。

⑮ 大正30．33中。

⑯ 此偈頌，被稱為「因緣偈」、「三是偈」、「三諦偈」、「空假中偈」。智者大師對此「因緣偈」作了如下解說：

因緣所生法——我說即是空……空
　　　　　　——亦為是假名……假
　　　　　　——亦是中道義……中

即將「因緣所生法」，以「空」、「假」、「中」來加以解釋。反過來說，空、假、中等皆是因緣所生法。因為「空」是因緣所生法，所以是假名施設（即「假」）。

⑰ 以「空」「假」「中」三概念來表達「因緣所生法」，諸法既是因緣生，所以是無自性（空）；所以諸法皆是因緣有，假名施設之有（假）；而如實了解諸法，離有無二邊之執，此即是中道（中）。同樣地，用以表達「因緣所生法」之「空」「假」「中」三概念，其本身亦是無自性的（空），且此三概念亦皆是因緣有，假名施設的（假），甚且諸法皆是如實之相，「空」「假」亦不例外，所以「空」「假」亦皆是「中」。此不僅「眾因緣生法」是「空」「假」「中」，而連用以表達「眾因緣生法」的三個概念——「空」「假」「中」，亦皆是因緣所生法。

⑱ 詳參第五章第二節「四教之由來」。

⑲ 大正34．4上。

⑳ 大正34・4下。

㉑ 大正34・5上。

㉒ 大正33・682下。

㉓ 大正33・758上。

㉔ 大正33・763中。

㉕ 大正38・521下。

㉖ 大正46・8下～9上。

㉗ 大正46・25中。

第二節　以「不可說」及「可說」爲方法

一、《涅槃經》之「不可說」

前節中廣談「無生」之「四不生」（非自、他、共、離），在《涅槃經》的表達方式，即是「四不可說」，所謂：

生生不可說
生不生不可說
不生生不可說
不生不生不可說①。

以此來遮遣一切之偏執，另方面顯此「生與不生」之不可分割性②。

智者大師也往往將《中論》的「無生」與《涅槃經》的「四不可說」拿來一起併用，如《摩訶止觀》所言；

……龍樹云：諸法不自生，亦不從他生，不共，不無因。……言語道斷，心行處滅。《大經》（指《涅槃經》）云……生生不可說，生不生不可說，不生生不可說，不生不生不可說，即此義也③。

此是以「四不生」及「四不可說」來說明吾人動念即乖法體，所以言「言語道斷，心行處滅」，以此來表達不可思議境。

二、《涅槃經》之「可說」

諸法雖不可說不可說，然亦有其轉折處，此關鍵點在於——「有因緣故，則可說」上，以「四不可說」（或「四不生」）遮除眾生之自性執，另以隨順因緣而說，來開顯一切法，同樣地，亦可避免自性之執，因爲諸法畢竟是因緣現，如《摩訶止觀》云：

如佛告德女，無明內有不？不也。外有不？不也，內外有不？不也。非內非外有不？不也。佛言：如是有。龍樹云：不自、不他、不共、不無因生。《大經》：生生不可說，乃至不生不生不可說，有因緣故，亦可得說，謂四悉檀因緣也。……④。

又云：

佛旨盡淨，不在因、緣、共、離，即世諦是第一義也。又四句俱皆可說，說因亦是，說緣亦是，共亦是，離亦是。若為盲人說乳，若貝若粖若雪若鶴，盲聞諸說，即得解乳，即世諦是第一義諦。當知，終日說，終日不說；終日不說，終日說。終日雙遮，終日雙照；即破即立，即立即破，經論皆爾。天親、龍樹內鑒凝然，外適時宜，各權所據，而人師偏解，學者苟執，遂興矢石，各保一邊，大乖聖道也。若得此意，俱不可說，俱可說⑤。

第一段引文中，所提到的「《大經》云：生生不可說，乃至不生不生不可說，有因緣故，亦可得說」，此段話基本上引自於《涅槃經》〈德王品〉⑥。由此「不可說」與「可說」的運用，來把握諸法緣起無自性之精神，從「不可說」，可以泯除吾人對自性的執著；另從「可說」，其基本原則，是奠基在「有因緣故」的基礎上，也就是說，所可說法，其本身亦是因緣所生法，所以，亦是無自性的法，亦不可將所說之法自性化，絕對化。運用此「有因緣故，則可說」的方法，不僅可以開顯一切法可說，且可避免對「不可說」的自性執。因此，我們可以說：天台以「不可說」遍「破」一切之自性執，以「可說」遍「立」一切法，是雙管齊下運用「破」與「立」，來把握緣起精神，展現緣起法⑦。

因此，從上述第二段引文中，可以看出對「破」與「立」所作進一步之發揮，所謂：「佛旨盡淨，不在因、緣、共、離，即世諦是第一義也。又四句俱可說（指因、緣、共、離），說因亦是，說緣亦是，共亦是，離亦是。……即世諦是第一義諦。當知！終日說，終日不說；終日不說，終日說；終日雙遮，終日雙照；即破即立，即立即破」，此則以「即破即立」、「即立即破」充分地發揮「破」與「立」之精神，而事實上，一切法也不外乎「即破即立」、「即立即破」而已，隨順著不同之因緣，而有不同之說法罷了。所以，天親、龍樹菩薩皆能「外適時宜，各權所據」，說

「破」，說「立」，彼此不相妨礙，亦是因應時代之需，及不同之眾生，而「破」而「立」。然而，可悲的是，後代人師學者並不解此意趣，而彼此各執一邊之見，爭執不休，所謂「人師偏解，學者苟執，遂興矢石，各保一邊，大乖聖道也」。此可說是天台智者大師當時佛學思潮之最佳寫照，無怪乎智者大師感觸良深⑧，面對此各執一邊之見的困境，加以反省，思索著解決之道，而從「俱不可說，俱可說」來把握緣起的精神。

註解

① 此四句之寫法是按照次序來加以排列，也是天台本身常用的寫法，而《涅槃經》〈光明遍照高貴德王品〉之原文：是「佛言：善哉善哉！善男子！不生生不可說，生生亦不可說，生不生亦不可說，不生不生亦不可說，生亦不可說，不生亦不可說」（大正12・490中）。

② 如《涅槃經》對此「四不可說」解釋何以不可說之原因，其云：「云何不生生不可說？不生名為生，云何可說，何以故？以其生故。云何生生不可說？生生故生，生生故不生，亦不可說。云何生不生不可說？生即名為生，生不自生，故不可說。云何不生不生不可說？不生者名為涅槃，涅槃不生，故不可說，何以故？以修道得故，云何生亦不可說，以無生故。云何不生不可說？以有得

故」（大正12．490中下）。此中說明了「生」，即是「無生」，而「不生」即是「生」，此點出「生」與「不生」之不可分割性，以及其不可執著性，畢竟「生」與「不生」皆無定性。關於此部份可參考《觀心論疏》之解釋（大正46．596下）。

③ 大正46．54中下。

④ 大正46．54下。

⑤ 大正46．55上。

⑥ 如《涅槃經》〈德王品〉云：「不生生不可說，生生亦不可說，……有因緣故，亦可得說」（大正12．490中）。

⑦ 至於如何來運用「有因緣故，亦可得說」這個法門，引文中是就「四悉檀」來發揮（關於此部份留在下節述之），而《涅槃經》〈德王品〉則是就「十因緣法」來說明，如其云：「云何有因緣故，亦可得說？十因緣法為生作用，以是義故，亦可得說」（大正12．490中）。不管是「四悉檀因緣」，或是「十因緣法」，其根本旨趣則是一致的，皆說明了諸法因緣生的道理。

⑧ 此最明顯的是面對地論師與攝論師之執爭，在天台諸多論著中，常提及此事，而且對諸論師一一加以批判。此可參《摩訶止觀》（大正46．52上，54上～55上）．《法華玄義》（大正33．737中下，738上，742中，744中下）、《維摩詰經玄疏》（大正38．528中下，549中～550上，552上，556中）。另個

人打算將來以專題來處理此方面問題。

第三節　以四悉檀因緣為方法

從前兩節的論述中，得知不管是從《中論》的「自、他、共、無因」求自性生不可得，乃至《涅槃經》的「生生、生不生、不生生、不生不生」亦皆不可說，此顯示了諸法本自不生，諸法非自性生，所以求自性生不可得。從諸法「無生」與「不可說」中，此顯示了一個道理——法無自性。因此，而說諸法是無生（即無自性生），亦說諸法「不可說」，畢竟諸法皆是相互關連不可分割的。然而，所能用以表達的，也祇是一邊而已，然如此則易形成對法之自性執。所可說的，也都祇是隨順因緣而已。因此，「四悉檀因緣」之可說，是在這樣的情況下被提出，而被天台智者大師廣為提倡與運用。天台整個學說理論之建立，乃至開展，四悉檀扮演著重要之角色。

一、四悉檀之根源——《大智度論》

論述四悉檀因緣，首先自《大智度論》談起，以便了解四悉檀之內容，如《大智度

論》云：

有四種悉檀：一者世界悉檀、二者各各為人悉檀、三者對治悉檀、四者第一義悉檀。四悉檀中，一切十二部經，八萬四千法藏，皆是實，無相違背；佛法中，有以世界悉檀故實，有以各各為人悉檀故實，有以對治悉檀故實，有以第一義悉檀故實③。

首先，《大智度論》列舉了「四悉檀」之目名，接著，又說明在四悉檀中，所有一切十二部經八萬四千法藏，無不是「實」，有的從世界悉檀來說明諸法實，有的則自各各爲人悉檀來說明諸法實，有的從對治悉檀來說明諸法實，有的從第一義悉檀來表達諸法實。由此顯示出「四悉檀」之功能角色，即從因緣來看，法法皆是「實」。因此，《大智度論》對「四悉檀」之涵義作進一步說明，所謂：

世界者，有法從因緣和合故有，無別性。譬如車轅軸輻輞等和合故有，無別車；人亦如是，五眾和合故有，無別人④。

此是就世界悉檀的意義來加以說明，即世界悉檀之有，乃是就因緣和合來說的，文中所舉的兩個例子——車與人，即是最好之說明。

何謂各各爲人悉檀？《大智度論》解釋云：

云何各各為人悉檀者，觀人心術而為說法，於一事中或聽或不聽，如經中所說：雜報業故，雜生世間得雜觸雜受，更有破羣那，經中說，無人得觸，無人得受⑤。

各各爲人悉檀則是針對衆生的根性來說法，如衆生根性是執斷滅見，那麼就對他說有雜報業，雜生世間，得雜觸雜受等。若有衆生執常有見，則對他說空無之道理，如羣那計執有我有神，則以空明之。

何謂對治悉檀？《大智度論》云：

對治悉檀者，有法對治則有，實性則無。譬如重熱膩酢醎藥草飲食等，於風病中名為藥，於餘病非藥。若輕冷甘苦澀藥草飲食等，於熱病名為藥，於餘病非藥。佛法中治心病亦如是，不淨觀思惟，於貪欲病中，名為善對治法；於瞋恚病中，不名為善，非對治法，所以者何？觀身過失，名不淨觀，苦瞋恚人觀過失者，則增益瞋恚火故。思惟慈心於瞋恚病中，名為善對治法，於貪欲病中，不名為善，非對治法。……。⑥。

此中說明了對治悉檀，是針對衆生之心病（如貪、瞋、痴等）所開設之法門。

云何爲第一義悉檀，《大智度論》云：

第一義悉檀者，一切法性，一切論義語言，一切是法非法，一一可分別破散，諸佛辟支佛阿羅漢所行真實法，不可破，不可散，上於三悉檀中所不通者，此中皆通。問曰：云何通？答曰：所謂通者，離一切過失，不可變易，不可勝，何以故？除第一義悉檀，諸餘論議，諸餘悉檀，皆可破故⑦。

由於諸議論，皆是有所受法，皆是自依見，所以皆是可論破，而第一義悉檀則是不生不滅，故不可破壞。即凡所有立論，皆是可破壞，而第一義悉檀則是不立一法，故不可破壞，所以，是「語言盡竟，心行亦訖，不生不滅，法如涅槃。說諸行處，名世界法，說不行處，名第一義」⑧。

由《大智度論》對「四悉檀」的解說中，「四悉檀」所扮演之功能角色各有所不同，但無非皆表達著諸法實相，然而，前三種悉檀皆是可破壞，而最後一悉檀——第一義悉檀，則是不可破壞，不可散，此基礎是建立在無一法可立，無一法可說上，連所用以表達的法，亦是寂滅不可得，以此破一切知見執著。世界悉檀（對治、為人悉檀亦可納入世界悉檀來看）則著重在諸法的因緣生起上，可以說是從「立」的層面來開顯。《大智度論》對第一義悉檀與世界悉檀的看法，認為第一義悉檀不可破，而餘悉檀皆可破。

就《大智度論》「四悉檀」而言，扮演著「可說」與「不可說」兩個角色，即世界、爲人、對治等三個悉檀是「可說」，而第一義悉檀是「不可說」，如《大智度論》云：

語言盡竟，心行亦訖，不生不滅，法如涅槃。說諸行處，名世界法，說不行處，名第一義⑨。

此是以「語言盡竟，心行亦訖，不生不滅，法如涅槃」來說明第一義悉檀，亦即以第一義悉檀來撥除一切之自性執。第一義悉檀雖不可說，然亦可隨順因緣而說，所謂：

一切實，一切非實，及一切實亦非實，一切非實非不實，是名諸法之實相。如是等，處處經中說第一義悉檀⑩。

此說明了諸經中，處處以「一切實，一切非實，一切亦實亦非實，一切非實非非實」的方式來表達第一義悉檀。由此可知第一義悉檀本身具備了「不可說」與「可說」兩種角色⑪。

因此，我們可以說四悉檀本身是扮演著「可說」與「不可說」兩種角色，從「可說」言，四悉檀皆可說（包括第一義悉檀），從「不可說」言，無有一法可說，此即是第一義悉檀。若以圖表之，即：

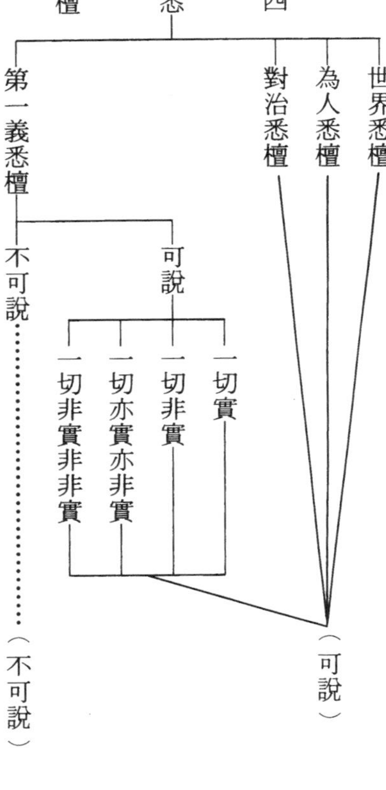

二、四悉檀之開展——《法華玄義》

基本上，天台的「四悉檀因緣」是源自於《大智度論》，且在天台諸多論著中，常藉「四悉檀因緣」來表達，亦可說，所有一切法皆不外乎「四悉檀因緣」。

然而，天台的「四悉檀」，已從《大智度論》之原有的「四悉檀」，再作進一步發揮，此可從《法華玄義》得知，如天台已將每一悉檀分別各具餘三悉檀，亦即四悉檀彼此各具四悉檀，譬如就世界悉檀而言，說明陰、入、界隔別，是世界悉檀，而論述因緣和合，故有人，則是爲人悉檀，以正世界破邪世界，則是對治悉檀，若聞正世界而悟入道，則是第一義悉檀⑫，餘三悉檀可依此而類推之⑬。另再就四悉檀本身而言，亦可以四悉檀的方式來了解，如四悉檀彼此不同，此即是世界悉檀；而以四悉檀遍化眾生，則是爲人悉檀；四悉檀皆扮演著破邪角色，則是對治悉檀；若隨聞四悉檀之任一種悉檀，皆能悟道，此則屬第一義悉檀⑭。

因此，從上述論說中，不管是從各別說四悉檀任一悉檀各具餘三悉檀，或就總說四悉檀本身亦是四悉檀之關係，即不管從各別說四悉檀，或從總體說四悉檀，在在可以看出天台對四悉檀所作的發揮。又如《法華玄義》列舉十五種法，來進一步解說四悉檀⑮，以及配合四種四諦、教、觀等所作的發揮，更是一大特色。

以下僅就「教」「觀」二方面，來了解天台如何運用四悉檀開啟教觀：

一、四悉檀起教

何以須依四悉檀開啓諸教？此乃由於諸法本寂滅，如《法華經》云：「諸法本寂滅，不可以言宣」，又如《維摩詰經》記述維摩詰居士杜口默然，又如《大智度論》所言，佛常樂默然，不樂說法，此可說皆顯示了諸法寂滅之道理，無法可說，且亦是不可說，然所能說者，亦只能隨順因緣而說，如《涅槃經》所謂的「不生生不可說，生生亦不可說，生不生亦不可說，不生不生亦不可說，……，有因緣故，亦可得說。……十因緣法爲生作用，以是義故，亦可得說」⑯，此說明了所說之法，無不是依因緣而起，依眾生根性而說。由十因緣法（指無明、行、識、名色、六入、觸、受、愛、取、有等）所成的眾生，約可分爲四種根性。依此四種根性因緣，依此種種根性之因緣，演說種種教理，詳如下述⑰：

(1)下品樂欲——能生界內事善，拙度破惑，析法入空，此即生滅四諦法輪……（三藏教）

(2)中品樂欲——能生界內理善，巧度破惑，體法入空，此即無生四諦法輪。……（通教）。

(3)上品樂欲——能生界外事善，歷別破惑，次第入中，此即無量四諦法輪。……（別教）

(4)上上品樂欲——能生界外理善，一惑破，即一切惑破，圓頓入中，此即無作四諦法輪。……（圓教）

上述所列舉是就眾生樂欲之根性，以世界悉檀而開啟四種四諦之教理，即以世界悉檀開啟藏、通、別、圓等四教之教理。同樣地，亦可就眾生便宜之四根性、對治之四根性、悟理之四根性，而各以爲人悉檀、對治悉檀、第一義悉檀等三悉檀而爲眾生說法，演說四教教理；此即是：若十因緣所成之眾生，其根性是屬於便宜之下品根性，佛則隨順其根性，以爲人悉檀，而爲他們演說生滅四諦法；另隨便宜之中品根性，以爲人悉檀，爲之演說無生四諦法；若眾生根性是屬上品便宜根性，則以爲人悉檀而演說無量四諦法；若眾生根性是屬上上品便宜根性，則以爲人悉檀而說無作四諦法。依此類推，得知一切教理莫不順從因緣依四悉檀而起之。

二、四悉檀起觀

不僅依四悉檀啟一切教理⑱，且開啟一切觀行，如《法華玄義》云：

……（四悉檀）起教觀：幽微之理，非觀不明，契理之觀，非悉檀不起。脩從假入空觀時，先觀正因緣法，此法內外親疎隔別，若不殷勤樂欲，則所習不成，必須曉夜精勤，欣悅無斁，此即世界悉檀起初觀也。若欲觀假入空，須識為人便宜，若宜修觀，即用擇、精進、喜三覺分起之；若宜修止，則用除、捨、定三覺分起之；念（覺支分）通兩處（指觀、止），是為隨宜，善心則發。若有沈浮之病，須用對治悉檀，若心沈時，（以）念、擇、進、喜治之，若心浮時，（以）念、捨、除、定（覺支）治之。若善用為人，善根則厚，若善用對治，煩惱則薄，於七覺中隨依一覺，恍然如失，即依此覺分研修，能發真明，見第一義。是為用四悉檀起從假入空觀，成一切智，發慧眼也；若從空入假觀，巧用四悉檀，取道種智，法眼亦如是；若修中道第一義觀，巧用四悉檀，取一切種智，佛眼亦如是；若一心三觀，巧用亦如是⑲。

將上列引文所述，歸納於下：

㈠修從假入空觀

1先觀正因緣——世界悉檀

2.須識爲人便宜——爲人悉檀

3.明浮沈之病——對治悉檀

4.依覺支研修——第一義悉檀

㈡、從空入假觀：

亦依四悉檀而引領之，如上述空觀所述

㈢、修中道第一義觀：

亦依四悉檀而開啟之，證得一切種智、佛眼。

上述所明三觀，則是屬次第三觀，亦即修次第三觀，或修空觀、假觀、中道第一義觀，基本上皆依四悉檀而開啟，甚至修一心三觀，本質上亦不離四悉檀。因此，可以說，四悉檀開啟一切觀行法門。

至此，我們可以了解到，不論天台所言的四教教理、或三觀法門，其基本上是不離四悉檀因緣而立，乃至天台用以表達「即空即假即中」的實相觀念，亦不離四悉檀因緣，亦即「即空即假即中」的圓教實相觀念，亦是依四悉檀因緣而開啟。

從上述對實相方法論之探討，可看出彼此間的相通性，如圖所示（見次頁）：

因此，歸納來說，表達實相之方法，只有兩種——可說與不可說，或言立與破而已，且「破」與「立」，是屬於一種「即破即立」，或「即立即破」的關係，亦就是「破」即是「立」，「立」即是「破」。

若以「實相」來看「破」「立」問題，那麼「破」屬「空」，「立」屬「假」，「非破非立」屬「中」，若進一層言之，不單「破」是「空」，連「立」，乃至「非破非立」本身皆是「空」，皆是無自性；同樣地道理，不單「立」是「假」，連「破」，乃至「非破非立」本身皆是「假」，皆是假名施設；再就「中」而言，不單

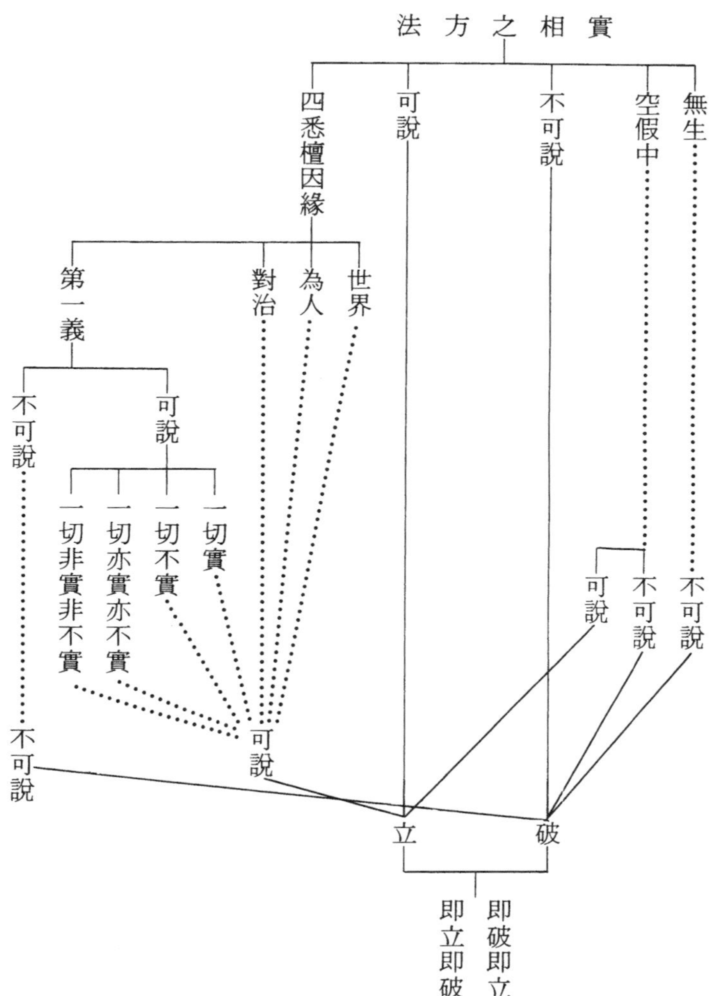
實相之方法
無生
空假中
不可說
可說
四悉檀因緣
世界
為人
對治
第一義
可說
不可說
一切實
一切不實
一切亦實亦不實
一切非實非不實
可說
不可說
可說
不可說
不可說
立
破
即破即立
即立即破

「非破非立」是「中」，連「破」，乃至「立」本身皆是「中」，無一法不是中道實相。

註解

① 如《摩訶止觀》云：「龍樹云：不自、不他、不共、不無因生。《大經》：生生不可說，乃至不生不生不可說，有因緣故，亦可得說，謂四悉檀因緣也」（大正46．54下）。

② 如《法華玄義》廣明以「四悉檀」起教、起觀，乃至八萬四千法皆不離「四悉檀」，皆為「四悉檀」所攝（詳參大正33．687下～692上）。

③ 大正25．60上。

④ 同上。

⑤ 大正25．60上。

⑥ 同上。

⑦ 大正25．60下。

⑧ 大正25．61中。

⑨ 同上。

⑩ 同上。

⑪ 關於《大智度論》「第一義悉檀」之「不可說」與「可說」，智者大師《維摩詰經玄疏》有如下之解釋，其云：「《大智論》明第一義悉檀有二種：一約不可說相明第一義悉檀，二約可說相明第一義悉檀。一、約不可說相明第一義悉檀者，即是諸佛辟友佛羅漢所得真實法，名第一義悉檀也。故《大智論》云：言論盡竟，心行亦訖，不生不滅，法如涅槃。……說不行處，名第一義。二、約可說相辯第一義悉檀者。如《大智論》云：一切實、一切不實、一切亦實亦不實、一切非實非不實，名諸法之實相。佛於如是等處處諸經說第一義悉檀相」（大正38．520下）。

⑫ 大正33．687中。

⑬ 就為人悉檀而言，雜業因緣，得雜觸、雜受、即是世界悉檀；於此雜業因緣一事中，或聽納之，則是為人悉檀；於此雜業因緣一事中，或不聽受之，則是對治悉檀；闡述此雜業因緣，無有自性，無人得觸，無人得受，此為第一義悉檀。

就對治悉檀而言，佛說種種法治人心病，而種種不同之藥與病，即是世界悉檀；以藥治人，即是為人悉檀；以藥對病，即是對治悉檀；而藥與病皆無實性，即是第一義悉檀。

就第一義悉檀而言，其本身亦具四悉檀，若就所說之「一切實、一切非實、一切亦實亦不實、一切非實非不實」四句來看，則是世界悉檀；而就佛、辟友佛因此四句所得法來看，則是為人悉檀；一切言論、一切知見、一切執著，皆可破壞，此一切皆不能通達第一義，而以四句對治之，此則是對治悉檀；第一義言語道斷、法如涅槃，即是第一義悉檀。（關於上述的述，參自大正33．687中下）。

⑭ 參大正33．687下。

⑮ 詳參大正33．687上～691上。

⑯ 大正12．490中下。

⑰ 以下所述，是參自《法華玄義》，如其云：「若十因緣所成眾生，有下品樂欲，能生界內事善，拙度破惑，析法入空，具此因緣者，如來則轉生滅四諦法輪，起三藏教也。若十因緣所成眾生，有中品樂欲，能生界內理善，巧度破惑，體法入空，具此因緣者，如來則轉無生四諦法輪，起通教也。若十因緣所成眾生，有上品樂欲，能生界外事善，歷別破惑，次第入中，具此因緣者，如來則轉無量四諦法輪，起別教也。若十因緣所成眾生，有上上品樂欲，能生界外理事，一破惑，一切破惑，圓頓入中，具此因緣者，如來則轉無作四諦法輪，起圓教也」（大正33．688上中）。

⑱ 包括藏、通、別、圓等四教之十二部經，有關此部份，請參《法華玄義》（大正33．688中～688下）。

⑲ 大正33．688上。

第四章　實相之經喻

——《法華經》的實相觀念

天台智者大師與《妙法蓮華經》（簡稱爲《法華經》）可說有著深遠之關係①。其所講說的天台三大部②，無異於是對《法華經》之發揮，傳說其曾九旬談「妙」③，由「妙」一字，大大地發揮《法華經》的思想，無怪乎天台六祖荊溪湛然法師對智者大師的思想，如是描述：

以《法華經》為宗骨，以《大智度論》為指南，以《大般涅槃經》為扶疏，以《大品般若經》為觀法④。

此顯示了天台的思想架構所依據的主要經論，有《法華經》、《大智度論》、《大般涅槃經》、《大品般若經》，而其中又以《法華經》爲天台思想之骨幹及依持，也就是說天台的思想主要源自於《法華經》，是依《法華經》而開展的。

因此，探討天台的「實相」思想，《法華經》乃是一重要資料來源，更何況智者大師對《法華經》的「實相」，有其獨到之見解與開展。

第一節 《法華經》之譯本及其結構

在探討《法華經》的「實相」觀念之前，先就《法華經》的漢譯本，及《法華經》結構作一番概說。

一、《法華經》之譯本

有關《法華經》之漢譯本，共有三種：一為西晉時代，竺法護所譯，名為《正法華經》，約武帝太康七年（286年）。二為姚秦時代，鳩摩羅什三藏大師所譯，名為《妙法蓮華經》，約文桓帝弘始八年（406年）。三為隋代，闍那崛多共笈多所譯，名為《添品妙法蓮華經》，約文帝仁壽元年（601年）。三種漢譯本中，以鳩摩羅什之譯本最為盛行。在智者大師時，只有前二種譯本，而其所依據的《法華經》，乃採鳩摩羅什所譯之《妙法蓮華經》。

有關於《法華經》的梵語原典，已知有三種傳本，即㈠尼泊爾本、㈡娑夷水本、㈢

中亞本。此三種傳本，是依其傳本所發現的地域而分類的⑤。

《法華經》除了漢譯本外，亦有西藏譯本：

「Dam paḥi chos pad ma dkar po shes bya ba theg pa chen poḥi mdo」

譯者爲蘇略多拉菩提（surendrabodhi）和耶修提（ye-śes sde）二人，約譯於八世紀。

二、《法華經》之結構

依鳩摩羅什所譯之《妙法蓮華經》，共有二十八品，如下：（見次頁）

智者大師於《法華文句》中，對此二十八品《妙法蓮華經》有兩種分法：一是採序分、正宗分、流通分等三分。一是配合本迹二門，再依序、正宗、流通分來分，即本迹二門各有序、正宗、流通分，如《法華文句》云：

> 天台智者分文為三：初品為序，方便品訖分別功德十九行偈，凡十五品半名正，從偈後盡經，凡十一品半名流通⑥。

此是指第一種三分法，即初品爲序分，〈方便品〉至〈分別功德品〉之第十九偈頌（「佛名聞十方，廣饒益眾生，一切具善根，以助無上心」）爲正宗分，此後（即從〈分別

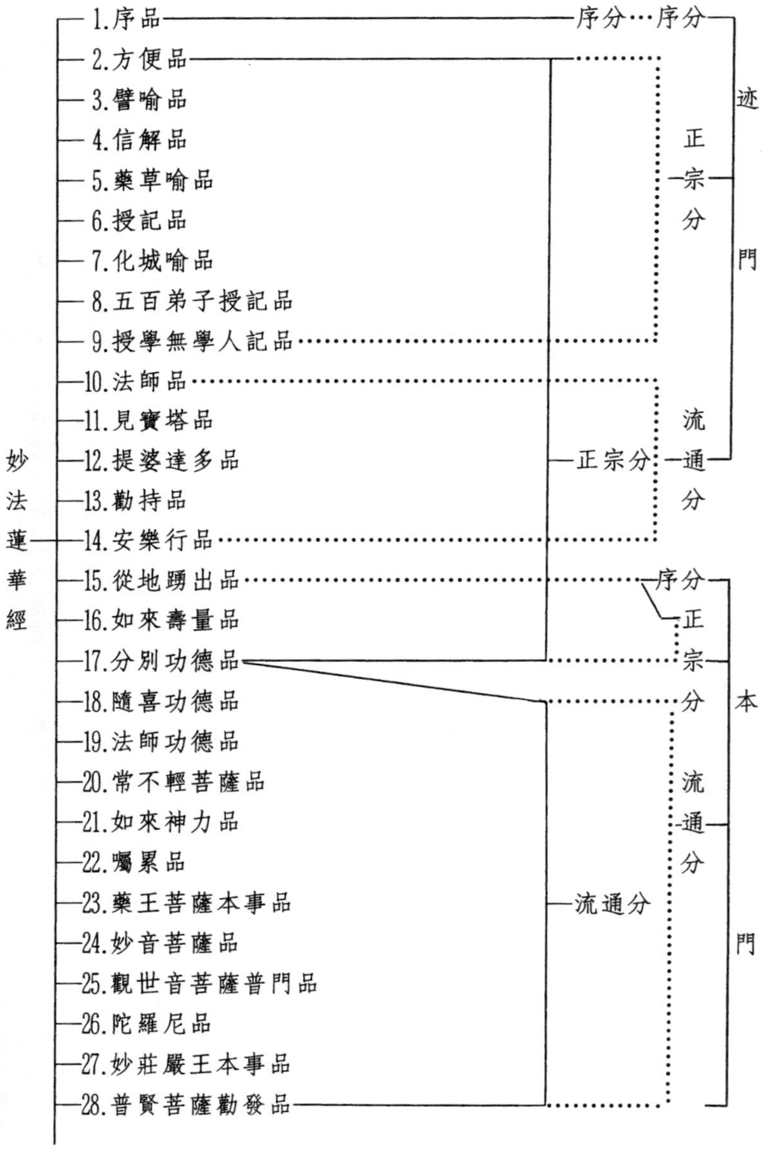

妙法蓮華經

1.序品
2.方便品
3.譬喻品
4.信解品
5.藥草喻品
6.授記品
7.化城喻品
8.五百弟子授記品
9.授學無學人記品
10.法師品
11.見寶塔品
12.提婆達多品
13.勸持品
14.安樂行品
15.從地踴出品
16.如來壽量品
17.分別功德品
18.隨喜功德品
19.法師功德品
20.常不輕菩薩品
21.如來神力品
22.囑累品
23.藥王菩薩本事品
24.妙音菩薩品
25.觀世音菩薩普門品
26.陀羅尼品
27.妙莊嚴王本事品
28.普賢菩薩勸發品

序分…序分
正宗分
流通分
迹門

正宗分
流通分

序分
正宗分
流通分
本門

功德品〉的「爾時佛告彌勒菩薩摩訶薩阿逸多，其有衆生，……」）至〈普賢菩薩勸發品〉爲止，爲流通分。如其云：

> 又一時分為二：從序至安樂行十四品，約迹開權顯實；從踊出訖經十四品，約本開權顯實，本迹各序正流通。初品為序，方便訖授學無學人記品為正，法師訖安樂行為流通。踊出訖彌勒已問斯事，佛今答之，半品名序，從佛告阿逸多下，訖分別功德品偈，名為正，此後盡經為流通⑦。

此是指第二種分法，首先將二十八品《法蓮經》分爲兩部份，一爲迹門（從第一〈序品〉至第十四〈安樂行品〉），二爲本門（從第十五〈踴出品〉至第二十八〈普賢菩薩勸發品〉），另再就迹本二門，各分爲序、正宗、流通分。就迹門而言，第一品是屬於序分，第二品至第九品〈授學無學人記品〉屬正宗分，從第十〈法師品〉至第十四〈安樂行品〉爲流通分。另就本門而言，從第十五〈踴出品〉開頭至中間彌勒菩薩問諸菩薩從地下踴出之事，爲序分，從第十五品〈踴出品〉「佛告彌勒……」至第十七品〈分別功德品〉偈頌爲正宗分，從〈分別功德品〉偈頌以後至第二十八品，皆屬本門之流通分。

以上爲智者大師對《法華經》之分法，其講解《法華經》之《法華文句》的格局，即是採用第二種分法——本迹二門的方式來處理的，其發揮《法華經》之義理的《法華玄義》，亦本於此，以本迹二門來詮釋《妙法蓮華經》之「妙」字。此一「妙」字，亦關係著其對《法華經》「實相」之見解（參第一章第二節註解《法華玄義》之科判）。

智者大師視法法皆爲「實相」，皆是不可思議，故以「妙」來說明「法」，所以稱爲「妙法」，妙法者，即「實相」之義，此妙法難以明之，故以「蓮華」來譬喻說明之。「蓮華」之喻，涵有以下六種涵義，如云：

所言妙者，妙名不可思議也。所言法者，十界十如權實之法也。蓮華者，譬權實法也。良以妙法難解，假喻易彰，況意乃多略，擬前後合成六也：㈠為蓮故華，譬為實施權。……㈡華敷譬開權，蓮現譬顯實。……三華落譬廢權，蓮成譬立實。……（接著以本迹來說明），又蓮譬於本，華譬於迹，從本垂迹，迹依於本。……㈡華敷譬開迹，蓮現譬顯本。……㈢華落譬廢迹，蓮成譬立本，文云：諸佛如來法皆如是，為度眾生，皆實不虛⑧。

以上是透過「權實」、「本迹」二方面，來顯示「蓮華」所代表之六種涵義，對此我們可以作以下之表示（見次頁）：

此以「蓮華」來譬喻權實二法，及至本迹二門，無法不是「妙法」，即法法無不是「實相」，故稱爲不思議法，以此來顯示《法華經》「實相」之涵義，此如《法華經》所謂：

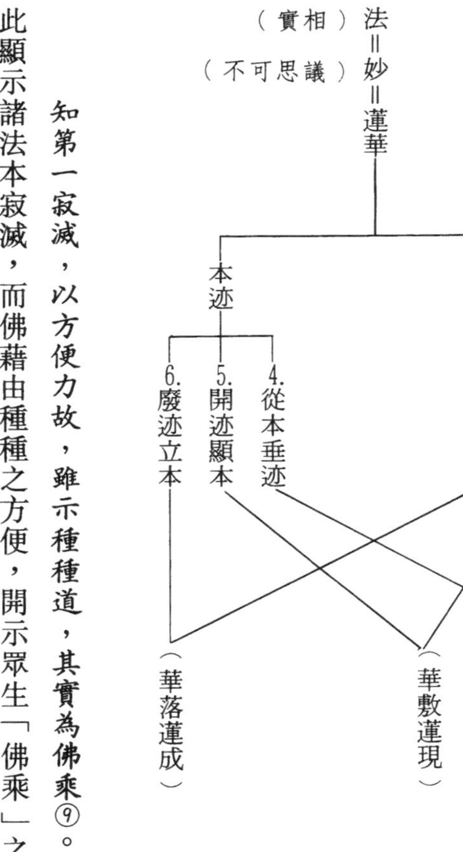

知第一寂滅，以方便力故，雖示種種道，其實為佛乘⑨。

此顯示諸法本寂滅，而佛藉由種種之方便，開示眾生「佛乘」之道理，此即所謂「爲實施權」，雖說「權」，其亦不離「實」，故云：

此經開方便門，示真實相⑩。

接著進一步將過去所示之方便門，一一加以顯開，顯示真實相，此即所謂的「開權顯實」。最後則是「廢權立實」，所謂：

正直捨方便，但說無上道⑪。

由此也可了解到，以蓮華譬喻妙法所代表之深刻涵義，無論是「為實施權」，或「開權顯實」，抑是「廢權立實」，此三者所共同要表達的，唯「實相」而已，而「實相」妙法，寂滅難解，故藉由種種方便而說之，譬如為蓮故華。進而「開方便門，示真實道」，譬如華開蓮現。最後則是直顯「實相」，所謂「正直捨方便，但說無上道」，此中的「無上道」，指的即是「實相」，即是所謂的華落蓮現，或言「廢權立實」。此顯示了佛一代時教之過程，雖有權宜等種種之方便，然無非為了顯示諸法實相義（即一佛乘）。因此，我們可以說，整部《法華經》在表達一重要觀念——實相。

註解

① 如灌頂大師《隋天台智者大師別傳》所載，智者大師七歲時，就會誦持《法華經》〈普門品〉，且能通達經文之句子。十八歲出家後，曾到大賢山，誦《法華經》、《無量義經》、《普賢觀經》（以上三經可說是《法華經》系列之書）。拜見慧思禪師時，慧思禪師就對智者大師說：「昔日靈山同聽《法

華》，宿緣所追，今復來矣」（大正9．191下）。慧思禪師最先為智者大師說法，是《法華經》「安樂行」，其教授智者大師之修行法門，又是「法華三昧」。由此種種，在在可以看出智者大師與《法華經》之密切關係。

② 指《法華文句》、《摩訶止觀》。此天台三大部，乃由章安灌頂法師記錄整理而成。

③ 九句談「妙」，是指智者大師在講說《法華玄義》時，對《妙法蓮華經》之「妙」字所作的發揮。此可由其所講述的《法華玄義》可看出，在解釋《妙法蓮華經》之經題時，「妙」字卻佔了《法華玄義》全篇幅之三分之二（參大正33．681～814，其中691～774頁，皆是談「妙」）。由此我們可以說，智者大師九句談「妙」，乃是不虛之事，因為智者大師講《法華玄義》花了半年時間。如《隋天台智者大師別傳》云：「若說《法華玄義》，并《摩訶止觀》，半年各一遍，若著章疏各三十卷」（大正50．197中），此說明了講說《法華玄義》一遍，則需費時半年，若要寫成文字，則有三十卷。目前吾人所見到的《法華玄義》，只有十卷，是由灌頂法師筆錄整理的。

④ 見《止觀義例》卷上（大正46．520下）。

⑤ 《法華經》梵語原典之三種傳本，泥泊爾本，約十一世紀，或十二世紀時的寫本。此傳本約十九世紀初發現，是英國駐尼泊爾大使何吉桑（B. H. Hodgson）因從事收集梵語佛典的寫本而發現，關於此寫本，至目前為止，已有二十幾本。目前所刊定的版本有四種：㈠克倫和南條文雄之校訂

本，約1908至1912年間出版。二荻原雲來和土田勝彌校訂本，約1934～1935年間刊定。㈢那里那克薩・圖特（Nalinaksha Dutt）的刊定本，約1953年刊定，㈣魏迪亞（P. L. Uaidya）的刊本，約1960年刊定。

婆夷水本，是1932年六月，從克什米爾的娑夷水（gilgit）北方二十公里之處的一塔址發現，約五、六世紀時之寫本。

中亞本，此約十九世紀末至二十世紀初，盛行中亞的探查所發現的梵語原典斷片。據說是七、八世紀的書寫本。上述資料參自望月良晃〈法華經的成立史〉（見《法華思想》頁70～74，林久稚譯，文殊出版）

⑥ 大正34・2上。

⑦ 同上。

⑧ 大正33・681上中。

⑨ 大正9・9中。

⑩ 大正9・31下。

⑪ 大正9・10上。

第二節 《法華經》對實相之重視

談到《法華經》中的「實相」觀念，幾乎可由每一品中，找到相關的線索，如《法華經》〈序品〉就說到：

今佛放光明，助顯實相義①。

又云：

諸法實相義，已為汝等說②。

另在其它品也提到，所謂：

唯佛與佛，乃能究竟諸法實相③。

世尊法久後，要當說真實④。

我以相嚴身，光明照世間，無量眾所尊，為說實相印⑤。

此經開方便門，示真實相⑥。

觀諸法如實相⑦。

復次菩薩摩訶薩，觀一切法空、如、實相⑧。

諸如此類，皆是自《法華經》諸品中直接引用到「實相」兩字而列舉出。其它亦有透過種種譬喻來表達「實相」觀念的，列舉於下：

1.〈譬喻品〉——大車
2.〈信解品〉——付家業
3.〈藥草品〉——一切智地、最實事
4.〈化城品〉——寶所
5.〈授記品〉——繫珠
6.〈法師品〉——祕密藏
7.〈寶塔品〉——平等大悲
8.〈壽量品〉——非如非異
9.〈神力品〉——祕要之藏
10.〈妙音品〉——普現色身
11.〈觀音品〉——普門
12.〈普賢勸發品〉——殖眾德本⑨。

以上所列舉，乃依據於《法華玄義》，由此可看出智者大師對《法華經》「實相」涵義之掌握，能由《法華經》的諸種譬喻中，了解到「實相」之涵義。從另個角度來說，「實相」觀念乃是《法華經》之重要思想，此乃是諸佛出現於世之大因緣，如《法華經》〈方便品〉云：

舍利弗！諸佛隨宜說法，意趣難解，所以者何？我以無數方便，種種因緣譬喻言辭，演說諸法，是法非思量分別之所能解，唯有諸佛乃能知之。所以者何？諸佛世尊，唯以一大事因緣故，出現於世。舍利弗！云何名諸佛世尊唯以大事因緣故出現於世？諸佛世尊欲令眾生開佛知見，使得清淨故，出現於世；欲示眾生佛之知見故，出現於世；欲令眾生悟佛知見故，出現於世；欲令眾生入佛知見道故，出現於世。舍利弗！是為佛以一大事因緣故，出現於世⑩。

此中說明了諸法之「法」，不是思量分別所能解的，唯佛乃能知之，此諸法之「法」，雖是方便法、權法，然即權而實，故此法亦即是「實相」，佛以無分別智，故能知之，而諸佛出現於世的一大因緣，無非是引導眾生「開」、「示」、「悟」、「入」佛之知見，而佛之知見者，即是佛所契證之實相智。因此，可以說佛之知見，即是「實相」，若從佛智而言，即是佛之知見，如《法華文句》云：

佛以無分別智，解知無分別法，即是顯實法也。……諸佛覺如實之相，乘此實道，出應於世，祇令眾生得此實相，餘皆名魔事⑪。

此顯示佛出世之目的，在於「開」「示」眾生，「悟」「入」佛之知見，即悟入諸法實相。

至此，我們可以這樣說，《法華經》所要表達的，即是諸法「實相」之道理。

註解

① 大正9．5中。

② 大正9．5上。

③ 大正9．7上。

④ 大正9．6上。

⑤ 大正9．8中。

⑥ 大正9．31下。

⑦ 大正9．37上。

⑧ 大正9．37中。

⑨ 以上所列舉請參《法華玄義》（大正33．792下～793上）。

⑩ 大正9．7上。

⑪ 大正34．49。

第三節 《法華經》之實相與七譬喻

一、《法華經》之實相義

從前節的論述中，得知「實相」在《法華經》所扮演之角色，也隱隱約約透露出「實相」之涵義，本節乃進一步歸納出《法華經》「實相」之涵義，而加以分析之。

在《法華經》中，一方面說明諸法實相不可示，如〈方便品〉云：

是法不可示，言辭相寂滅，
諸餘眾生類，無有能得解①。

又云：

諸法從本來，常自寂滅相，
佛子行道已，來世得作佛②。

又云：

諸法寂滅相，不可以言宣，

以方便力故，為五比丘說③。

以上三則引文，皆說明了諸法寂滅相，此則是以「寂滅相」來代表「實相」，所以《法華經》一方面宣示諸法實相不可言宣，另方面卻又廣以方便法，宣示實相義，且在佛長久教化眾生後，廣爲開顯「實相」義，如經云：

舍利弗當知，諸佛語無異，於佛所說法，當生大信力。

世尊法久後，要當說真實，告諸聲聞乘，及求緣覺者。

我令脫苦縛，逮得涅槃者。佛以方便力，示以三乘教，眾生處處著，引之令得出④。

此說明了諸佛以種種方便說三乘法引導眾生，但眾生卻不知此乃佛之善巧方便，而執以爲真實。此乃是「爲實施權」之階段，無奈眾生執「權」（方便法）以爲「實」（真實法），而互起爭執，故須進一步將「權」法加以開顯，所謂「開方便門，示真實道」，此即是「開權顯實」，開三乘法爲一佛乘，因爲諸佛出現於世，乃爲一佛乘，無二乘，亦無三乘，唯一佛乘而已。畢竟法法無不是「實相」，「實相」不離

「權」法，最後則是「廢權立實」，所謂「正直捨方便，但說無上道，菩薩聞是法，疑網皆已除」，又如舍利弗聽聞佛說《法華經》時，歡喜說到：「我聞是法音，得所未曾有，心懷大歡喜，疑網皆已除」⑤。

從「爲實施權」至「開權顯實」，及至「廢權立實」，可視爲佛說法之三部曲，而目的無非開顯「實相」義。而由於「諸法寂滅，不可言宣」，故佛隨順眾生種種根性而方便說，引導眾生悟入諸法實相。然眾生卻執方便法以爲「實」，故須經此三部曲——「爲實施權」、「開權顯實」、「廢權立實」。權實之法，雖不二，然因眾生不能堪受，故佛以方便力，隨順眾生機緣而開導之，而目的則是悟入諸法實相，泯除對一切法之執著，了知權實本不二，如「蓮」與「華」不二，離「華」無「蓮」，故《法華經》特以「蓮華」譬喻不思議法——實相。以「蓮華」爲喻，可說是總喻，另有七喻——大車、付家業、一切智地、寶所、繫寶珠、髻中明珠、醫師等⑥，可說是別喻，以此七喻展現佛陀如何施展權法，引領眾生入諸法實相。下列分別述之：

二、由七譬喻開顯實相

㈠火宅譬喻：

出自《法華經》〈譬喻品〉，此譬喻中以「大車」喻佛所說法，在於開示「實相」，如《法華文句》對大長者賜諸子大車，作如下解釋，其云：

三、等賜諸子大車譬，譬上釋迦示真實相⑦。

此即是以大車譬喻示真實相，所謂「真實相」，指的是「實相」。而其它三車——羊車、鹿車、牛車，是指三乘法，表佛說法之方便。

有關火宅之譬喻，是說明有位大長者之宅院四周起了火，那時大長者之諸子正在宅院裏嬉戲，但並不知宅院已起火，所以，並不感到驚怖，仍嬉戲照常。此時，長者設法拯救諸子，雖然想到自己身手有力可以將孩子們攜帶走，然宅院之門只有一扇，且狹小，況且諸子幼稚無知樂著嬉戲，不願意離開宅院，那麼孩子們恐怕要葬於火窟了，長者身手雖有力而不用，因而另想法子來拯救諸子，直接告訴諸子宅院已起火之事，然而諸子卻不動於衷，甚至連火是什麼也不知道，仍然樂著於嬉戲，不聽其父之勸說。爲此之故，其父想到一妙計，他深知諸子內心各有其所喜好之玩具，若以此來誘引諸子，必能令他們離開火宅之處。所以，告訴諸子說：宅院外有許多羊車、鹿車、牛車，都是你們所喜愛的玩具，且是非常稀有難得的玩具，你們若不趕緊去拿，恐怕日後會後悔。孩子們聽到此一大好消息，就爭先恐後擠出門外。孩子們到了宅院外，就向其父索取羊、鹿、牛車。而其父則各賜諸子等一大車。此車高廣眾寶莊校，七寶裝飾得非常莊嚴，且駕以白牛，遊戲四方，孩子們真的快樂無比，得未嘗有。

爲何孩子們向其父所索求的是羊、鹿、牛車，而其父卻賜與大車，那是因爲長者財富無量，如《法華經》云：

是大長者，財富無量，種種諸藏悉皆充溢，而作是念；我財物無極，不應以下劣小車與諸子等。今此幼童皆是吾子，愛無偏黨，我有如是七寶大車，其數無量，應當等心各各與之，不宜差別⑧。

以長者無量之財富，其認爲不應以下劣小車賜與諸子，且賜與諸子之車須平等，不宜有差別。

至於長者原先答應給與諸子是羊、鹿、牛車，而實際所給與的是大車，此是否犯了虛妄之語？因長者先已作是意——「我以方便令子得出」⑨以是因緣，長者其意無虛妄也，如《法華經》云：

若是長者，乃至不與最小一車，猶不虛妄。何以故？是長者先作是意，我以方便令子得出，以是因緣，無虛妄也⑩。

此重要的在於長者的動機上，因爲長者的目的是引領諸子離開火宅，基於此因緣來看，並無虛妄。

同樣地道理，火宅之譬喻，猶如佛陀度化眾生之寫照，長者喻如佛陀，諸子表眾生，火宅爲眾生所處之三界，羊、鹿、牛車表三乘，大車表大乘（一佛乘），如《法華經》云：

> 舍利弗！如來亦復如是，則為一切世間之父，於諸佈畏衰惱憂患無明闇蔽，永盡無餘，而悉成就無量知見力無所畏，有大神力及大智慧力，具足方便智慧波羅蜜，大慈大悲常無懈惓，恆求善事利益一切，而生三界朽故火宅，為度眾生生老病死、憂悲苦惱、愚痴闇蔽三毒之火，教化令得阿耨多羅三藐三菩提。見諸眾生為生老病死憂悲苦惱之所燒煮，又以貪著追求，故現受眾苦，後受地獄畜生餓鬼之苦；若生天上及在人間，貧窮困苦、愛別離苦、怨憎會苦。
>
> 如是等種種諸苦，眾生沒在其中，歡喜遊戲，不覺不知，不驚不怖，亦不生厭，不求解脫，於此三界火宅東西馳走，雖遭大苦，不以為患。舍利弗！佛見此已，便作是念，我為眾生之父，應拔其苦難，與無量無邊佛智慧，令其遊戲

⑪。

又云：

舍利弗！如來復作是念，若我但以神力及智慧力，捨其方便，為諸眾生讚如來知見力無所畏者，眾生不能以是得度。所以者何？是諸眾生未免生老病死憂悲苦惱，而為三界火宅所燒，何由能解佛智慧。舍利子！如彼長者，雖復身手有力而不用之，但以殷勤方便勉濟諸子火宅之難，然後各與珍寶大車。如來亦復如是，雖有力無所畏而不用之，但以智慧方便，於三界火宅拔濟眾生，為說三乘，……⑫。

另又云：

初說三乘引導眾生，然後但以大乘而度脫之⑬。

由上述三段引文中，可了解到佛化度眾生之權巧方便，可說善盡苦心，猶如火宅譬喻中之長者。依佛之本懷，本直顯佛乘，開佛智慧，然由於眾生不能堪受，因而以智慧方便而說三乘⑭，而其目的，仍然引領眾生入一佛乘，入佛之智慧，即入諸法實相。

㈡窮子喻

出自《法華經》〈信解品〉。此是以窮子喻中之付家業，說明窮子承繼其父親之家產事業，此付家業也就是「實相」。就二乘人所應得之本分而言，應有如佛之智慧功德，而不應只是如窮子一樣，祇索取涅槃一日之價⑮而已。而是應如窮子與其父親相認後，知其身分，知己是父之子，應承繼其父之家業。窮子以前至其父親之住所糞掃等事，乃是其父之誘引窮子之方便罷了，至窮子心性體泰已至成熟時，其父就召集族人，在族人前鄭重宣佈其走失已久的兒子已回到他身邊，與窮子相認。付家業於窮子，乃窮子應有之本分而已。

同樣地，佛爲了令二乘人明白「實相」之道理，證得「實相」之寂滅，以種種方便之方法，誘導二乘人離苦得樂，然二乘人不知此乃佛之方便，取著方便爲究竟，即取著涅槃寂靜之小樂爲究竟樂，故有關聽聞度化眾生之事，心不喜樂之現象，如《法華經》〈信解品〉記載須菩提、摩訶迦旃延、摩訶迦葉、摩訶目犍連等人之一段話可知，所謂：

……我等居僧之首，年竝朽邁，自謂已得涅槃，無所堪任，不復進求阿耨多羅三藐三菩提。世尊！往昔說法既久，我時在座，身體疲懈，但念空無相無作，於菩薩法遊戲神通淨佛國土成就眾生心不喜樂。所以者何？世尊！令我等出於三界得涅槃證，又今我等年已朽邁，於佛教化菩薩阿耨多羅三藐三菩提，不生一念好樂之心⑯。

文中接著描述他們看到世尊授舍利弗阿耨多羅三藐三菩提之情形，所謂：

我等今於佛前聞授聲聞阿耨多羅三藐三菩提記，心甚歡喜，得未曾有。不謂於今忽得聞希有之法，深自慶幸獲大善利，無量珍寶不求自得⑰。

引文最後所說的「無量珍寶，不求自得」，猶如窮子喻中，窮子不求取其父之財產，然而其父之財產終將歸屬於他自己，所以是「不求自得」。

透過窮子喻，說明了「實相」之道理——唯究竟得知諸法實相，才是究竟的真正解脫，且法王大寶——諸法實相，是不假外求，自然而至⑱。

㈢雲雨喻

出自《法華經》〈藥草品〉，以雲雨喻佛所說法，但唯一法——實相，如一雨普潤大地草木，雨唯一味，而諸草木各有所差別，隨其所需而攝取雨量。同樣地，佛所說法，唯一味法，眾生隨類各得其解，如大雨一味，普潤眾生，如《法華經》云：

其雲所出，一味之水，草木叢林，隨分受潤，一切諸樹，上中下等，稱其大小，各得生長，……佛亦如是，出現於世，譬如大雲，普覆一切，既出于世，為諸眾生，分別演說，諸法之實⑲。

佛以此種種方便開示佛道，目的無非令眾生達於一切智地，所謂：

如來是諸法之王，若有所說，皆不虛也。於一切法以智方便而演說之。其所說法，皆悉到於一切智地⑳。

此中所說的「一切智地」，指的就是諸法實相，亦即是一切智慧之意，如《法華經》云：

如來觀知一切諸法之所歸趣，亦知一切眾生深心所行，通達無礙。又於諸法究盡明了，示諸眾生一切智慧㉑。

文中所說的「一切諸法之所歸趣」及「於諸法究盡明了」，指的是如來能了知一切諸法實相，故示眾生一切智慧。

因此，佛爲令眾生達於一切智地，而以種種方便開示佛道。「實相」，就眾生所達而言，即是一切智地。

㈣化城喻

出自《法華經》〈化城喻品〉。在〈化城喻品〉中，以「化城」爲如來度化眾生之方便，而目的是引領眾生達於寶所，即佛之智慧，亦即是實相，而此所化作之大城非寶所也，即佛爲方便之故，所說之涅槃非真實也，如《法華經》云：

如來方便深入眾生之性，知其志樂小法，深著五欲，為是等故，說於涅槃，是人若聞，則便信受。譬如五百由旬險難惡道曠絕無人怖畏之處，若有多眾欲過此道至珍寶處。有一導師聰慧明達善知險道通塞之相，將導眾人欲過此難，所將人眾，中路懈怠，白導師言，我等疲極而復怖畏，不能復進，前路猶遠，今欲退還。導師多諸方便，而作是念，此等可愍，云何捨大珍寶而欲退還？作是念已，以方便力，於險道中過三百由旬，化作一城，告眾人言，汝等勿怖，莫得退還，今此大城，可於中止，隨意所作，若入是城，快得安隱，若能前至寶所，亦可得去。是時疲極之眾，心大歡喜，歎未曾有，我等今者免斯惡道，快得安隱。於是眾人，前入化城，生已度想，生安隱想。爾時導師知此人眾既得止息，無復疲倦，即滅化城，語眾人言，汝等去來寶處在近，向者大城我所化作為止息耳。諸比丘！如來亦復如是，今為汝等作大導師，知諸生死煩惱惡道險難長遠應去應度。若眾生但聞一佛乘者，則不欲見佛，不欲親近，便作是念：佛道長遠，久受懃苦，乃可成佛，知是心怯弱下劣，以方便力而於中道（指中途之意）為止息，故說二涅槃。若眾生住於二地（指二涅槃），如來爾時即便為說，汝等所作未辦，汝所住地近於佛慧，當觀察籌量所得涅槃，非真實也㉒。

此段文中，以化城和寶所來譬喻佛如何運用方便，引領眾生入一佛乘（實相）。由於眾生畏怯佛道長遠，須久受懃苦，才能成佛，因此而生疲憊、怖畏、退怯之心。佛爲度化此類眾生而說二涅槃，令疲憊退怯之眾生暫得休息，然而眾生難免貪著此涅槃之樂，因此佛就進一步告訴他們，他們所得之涅槃並非真實，且所作亦未辦，只是近於佛慧而已，但並不等於佛慧。此猶如化城與寶所，化城代表涅槃，乃是佛方便之法，而寶所代表佛慧，才是究竟解脫之處。

透過化城與寶所之比喻，知《法華經》以寶所來象徵佛慧、一佛乘、究竟解脫處。此寶所、佛慧、一佛乘等，皆可視爲「實相」之異名，皆從所至處而得名也。

㈤繫寶珠喻

出自《法華經》〈五百弟子授記品〉，以此繫珠譬喻如來智慧，眾生無智，以小智爲足，取涅槃相爲滅度，如《法華經》云：

爾時五百阿羅漢，於佛前得授記已，歡喜踴躍，即從座起到於佛前，頭面禮足，悔過自責：世尊！我等常作思念，自謂已得究竟滅度，今乃知之，如無智者，所以者何，我等應得如來智慧，而便自以小智為足，世尊！譬如有人至親友家，醉酒而臥，是時親友官事當行，以無價寶珠繫其衣裏與之而去，其人醉臥都不覺知，起已遊行到於他國，為衣食故，勤力求索，甚大艱難。若少有所得，便以為足。於後親友會遇見之，而作是言：咄哉丈夫！何為衣食乃至如是，我昔欲令汝安樂五欲自恣，於某年日月，以無價珠寶繫汝衣裏，今故現在，而汝不知，勤苦憂惱以求自活，甚為痴也。汝今可以此寶貿易所須，常可如意，無所乏短。佛亦如是，為菩薩時教化我等，令發一切智心，而尋廢忘，不知不覺。既得阿羅漢道，自謂滅度，資生艱難，得少為足，一切智願猶在不失，今者世尊覺悟我等，作如是言：諸比丘！汝等所得非究竟滅，我久令汝等

種佛善根，以方便故，示涅槃相，而汝謂為實滅。世尊！我今乃知實是菩薩，得受阿耨多羅三藐三菩提記㉓。

由五百羅漢的自責中，顯示本應得如來智慧，反卻以小智爲滿足，猶如醉漢不視寶珠在衣裏，爲衣食故，勤力求索甚大艱難，若少有得便以爲足。聲聞緣覺二乘人亦如是，忘失了佛過去令他們發一切智心的教化，得阿羅漢果時，自謂滅度，而以此爲足。然一切智願猶在不失，猶如繫在衣內之寶珠仍在，遇機緣經親友提醒，即能知了。同樣地，二乘之一切智願，經佛教化令二乘人覺悟，即能明白。

透過繫珠之譬喻，顯示一切智願本不失，此是以一切智願表實相，表佛智慧。

㈥轉輪聖王髻中明珠喻

出自《法華經》〈安樂行品〉，以髻中明珠譬喻佛何以於最後才宣說《法華經》，暢言一佛乘、實相之道理，如轉輪聖王不輕易將髻中明珠妄與人，如《法華經》所言：

文殊師利，譬如強力轉輪聖王，欲以威勢降伏諸國，而諸小王不順其命，時轉輪王，起種種兵而往討罰，王見兵眾戰有功者，即大歡喜，隨功賞賜，或與田宅聚落城邑，或與衣服嚴身之具，或與種種珍寶金銀琉璃硨琹瑪瑙珊瑚琥珀象馬車乘奴婢人民，唯髻中明珠不以與之。所以者何？獨王頂上有此一珠，若以與之，王諸眷屬必大驚怪。文殊師利，如來亦復如是，以禪定智慧力得法，國土王於三界，而諸魔王不可順伏，如來賢聖諸將與之共戰，其有功者心亦歡喜，於四眾中為說諸經，令其心悅，賜以禪定解脫無漏根力諸法之財，又復賜與涅槃之城言得滅度，引導其心令皆歡喜，而不為說是《法華經》㉔。

又云：

文殊師利！如轉輪王見諸兵眾有大功者心甚歡喜，以此難信之珠久在髻中，不妄與人，而今與之；如來亦復如是，於三界中為大法王，以法教化一切眾生，見賢聖軍與五陰魔、煩惱魔、死魔共戰，有大功勳，滅三毒出三界破魔網，爾時如來亦大歡喜，此《法華經》能令眾生至一切智，一切世間多怨難信，先所未說，而今說之。文殊師利！此《法華經》是諸如來第一之說，於諸說中最為甚深，末後賜與，如彼強力之王，久護明珠，今乃與之㉕。

由髻中明珠之譬喻，說明了佛何以於最後才演說《法華經》，此乃由於此經甚深難解，且一切眾生多怨難信此經，對此經所說意趣難信難解。同樣地，即對一佛乘之道理難以信受，於實相之法亦復如此。《法華經》以宣演一佛乘爲旨趣，廣明實相之法。因此，我們可以說，髻中明珠象徵著一佛乘之理，亦即實相也。

㈦醫師喻

出自《法華經》〈如來壽量品〉，以醫師之遠離譬喻佛陀實未滅度，因說法上之方便而說滅度，此乃佛陀之善巧方便而言滅度，以此滅度之說而令眾生種善根，猶如醫師遠走他鄉，佯稱已死，令其子服藥，如《法華經》云：

諸善男子！我本行菩薩道所成壽命，今猶未盡，後倍上數。然今非實滅度，而便唱言當取滅度，如來以是方便教化眾生。所以者何？若佛久往於世，薄德之人不種善根，貧窮下賤貪著五欲，入於憶想妄見網中。若見如來常在不滅，便起憍恣而懷厭怠，不能生難遭之想，恭敬之心。是故如來以方便說，比丘當知，諸佛出世難可值遇，所以者何？諸薄德人，過無量百千萬億劫，或有見佛，或不見者，以此事故，我作是言：諸比丘，如來難可得見，斯眾生等聞如是語，必當生於難遭之想，心懷戀慕渴仰於佛，便種善根，是故如來雖不實滅而言滅度㉖。

此顯示佛為度化眾生，雖不實滅而言滅度。然此法為度眾生故皆實不虛，乃至諸佛如來法皆如是，爲度眾生皆實不虛。因此，爲了解此道理起見，進一步舉醫師遠離家鄉佯稱於死，遣侍者回來報告其諸子，汝父已死。此目的爲令已迷失本心的兒子因悲念其父而服解毒之藥，如《法華經》云：

又善男子！諸佛如來法皆如是，為度眾生，皆實不虛。譬如良醫智慧聰達，明練方藥，善治眾病。其人多諸子息，若十、二十，乃至百數，以有事緣遠至餘國，諸子於後飲他毒藥，藥發悶亂宛轉于地，適時其父還來歸家，諸子飲毒，或失本心，或不失者，遙見其父，皆大歡喜，拜跪問訊善安隱歸，我等愚痴誤服毒藥，願見救療更賜壽命。父見子等苦惱如是，依諸經方求好藥草，色香美味皆悉具足，擣篩和合，與子令服。而作是言，此大良藥，色香美味皆悉具足，汝等可服，速除苦惱，無復眾患。其諸子中；不失心者，見此良藥色香俱好，即將服之，病盡除癒；餘失心者，見其父來，雖亦歡喜問訊，求索治病，然與其藥而不肯服，所以者何？毒氣深入，失本心故，於此好色香藥而謂不美㉗。

此明良醫諸子雖誤飲毒藥，而良醫給予色香味美的良藥，令諸子服之。諸子中未喪失本心的，知此藥是良藥，故服之；然而失去本心之孩子，卻不肯服藥。其父爲了挽救此子之性命，就遠走他鄉，佯稱死於他鄉，如《法華經》云：

父作是念，此子可愍，為毒所中，心皆顛倒。……我今當設方便，令服此藥。即作是言：汝等當知，我今衰老死時已至，是好良藥留在此，汝可取服勿憂不差，作是教已，復至他國，遣使還告，汝父已死。是時諸子聞父背喪，心大憂惱，而作是念：若父在者，慈愍我等能見救護，今者捨我遠喪他國，自惟孤露無復恃怙，常懷悲感，心遂醒悟，乃知此藥色味香美，即取服之，病毒皆愈。其父聞子悉已得差，尋便來歸，咸使見之㉘。

此乃良醫爲令子服藥治病所設想出的方便權宜之法。同樣地，佛爲了度化眾生，以方便力，言當滅度，如《法華經》云：

為度眾生故，方便現涅槃
而實不滅度，常住此說法㉙。

此乃佛爲化度眾生之方便法。

何以說如來所說諸法皆實不虛？此乃在於如來所說諸法皆實相，如《法華經》云：

……諸所言說，皆實不虛，所以者何？如來如實知見三界之相，無有生死，若退若出，亦無在世及滅度者，非實非虛，非如非異，不如三界見於三界，如斯

之事，如來明見無有錯誤。以諸眾生有種種性、種種欲、種種行、種種憶想分別故，欲令生諸善根，以若干因緣譬喻言辭種種說法㉚。

此乃由於如來能如實知見三界之相——無有生死，且是非實非虛，非如非異，但爲隨順眾生因緣，而說有生有滅，而諸法實不生不滅也，亦即「非如非異」也，天台釋此「非如非異」，是實相也，如《法華玄義》云：

故〈壽量品〉云：不如三界見於三界，非如非異。若三界人見三界為異，二乘人見三界為如，菩薩人見三界亦如亦異，佛見三界非如非異，雙照如異，今取佛所見為實相正體也㉛。

此乃是就《法華經》〈壽量品〉之「非如非異」爲佛之所見三界之情形，以此佛之所見（即佛之知見）——「非如非異」爲實相正體，亦即以佛之知見爲實相也。

綜合上述七喻所示，可得知七喻之共同特色，在於佛陀之方便說法，而且皆實不虛，以示眾生真實相（實相）。

註解

① 大正9．5下。

②大正9．8中。

③大正9．10上。

④大正9．6上。

⑤大正9．10下。

⑥「七譬喻」說，出自世親菩薩之《妙法蓮經憂波提舍》（即《法華經論》）卷下，所謂：火宅譬喻、窮子譬喻、雲雨譬喻、化城譬喻、繫寶珠譬喻、輪王解自髻中明珠與之譬喻、醫師譬喻等。以此「七譬喻」對治七種增上慢心人（詳請參大正26．8中）。本節則藉由此七譬喻明佛之施化。

⑦大正34．67中。

⑧大正9．12下。

⑨大正9．13上。

⑩同上。

⑪同上。

⑫大正9．13上中。

⑬大正9．13下。

⑭如《法華文句》云：「約教解者，佛意本讚佛乘，為物（指眾生）不堪，尋念先佛大悲方便，趣於

鹿苑，稱讚三車」（大正34·63中）。

⑮ 如《法華經》云：「世尊！大富長者則是如來，我等皆似佛子，如來常說我等為子。世尊！我等以三苦故，於生死中受諸熱惱，迷惑無知，樂著小法。今日世尊，令我等思惟蠲除諸法戲論之糞，我等於中勤加精進，得至涅槃一日之價。既得此已，心大歡喜，自以為足（大正9·17）。

⑯ 大正12·16中。

⑰ 同上。

⑱ 如《法華經》描述窮子與其父相認父子的那一剎那，得知其父之財產將為自己所承繼，所以言「自然而至」，如《法華經》云：「父知子意漸已通泰，成就大志，自鄙先心。臨欲終時，而命其子，并會親族、國王、大臣、剎利、居士，皆悉已集。即自宣言：諸君當知，此是（指窮子）我子，我之所生，於某城中捨吾逃走，伶俜辛苦五十餘年。……此實我子，我實其父，今我所有一切財物，皆是子有。……世尊！是時窮子聞父此言，即大歡喜，得未嘗有，而作是念，我本無心有所希求，今此寶藏自然而至」（大正9·17中）。

⑲ 大正9·19下~20上。

⑳ 大正9·19上。

㉑ 同上。

㉒ 大正9・25下～26上。

㉓ 大正9・29上。

㉔ 大正9・38下～39上。

㉕ 大正9・39上。

㉖ 大正9・42下～43上。

㉗ 大正9・43上。

㉘ 大正9・43上中。

㉙ 大正9・43中。

㉚ 大正9・42下。

㉛ 大正33・682中下。

第五章　實相之教相
——天台四教判

理，唯一理而已，而配合眾生種種根性，對理體的理解不一，約略將之分爲四種——藏、通、別、圓等四教，此即天台四教判。藉由此四教來說明眾生對理體所理解層次之不同，雖說爲四教，而實是一理而已。前三教爲佛陀方便之化法，後一圓教，乃佛陀出現於世之本懷——即令眾生開示悟入佛之知見，達於一佛乘之境。

第一節　四教在天台思想上之地位

在天台智者大師之前，有所謂「南三北七」之判教①，但不見使用藏、通、別、圓等四教之模式②，因此，此藏、通、別、圓之教判，可視爲天台思想之特色。天台以此四教說明一切之教理，即將佛陀所說的一時代教理，分成藏、通、別、圓四種來加以陳述，更重要的，在於天台諸論著中，往往以此四教判模式來加以解說發揮，亦即天台思想學說中，往往不離此四教，乃至在觀行上，亦藉由此四教來說明，因此，我們可以說，藏、通、別、圓四教判，是天台思想的基本結構（雖然天台的中心理念以圓教爲主，然藉由前三教之教理，可以讓我們更明瞭圓教之教理）。若將四教從天台論著中抽離，那將使此諸論著變得闇淡無光，反而無法襯托天台所要表達的圓教理念。

所以我們可以這麼說，四教不單是用以統籌一切經論而設，同時也是天台表達思想的重要模式，更是天台用以凸顯圓教思想的方法之一。

第二節　四教之由來

一、四教之出處

何以智者大師有「藏、通、別、圓」四教之分？也許來自於《涅槃經》〈師子吼品〉中四種四智的啟發③，也許得自於《勝鬘經》之四種四諦④？也許得自於《中論》「三諦偈」⑤，……諸如此類，難以得知究竟依何而立四教？

在《四教義》中，有段文字陳述「四教」之由來，頗值作爲參考，將之摘錄於下：

問曰：四教從何而起？

答曰：今日四教，還從前所明三觀而起。為成三觀，初從假入空觀，具有折（析）體拙巧二種入空不同，從折（析）假入空，故有藏教起；從體假入空，故有通教起。若約第二從空入假之中，即有別教起。約第三，一心中道正觀，即有圓教起⑥。

在此智者大師似乎將「四教」的來源，作了一番交待，認爲「四教」是立基於「三觀」而來，第一觀是由生滅因緣假法入空，所謂「空觀」也，此「空觀」有兩種：一種是析空觀，一種是體空觀，而析空觀開起三藏教之教理，體空觀則開起通教之教理。第二觀，是再由空入假，此即所謂「假觀」也，此假觀開起別教之教理。第三觀，指的是「一心中道正觀」，亦即「中道觀」，由此中道觀起圓教之教理，簡表如下：

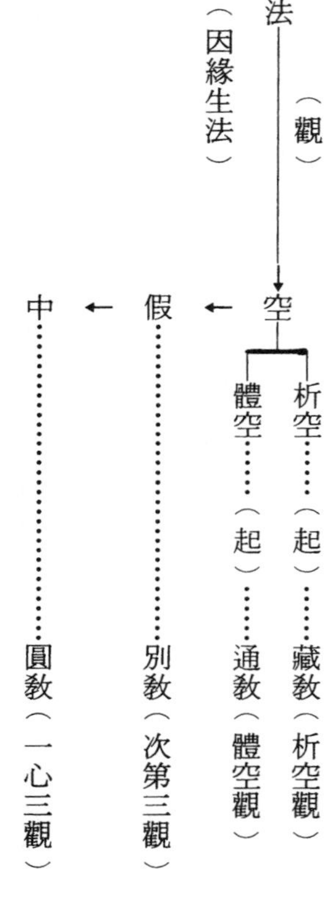

此乃由不同的三觀，開顯四教教義。

然而，當進一步問到「三觀」從何而起時？卻回答「三觀」還因「四教」而起，如云：

問曰：三觀復因而起？

答曰：三觀還因四教而起⑦。

這樣的問答方式，是極爲吊詭的，彼此相互循環論證。從另方面來看，此也顯示了「三觀」與「四教」之相互關係，彼此是相依相存著，不能各自獨立。因此，形成進一步的追問，那就是追問教觀本身是依什麼而起的，如云：

問曰：觀教復因何而起？

答曰：觀教皆從因緣所生句而起⑧。

至此，幾乎將答案呼喚出來，那就是觀教本身皆是依《中論》的「因緣偈」而來的，所謂《中論》之「因緣偈」，指的是：

眾因緣生法
我說即是空
亦為是假名
亦是中道義⑨

若將此偈頌加以排列組合，則形成（見次頁）：

由此，我們可以作這樣地判斷——天台的四教三觀，基本上是源自於《中論》「因緣偈」之啟發⑩。

從上述層層之探索，也許我們會以爲已經找到了答案，但卻又不然，因爲智者大師對《中論》「因緣偈」又作了深一層的探求，所謂：

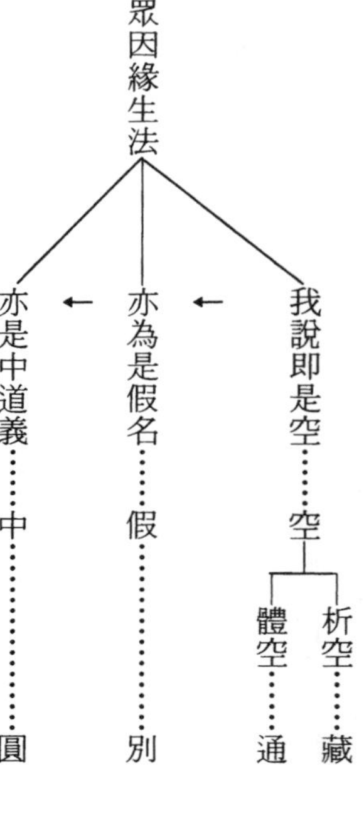

問曰：因緣所生四句，因何而起？

答曰：因緣所生四句，即是心，心是諸佛不思議解脫，諸佛不思議解脫畢竟無所有，即是不可說，故淨名（指維摩詰居士）杜口默然無說也，有因緣故，亦可得說者，即是用四悉檀說心因緣所生之四句，赴四種根性十二因緣所成眾生而說。四種根性者：一者下根、二者中根、三者上根、四者上上根。赴此四種根性故，因此教觀無礙而起，……⑪。

此段話頗爲婉轉曲折，首先說明「因緣所生四句，即是心」，也就是說，因緣所生四句，句句皆是心，而「心」是什麼？心是「諸佛不思議解脫」，此將「心」等同「諸佛不思議解脫」，即以「諸佛不思議解脫」來解釋「心」，而「諸佛不思議解脫」，畢竟是「無所有」，那麼同樣地道理，「心」畢竟是「無所有」。「心」、「諸佛不思議解脫」，既然是「無所有」，那麼即是「不可說」，所以維摩詰居士以杜口默然，來表達不二門之不可說，如下表（見次頁）：

即然如此，諸法畢竟是無所有，不可說，爲何有「因緣所生四句」、「四教」、「三觀」等等呢？妙處即在此——心雖畢竟無所有，不可說，但「有因緣故，亦可得說」⑫，顯示一切法，無不是依因緣而現（亦依因緣而說一切法），「四教」如此，「三觀」亦如此，連「因緣所生四句」亦是因緣所現，無有一法不是因緣起，因緣生。佛陀以四悉檀因緣演說一切法，即是依眾生根性（約略分爲四種根性——下、中、上、上上根）而說法⑬，依眾生根性而演說種種法、種種教、種種觀。

歸言之，我們可以說：智者大師是隨順眾生四種根性而立四教，亦即四教是依眾生四種根性而立。此顯示了諸法本寂滅，隨順因緣而起，眾生根性亦不例外。

二、四教之命名

至於何以要採「藏」、「通」、「別」、「圓」來立四教之名，而不採用其它名

稱（如以「共」、「不共」來代表「通」、「別」），對此智者大師有詳細說明：

㈠藏教

藏教，即指三藏教之意思。其名稱是由修多羅藏、毘尼藏、阿毘曇藏等三藏而得名，即從經、律、論三藏而得名，是指小乘經律論三藏而言⑭。然而令人質疑地，是大乘經論中，亦有經律論三藏，因此，難免造成名稱上的混淆。智者大師採「三藏」爲藏教之名，主要是依循諸經論對小乘三藏之稱呼而言，其中受《法華經》及《大智度論》之影響頗大，如《四教義》云：

此之三藏的屬小乘，故《法華經》云：貪著小乘三藏學者⑮。

又如《大智度論》云：

汝言初阿僧祇劫中，不知當作佛不作佛。二阿僧祇劫中，知當作佛，不自稱說。三阿僧祇劫中，知得作佛，能為人說。佛何處說是語？何經中有是語？若聲聞法三藏中說？若摩訶衍中說⑯。

又云：

問曰：汝先自語摩訶衍經中說，……

答曰：摩訶衍經中說，何益於汝，……

問曰：十八不共法，二乘亦應有分，……

答曰：不然。所以者何？……如汝所信八十種好，而三藏中無，……⑰。

由上述三則引文中，吾人可以看出——往往將「三藏」與聲聞法，或小乘法連結在一起，如「小乘三藏」，或「聲聞三藏」，而關於大乘經論，反而以「摩訶衍經」來稱之，雖亦有以「三藏」與「摩訶衍」連在一起，但畢竟是少見，而且往往直以「三藏」來代表小乘經論。因此，智者大師當時直接以「三藏教」來代表小乘的教義，實是無可厚非的。

㈡通教

採「通」爲名，乃基於此教理可通於聲聞緣覺二乘「三藏教」之教理，亦可通於菩薩佛「別、圓」二教之教理，如《四教義》云：

問曰：何故不名共教？

答曰：共名，但得二乘近邊，不得遠邊。若立通名，近遠俱便，言遠便者，通別通圓也⑱。

此顯示了採用「通」立名，比採用「共」立名，更加殊勝，更能將此「通教」之教理表達出來，若用「共」，則只共二乘法，卻無法將通達「別」「圓」二教之意表達出來，故云「不得遠邊」。所以，通教所扮演的角色是通於三藏教，且亦通於別圓二教，亦可說，通教乃是三藏教與別圓二教之間的橋樑。

㈢別教

以「別」立名，在於簡別此別教教理不共二乘人，且與圓教教理亦有所差別，如《四教義》云：

問曰：何故不說為不共教？而作別教之名？

答曰：《智論》明不共般若，即是不共二乘人說之，如《不思議經》。今明別教，如說《方等》、《大品》，二乘共聞，而別教菩薩，故用別名也。兼亦簡非圓教亦別，雖異通，猶是未圓之名也⑲。

此中首先舉《大智度論》之「不共般若」，來說明「不共般若」不與二乘人共，此如《不思議經》（指《華嚴經》），然後再進一步分別同屬「不共般若」之別、圓二教。

㈣圓教

圓教是以「圓」立名，以此顯示此教之教理圓滿，不偏空，不偏假，闡述中道實相之教理。此圓教即是以「不偏」顯其「圓」義，如《四教義》云：

四、釋圓教名者，圓以不偏為義。此教明不思議因緣，二諦中道，事理具足，不偏不別，但化最上利根之人，故名圓教也⑳。

由於圓教以「不偏」爲義，故其特色在於明不思議因緣，所謂「不思議因緣」，即是指不思議不生不滅十二因緣，亦即是中道實相。所以，於事理具足，不偏不別，其所攝化之眾生，是最上利根之人。

除了立「藏」、「通」、「別」、「圓」四教之名外，智者大師亦從諸經論中加以引證，證明此四教內容遍於諸經論中，且不單如此，甚至一部經論中，即具有此四教之內容，如其云：

如戒心云：應學修多羅、毘尼、阿毘曇，佛在世時，豈無三藏之教，故《成實論》云：我今正欲論三藏中實義㉑。

此證經論中有三藏教義。其次又云：

次證通教者，此經（指《維摩詰經》）淨名為迦旃延解說五義，二百比丘心得解脫。《大品經》〈三慧品〉明薩婆若智，三乘同得。《中論》云：諸法實相三人共入㉒。

此是就《維摩經》、《大品般若經》、《中論》來加以引證有通教之教義。

次證別教者，此經（《維摩經》）明以無所受而受諸受，未具佛法，亦不應滅心受而取證也。《無量義經》云：摩訶般若華嚴海空，宣說菩薩歷劫修行，即是別教文。《涅槃經》明五行正是別教意也。《大智論》云：結使有二種：一者共二乘斷、二者不共斷，不共斷者，不共般若，斷於別惑㉓。

此是就《維摩經》、《無量義經》、《涅槃經》、《大智度論》來加以作爲別教教義之引證，接著則是有關對圓教的引證，如云：

次證圓教者，《華嚴經》云：為說圓滿修多羅。此經（指《維摩詰經》）云：諸佛解脫，當於眾生心行之中求。《大品經》云：欲以一切種智知一切法，當學般若。《法華經》明多寶如來歎言，善哉釋迦牟尼佛，能以平等大慧教菩薩法，為大眾說，如所說者，皆是真實。《涅槃經》云：復有一行是如來行，所謂大乘大般涅槃。《智度論》云：三智其實一心中得㉔。

此是就《華嚴經》、《維摩詰經》、《大品般若經》、《法華經》、《涅槃經》、《大智度論》等加以引證，作爲諸經論中已具有圓教義。

另外再就一部經論中即具有四教義，作爲四教名義之引證，如云：

今影傍大乘經論立四教名義者：如《大涅槃經》明四不可說，有因緣故，亦可得說，四種之說，以此化前緣，即是四教意。又《涅槃經》云：四種轉四諦法輪，即是四教意。又《法華經》明三草二木稟澤不同，譬方便說，即三教也；一地所生，一兩所潤，譬說最實事，即圓教也。《中論》破諸異報，既訖，復說因緣四句，通佛四說，即是四教之意。如此等四說法隨機化物，即四教義，四說即是四教之異名也㉕。

從此段引文中，據智者大師的看法，諸大乘經論中頗具有四教義，隨機化物之四種說法，即是四教義。

註解

① 所謂「南三北七」之一詞，出自於《法華玄義》（大正33．801上），是天台將歷年來之判教加以歸納分類，以「南三北七」來統稱之。「南三」是指長江以南有三家，「北七」是指長江以北有七家。詳如下：

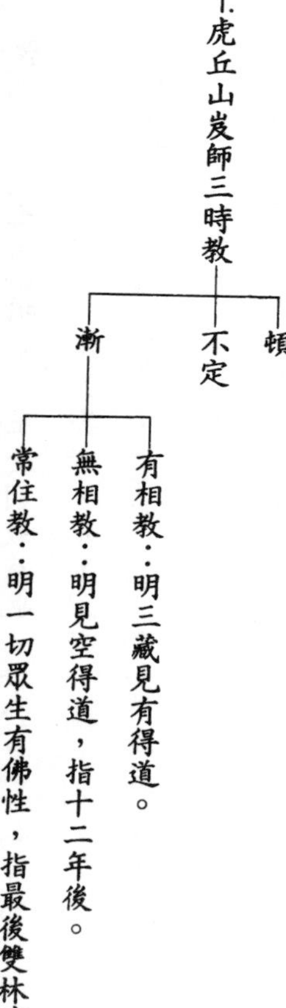

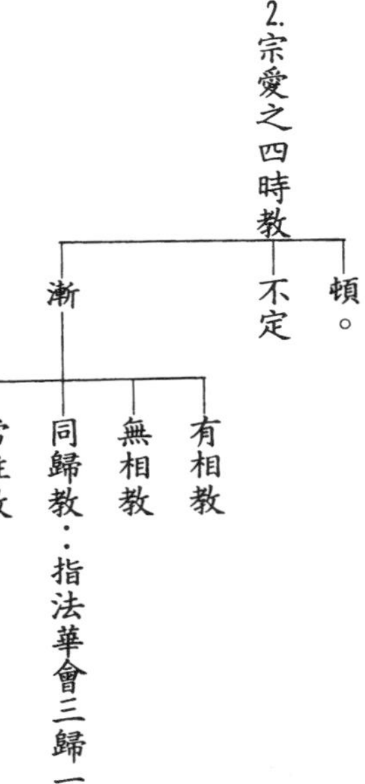
2.宗愛之四時教
頓。
不定
漸
有相教
無相教
同歸教：指法華會三歸一
常住教

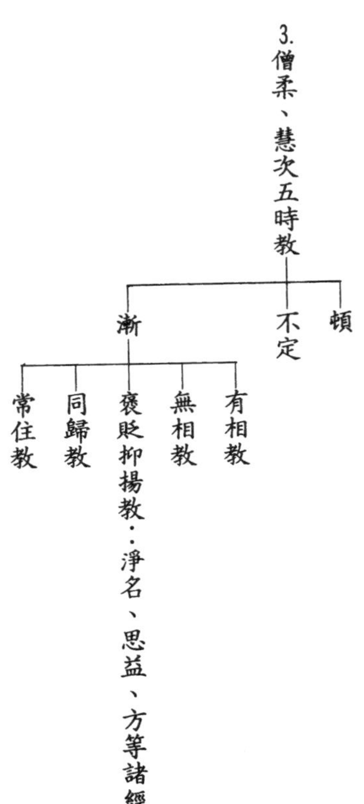
3.僧柔、慧次五時教
頓
不定
漸
有相教
無相教
褒貶抑揚教：淨名、思益、方等諸經
同歸教
常住教

*以上三家是屬南地之判教，即「南三」是也。其共同特色：皆以頓、不定、漸等三種來判教，所不同者在於對「漸」之分法。以下七家為北地之判教，即「北七」是也。

4. 北地師之五時教
   - 頓
   - 不定
   - 漸
     - 人天教：取提謂波利為人天教。
     - 有相教
     - 無相教：《淨名》《般若》等。
     - 常住教
     - 同歸教

5. 菩提流支半滿教
   - 半教：十二年前
   - 滿教：十二年後

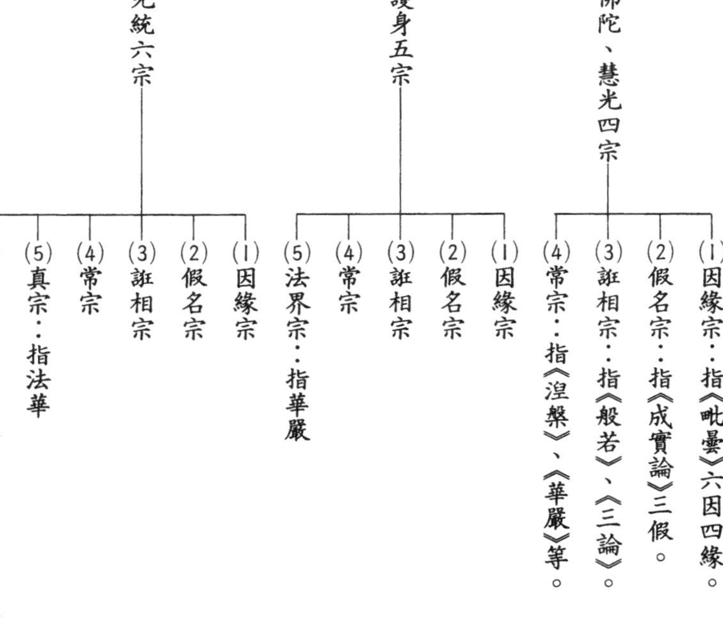

6.佛陀、慧光四宗

(1)因緣宗：指《毗曇》六因四緣。

(2)假名宗：指《成實論》三假。

(3)誑相宗：指《般若》、《三論》。

(4)常宗：指《涅槃》、《華嚴》等。

7.護身五宗

(1)因緣宗

(2)假名宗

(3)誑相宗

(4)常宗

(5)法界宗：指華嚴

8.光統六宗

(1)因緣宗

(2)假名宗

(3)誑相宗

(4)常宗

(5)真宗：指法華

(6)圓宗：大集法界染淨俱融，法界圓普。

9.北地禪師大乘二教

(1)有相教：如《華嚴》、《瓔珞》等說十地行相階次。

(2)無相教：如《楞伽》、《思益》等明真法無詮次，一切眾生即涅槃相。

10.北地禪師一佛乘：強調唯一佛乘，無二無三，一音說法，隨類異解。諸佛常行一乘，眾生見三，但是一音教也。

*以上資料參自《法華玄義》（大正33．801上中）及《四教義》（大正46．724下）。

② 據圓測《解深密經疏》的記載，提到慧光法師有「通、別、圓」三教判，然此被懷疑是「漸、頓、圓」之誤（參見坂本幸男《華嚴教學の研究》頁197～200，平樂寺）。

③ 所謂「四智」：指的是下智、中智、上智、上上智等四智，以此四智來分別眾生觀十二因緣之不同，如《涅槃經》云：「善男子！觀十二緣智，凡有四種：一者下、二者中、三者上、四者上上。下智觀者不見佛性，以不見故，得聲聞道。中智觀者不見佛性，以不見故得緣覺道。上智觀者見不了了，不了了故，住十住地。上上智觀者，見了了故，得阿耨多羅三藐三菩提道，以是義故，十二因緣名為佛性。佛性者，即第一義空，第一義空名為中道，中道者即名為佛，佛者名為涅槃」（大正12．524中），此是以上上智所觀十二因緣，來說明十二因緣即是佛性，因為上上智能了了見知十二因緣即是第一義空。以此上上智之知見代表圓教。其餘三智：下智代表藏教，中智代表通教，上智代表別教。基本上，智者大師的四教，與此四智有著非常密切之關係。另在《涅

槃經》〈聖行品〉中，講到四聖諦時，以中智和上智來加以分別，中智是以聲聞緣覺智為代表，上智以佛菩薩智為代表，如其云：「知四聖諦有二種智：一者中、二者上。中者聲聞緣覺智，上者諸佛菩薩智。善男子！知諸陰苦，名為中智。分別諸陰有無量相，悉是諸苦，非諸聲聞緣覺能知，是名上智」（大正12．442）。〈聖行品〉對智之分別，與〈師子吼品〉之「四智」是一樣的，只是名目略有不同，而實際內容則無別，皆指聲聞智、緣覺智、菩薩智、佛智。其別是，一以「二智」分之，一以「四智」明之。天台智者所借用《涅槃經》〈聖行品〉之四種四諦，基本上，應是智者大師已鎔入了〈師子吼品〉之「四智」說，而使得〈聖行品〉原本二種四聖諦的內容，成為了天台所謂的「四種四諦」（此可參《法華玄義》「對四種四諦明智」部份，大正33．711下）。

《涅槃經》影響天台四教說的另一可能因素，乃是〈德王品〉的「生生、生不生、不生生、不生不生」（參見大正12．490中），天台所用以區別四教之四種十二因緣，與此有密切之關係（所謂四種十二因緣：指藏教之思議生滅十二因緣、通教之思議不生不滅十二因緣，別教之不思議生滅十二因緣、圓教之不思議不生不滅十二因緣），且〈德王品〉將「生生、生不生」名為「內法」，「不生生、不生不生」名為「外法」（參大正12．490中），所謂「內法」、「外法」，即指「界內法」、「界外法」之意，亦即是「思議法」、「不思議法」之意。若將此與上述〈聖行品〉「二智」配合看，我們將可以發現「中智」，所處理的，即是「內法」、「界內法」、「思議法」，而「上智」所處理的，即是「外法」、「界外法」、「不可思議法」。結合《涅槃經》〈聖行品〉、〈德王品〉、〈師子吼品〉來看，天台的「四教」說與此有著密切之關係，如《法華玄義》云：「《涅槃》〈聖行〉追分別眾經故，具說四種四諦也。〈德王品〉追泯眾經，俱寂四種四諦」（大正33・701下）。

④ 如《四教義》云：「勝鬘亦有四種四諦之文，所謂有作四諦，有量四諦，無作四諦，無量四諦」（大正46・725下）。而實際上只有二種四諦而已，徒具四種之名，如《勝鬘經》〈法身章〉所提到的聖諦（指四聖諦）只有二種：即「作聖諦」與「無作聖諦」，另以「有量四聖諦」來說明「作聖諦」，以「無量四聖諦」來說明「無作聖諦」（大正12・221中），雖然有人以「行」分作無作四諦，以「法」分量無量四諦，而成為四種，然智者大師對此分法，作如下評語：「有師解《勝鬘》無邊聖諦，對二乘有餘，彰佛究竟，二乘是有作四聖諦，作者有量四聖諦也。無作四聖諦者，無量四聖諦也，作無作就行，量無量就法。二乘觀諦得法不盡，更有所作，故名有作，得法不盡則有限量，《經》（指《勝鬘經》）言：因他知知，是有作行也，因他知，非一切知，不知無量法也，故言有作有量。無作無量者，佛知無窮盡，更無所作，故名無作，自力知一切知者，無作行也，一切者是無量法也。如此釋者，雖唱四名，但成二義，非今所用」（大正33・700下），可知四教非來自《勝鬘》。另智者大師對《勝鬘經》之「無作四諦」作如下評述：「《勝鬘》所說，說於次第，

從淺至深，歷別未融，乃是無量四諦中之無作，非是發心畢竟二不別之無作」（大正33・701下）

⑤ 所謂《中論》「三諦偈」，是指「眾因緣生法，我說即是無（空），亦為是假名亦是中道義」（大正30・33中），亦有學者將此偈稱為「三是偈」，或「因緣偈」。

⑥ 大正46・724上。

⑦ 同上。

⑧ 同上。

⑨ 參註⑤。

⑩ 儘管有學者認為智者大師誤解《中論》「因緣偈」之意思，此並不妨礙智者大師以此作為教觀之所依。至於是否誤解，請參本書第九章。

⑪ 大正46・724上。

⑫ 此為智者大師應用了《涅槃經》之「可說」與「不可說」，詳參第三章第二節。

⑬ 此眾生四種根性，即是《涅槃經》〈師子吼品〉之「四智」。

⑭ 小乘經律論，一般是指《四阿含經》為經藏，《四分律》等小乘律藏，及《毗曇》、《成實》、《昆勒》等論藏。

⑮ 大正46・721中。

⑯ 大正25・92上。
⑰ 大正25・255下。
⑱ 大正46・722上。
⑲ 大正46・722中。
⑳ 同上。
㉑ 大正46・723中。
㉒ 同上。
㉓ 大正46・723中下。
㉔ 大正46・723下。
㉕ 同上。

第三節　以八義明四教

關於「四教」之內容，總體地說，可以用「八義」（即：教、理、智、斷、行、位、因、果）作為代表，來作說明，此是天台說明四教內容時，所運用的模式。若欲

細說，可就教理及觀行兩方面來作一一詳細說明。本文在第三、四、五節中，即先以整體的概念介紹四教內容，此即第三節所論述的範圍——以八義明四教；第四、五節，則是各別就教理、觀行來詳細四教教理觀行之內涵。亦即「八義」所明爲總說，而教理與觀行兩節所明爲別說。於下分別述之。先就「八義」明之①。

一、以八義明藏教

1. 教：就教方面言，三藏所教化對象，主要是教化緣覺聲聞二乘人，而傍化菩薩。分別以生滅四諦教化聲聞，以思議生滅十二因緣教化緣覺，以生滅六度教化菩薩。此三藏教所教化之眾生的共同特色，則是此三乘人皆是稟持無常之理而悟道。

2. 理：即藏教之理是表達生滅無常之理。雖然聲聞、緣覺、菩薩三乘人稟持生滅無常之理而入道，然此三乘人對理的看法各有不同，如：

聲聞——謂理在正使外，即指理是在正現起的煩惱之外。

緣覺——謂理在習氣外，即指理是在煩惱餘習之外。

菩薩——謂理在正習外，即指理是在正使習氣之外②。

總而言之，此三乘人不管是將理視爲煩惱外，或煩惱之習氣外，或煩惱習氣外，其基本之共同特色，則是視理在生死煩惱外。

3.智：就智言，三乘人亦有所不同，如：

聲聞——修總相智

緣覺——修別相智

菩薩——修總別智③。

由於三乘人視理有所不同，故其所修智亦有別。

4.斷：斷是指斷惑而言，三乘人所斷之惑，亦有所不同，如：

聲聞——斷正使

緣覺——斷習氣

菩薩——斷正習

三乘人依於所見有之不同，故所斷惑有別。聲聞斷正使煩惱而證理，緣覺斷煩惱之餘習而證理，菩薩斷煩惱及煩惱餘習而證理。

5.行：指三乘人之所修習，然彼此亦有別。

聲聞——爲自己而勤修戒定慧。

緣覺——爲自己而勤修獨善寂。
菩薩——爲衆生而修六度五通。
二乘人之修行與菩薩之修行，其所不同者，前者爲己，後者爲衆生。

6.位：三藏教之三乘人所證位不同，如：
聲聞——住學無學
緣覺——住無學
菩薩——歷經三大阿僧祇劫而登道場
由證位中，可知二乘人與菩薩之不同。

7.因：此說明三藏教之三乘人因地，而此三乘人之因地亦有別，如：
聲聞——帶果行因
緣覺——望果行因
菩薩——伏惑行因

8.果：
聲聞——斷正使，如燒木爲炭
緣覺——斷習氣，如燒木爲灰。

菩薩——斷正習，如燒木無炭灰。

由此可看出三乘人證果報等之不同④。

二、以八義明通教

通教，是指三乘人共學之法門⑤，前項中述及三藏教時，說明了三藏教中之三乘人，從教乃至因果，皆有所別。通教的特色，則強調此爲三乘人共學之法門，不管是教理，乃至因果，三乘人是共同的。另外，通教的另一特色，則是扮演著通於三藏教，及通於別圓二教，以下就八義明之。

1. 教：主要是教化菩薩，傍通二乘。所言通教者，乃是指菩薩、聲聞、緣覺三乘人共稟因緣即空之教。

2. 理：即理通之意，指三乘人同見因緣即空之空而入道，或言同見偏真之理——但空。

3. 智：即智通之意，指三乘人同得巧度一切智，亦即是無生智，如《四念處》云：「諸法不生，般若生」⑥。

4. 斷：即斷惑通之意，指三乘人同斷界內惑，此即以斷界內惑，來說明三乘人所斷惑同。

5.行：即行通之意，指三乘人見思無漏行是相同的。

6.位：即位通之意，指三乘人從乾慧地，乃至辟支佛地，其所證位相同。

7.因：即因通之意，指三乘人皆以九無礙爲因，九無礙即是九無礙道，亦即是九無間道⑦，三乘人以斷一地之九品惑之智爲因。

8.果：即果通之意，指三乘人同證九無礙解脫道，指一地九品惑既斷了，而解脫之智，即是九無礙解脫。

三、以八義明別教

別教之「別」，是不共之意，此教不共二乘人說，是針對大根器菩薩而開設的教法，聲聞，緣覺二乘人雖同在座，卻如聾如啞，又如《法華經》所記載：「於菩薩法遊戲神通，淨佛國土，成就眾生，心不喜樂」⑧。因此，若對照「通教」而言，別教是屬不共般若、不共實相，而通教則是屬共般若、共實相。下列分別以八義明別教。

1.教：即教別之意，指此教獨被菩薩（即界外鈍根菩薩，而界外利根菩薩則爲圓教所攝）。佛所演說恆河沙無量佛法，則是針對別教菩薩而開設，並不通二乘人，無怪乎二乘人如舍利弗、迦葉聞此教法心不喜樂。

2.理：即理別之意：故此教理不與二乘人共，且此教理「空」「假」「中」三諦彼此有隔別，只有「即空」「即假」，卻不即中，故三諦有隔別，別教之理，所闡述是無量四諦（或不思議生滅十二因緣），明藏識有恆河沙俗諦之理。

3.智：即智別之意，因所見理有隔別，故其智，乃是次第之三智（即一切智→道種智→一切種智），所成就者，乃是道種智。

4.斷：即斷別之意，指所斷惑別於藏通二教，別教菩薩所斷之惑，是斷塵沙無知及界外無明惑，而藏通二教所斷之惑，乃是界內見思惑，另別教菩薩所斷之惑，有見思惑——塵沙惑——無明惑等三惑前後之差別。

5.行：即行別之意，指五行差別，即：聖行、梵行、天行、嬰兒行、病行等五種行⑨。別教菩薩常修此五行，歷塵沙劫行諸波羅密，自行化他。

6.位：即位別之意，指位位彼此不相收。三十心伏無明是屬賢位⑩，十地發真心斷無明，才是聖位，而賢位與聖位間彼此有隔別，甚至十地之斷無明惑，乃至等覺妙覺斷無明，彼此皆有隔別。

7.因：即因別之意，此別教菩薩以迴出二邊，不即「空」「假」二邊之理爲因。此因即是無礙金剛之因。

8.果：即果別之意，指解脫涅槃四德異二乘，亦即別教菩薩所證之果，是常、樂、我、淨之果，別於二乘人所證之無常、苦、無我、空之果。

四、以八義明圓教

圓教之圓，所表現的特色，在於教圓、理圓、智圓、斷惑圓、行圓、位圓、因圓、果圓。總言之，此「圓」者，即不偏之義（不偏二邊），以下分別述之。

1.教：即教圓之意，圓教所教化對象，是最上根人，即上上智人，或言界外之利根大菩薩。

2.理：即理圓之意，正說中道，此中道即一切法，故不偏也。圓教所明之理，是不思議不生不滅因緣，是無作四聖諦，二諦中道理事具足，不偏不別（不像藏通二教之偏空，亦不似別教理之隔別空有）。

3.智：即智圓之意，指一切種智而言。以圓教之智，觀中道理，成就一切種智。

4.斷：即斷圓之意，所謂斷圓，是指無明惑不斷而斷。因爲無明煩惱即是菩提，生死即是涅槃，能解此，則是不斷而斷。

5.行：即行圓之意，指一行一切行，此意指以大乘圓因契涅槃圓果，因果具足無缺，所以是一行一切行⑪。

6.位：即位圓之意，指從初一地，即具足諸地功德，或言入初發心住時，一住一切住，一切究竟，一切清淨，一切自在⑫。

7.因：即因圓之意，指以中道諦為因，亦即雙照二諦，自然流入為因。

8.果：即果圓之意，圓教之果，妙德不可思議，法身、般若、解脫三德之果，不縱不橫。

五、對四教之覈定

透過對藏、通、別、圓四教之覈定，讓我們進一步了解藏教即是藏教之道理，而非通、非別、非圓教，同樣地，通教即是通教，而非藏、非別、非圓教，依此類推，別圓二教亦復如是。如此可以避免對四教教理所造成之混淆，因為四教中之任何一教雖具有餘三教，然卻不具有餘三教之實，故須加以覈定簡別。以下分別述之：

㈠釐定藏教

所謂釐定藏教，是釐定藏教何以非通、非別、非圓教，因爲從藏教所表達的教理中，有類似通、別、圓教之處，故須釐定之，如《四教義》云：

問曰：如三藏教說無常，三乘同稟入道，即是通教；別為菩薩說弘誓六度，此即別教；若為說一切種智，令求佛果，豈非圓教？

答曰：今釐定此教三義（即釐定三藏教具有類似通別圓三教之義），若言說無常通教三乘，是通教者，二乘聞無常發真斷結，一世便入涅槃，可是稟教見無常理，菩薩雖稟無常之教，三阿僧祇劫，不發真斷結，豈見無常之理，故知無常理，通教之義不成⑬。

上述引文中，提出了三個問題：第一，三藏教說無常理，三乘人秉此無常理而入道，應可說三藏教之理即是通教之理？第二個問題：是三藏教講菩薩六度萬行，應可與別教說的菩薩行同？第三個問題：三藏教亦講一切種智，此應與圓教所說之一切種智佛果同？對此三個問題，接著即一一提出答辯與釐定，首先答辯的，是對無常理於藏通二教之不同而提出說明，理由是：二乘人聞無常道理，能斷結使煩惱，一世便入涅槃。然而，菩薩雖聞無常道理，縱使經過了三大阿僧祇劫，仍無法發真斷結使煩惱。因此，三藏教之無常理與通教義不同。對於第二個問題，有如下之答覆，所謂：

> 雖說願行化物，別教義不成者，本論別教，詮別理，斷別惑，初三藏教所明願行，猶約生滅四諦而起，見生滅四諦不及二乘，豈是別教⑭？

此說明三藏教雖談菩薩之願行化物，然卻不具有別教的教義，理由是：別教所講的是不思議生滅之理，斷界外之無明惑，而三藏教所詮釋的理，是思議生滅之理，而三藏教菩薩所見生滅四諦之理，皆還不及二乘之見地，豈可與別教菩薩混同。至於第三個問題，有如下之答覆，所謂：

> （三藏教）雖說一切種智，勸菩薩慕果，行因不名為圓者，菩薩因中不得即具一切種智，豈得論圓？又此種智只照二諦，不照中道，豈得圓也⑮？

此指出三藏教雖說一切種智，勸菩薩欣慕佛果，然而卻非圓教義，其理由：三藏教所講的一切種智，於菩薩因地中並不具有，而圓教所講一切種智，於菩薩因地行中即具足，故三藏教之一切種智不是圓教義，此另外的一個理由，是三藏教所講之一切種智，實只照二諦而已，並不照中道，故不成爲圓教義。

經過上述之層層覈定，得知三藏雖有類似通、別、圓三教之處，然卻不具有通、別、圓三教之義，故只能成爲三藏教而已，如《四教義》對此所作結論，說到：「是則雖有三教，麤義不成，但名三藏教也」⑯。

㈡麤定通教

所謂麤定通教，是麤定通教何以非藏教、非別教、非圓教？而只能成其爲通教而已。在通教的教義中，雖有類似藏、別、圓三教之處，然卻不同於藏、別、圓之教義，故須麤定之，如《四教義》云：

問曰：通教說戒定智慧，豈非三藏？說道種智，豈非別教？說一切種智，豈非圓教耶？

答曰：雖有此三教，麤義不成。所以然者，通教說無生戒定智慧一相無相，不同三藏戒定慧別異相也。復次一得不失從勝受名，故不設三藏之名，受通教名也⑰。

此引文中，提出了三個問題：第一個問題，通教所說的戒定慧是否與三藏教之戒定慧相同？第二個問題，通教所說之道種智是否即是別教之道種智耶？第三個問題，通教之一切種智是否爲圓教之一切種智？對此三個問題，緊接著也都一一提出答辯。首先答辯的，是針對通教與三藏教之戒定慧不同而提出說明，此理由是：通教所講的戒定慧，是無生、是一相、是無相，因此並不同於三藏教所說之戒定慧，因爲三藏教所講之戒定慧，是有相、有差別的。對於第二個問題，有如下之答辯，所謂：

> 通教雖說道種智，只是照界內俗諦，非是說如來藏恆沙佛法之道種智，故別教義不成⑱。

此很明顯地告訴我們：通教所說的道種智，其實只是照界內俗諦之道種智而已，與別教所說的如來藏恆沙佛法之道種智不同。畢竟一個是屬界內之俗諦的道種智，一個是屬界外之俗諦的道種智，故此兩者義意不同。所以通教之道種智不具有別教之道種智之義。至於第三個問題，是有關通教一切種智與圓教一切種智是否同義問題，對此有如下之答辯，所謂：

> （通教）雖復說一切種智，止（只）是照界內二諦，明一切種智，非照中道不思議二諦之一切種智，故圓教義不成⑲。

就通教所說之一切種智而言，只是照界內二諦而已，此與圓教所說之照中道不思議二諦之一切種智是不同的。即通教之一切種智是照界內二諦，而圓教之一切種智是照界外二諦。前者爲界內，是可思議，後者爲界外，是不可思議，故有所別。所以，通教所言之一切種智不同圓教一切種智之義。

由上面之層層覈定，得知通教之戒定慧、道種智、一切種智，雖與三藏教之戒定慧、別教之道種智、圓教之一切種智同名，然義意卻有別，故通教也只是通教而已。

㈢覈定別教

所謂覈定別教，是覈定別教所講之戒定慧，無生空理、一切種智，何以不同於三藏之戒定慧、通教之無生空理、圓教之一切種智？如《四教義》云：

問曰：別教亦說戒定慧，何故不名三藏教？亦說無生空理，何故不名通教？亦說中道一切種智，何故不名圓教也？

答曰：別教說恒沙佛法，無量戒定智慧，異前（指三藏教）生滅戒定智慧，故非三藏也。雖說空理，是不可得空，非是但空，不與二乘同見，故非通教也。雖說中道一切種智，非初住發心即具一切種智，故非圓也。是則三義不成，但名別教也⑳。

此段引文中，首先提出三個問題，接著是對此三問題一一加以答辯。第一個問題：別教所講的戒定智慧，何以不是三藏教之戒定慧？因爲別教所講之戒定智慧，乃是恒沙法無量之戒定慧，而三藏所講之戒定慧，則是生滅之戒定慧；而前者爲界外不思議生滅之戒定智慧，後者爲界內思議生滅之戒定智慧，故彼此有別。第二個問題：則是別教所講之空理，何以不同通教之空理？此乃因爲別教之空理，是指不可得之空理，而通教所講之空理，是指但空。故彼此有別。第三個問題：是別教所講之中道一切種智，何以與圓教之一切種智有差異？此在於圓教所講之中道一切種智，初發心即具有此一切種智，但別教所謂之中道一切種智，初發心時並不具之，須經由無數阿僧祇劫之菩薩行乃可證得。故別教與圓教之一切種智不同，別教之一切種智並不具有圓教一切種智之義。

經由此層層之簡定，得知別教之所以爲別教，雖其教義與藏、通、圓三教有共名處，然義意卻不相同。

㈣簡定圓教

所謂簡定圓教，是簡定圓教之戒定慧、真空之理、歷別階級法門，與三藏教之戒定慧、通教之空理、別教之歷別階級法門不同義，如《四教義》云：

問曰：圓教亦有戒定智慧，何故不名三藏？亦有真空之理，何故非通？亦有歷別階級法門，何故非別？

答曰：圓教所說戒定智慧，皆約真如、實相、佛性、涅槃而辨，豈同三藏偏淺戒定慧乎！佛性真空平等之理，聲聞辟支佛所不能知，何況得入，故非通也。種種法門位行階級，無不與實相相應，攝一切法，從初一地無不具足一切諸地，是故非別，三義不成，但名圓教也㉑。

同樣地，在此段問答中，而提出了三個問題：第一個問題，圓教所說之戒定智慧，何以與三藏教之戒定智慧不同？第二個問題，圓教所講之真空，何以與通教之真空不同？第三個問題，圓教所講之歷別階級法門，何以不同別教之歷別階級法門？對於此三問題，緊接著，一一加以答辨釐定。就第一問題言，乃是因爲圓教所談之戒定智慧，皆是就真如、實相、佛性、涅槃而說，亦即就界外不思議不生不滅而說，此不同三藏教之生滅戒定智慧，即三藏所講之戒定智慧，乃是屬於界内法，是思議生滅法。故圓教所講之戒定慧不同三藏教之戒定慧。再就第二個問題言，那是因爲圓教所講之真空，是佛性真空平等之理，此理聲聞辟支佛所不能知，故非通教之空理。即圓教所講之真空，是界外法，是不思議之真空，具足一切法，而通教之空理，是界内法，是可思議之空，且是但空，不具一切法。故圓教與通教之空，彼此不同。最後就第三個問題言，圓教雖也講種種法門位行階級，然其法法皆與實相相應，皆攝一切法，從初一地即具足一切諸地功德，而別教所講之歷別階級法門，門門之間卻是相互隔別的，且不具一切法。所以，圓教之歷別階級法門與別教之歷別階級法門不同義。

經由層層之釐定，得知圓教之所以爲圓教，以及圓教之教義其名目雖與藏、通、別三教有相同，然其義理卻是絕然不同的。

由對四教教名之釐定，可以讓我們進一步了解四教之教理，以及四教彼此之不同所在。

註解

① 有關於「八義」出處，主要出自於《四教義》與《四念處》，然在這兩篇文章中，智者大師以「八義」來說明四教內容，是採取分散的方式來處理，並沒有完整地集中一處來探討四教之八義，如藏教之八義，可在《四念處》中找到，但在《四教義》中，則缺。

② 參見《四念處》（大正46·556中）。

③ 參見《四念處》（大正46·556中）。

④ 有關上述三藏教之「八義」資料，請參《四念處》（大正46·556中下）。

⑤ 參《法華玄義》（大正33．716上）。

⑥ 大正46．563中。

⑦ 九無礙道，是指九無間道，意指斷惑之智。亦即將三界分為九地，而每一地中各有九品惑（下下、下中、下上、中下、中中、中上、上下、上中、上上），而斷除此九品之惑的智，則稱之為九無礙道。三乘人則是以此為因。

⑧ 大正9．16中。

⑨ 此「五行」參自於《涅槃經》〈聖行品〉，如其云：「爾時佛告迦葉菩薩，善男子！菩薩摩訶薩應當於《大般涅槃經》，專心思惟五種之行，何等為五？一者聖行、二者梵行、三者天行、四者嬰兒行、五者病行。善男子！菩薩摩訶薩常當修習是五種行」（大正12．432上）。五行，另可指十信、十住、十行、十迴向、十地而言。

⑩ 三十心，是指十發趣心，十長養心、十金剛心。

⑪ 《摩訶止觀》對「一行一切行」之「圓行」有如下解釋：「云何圓行？一向專求無上菩提，即邊而中，不餘趣向，三諦圓修，不為無邊所寂，有邊所動。不動不寂，直入中道，是名圓行」（大正46．2上）。由此可知，圓行乃指中道行，不為無邊所寂，不為有邊所動，亦不離空有，是即邊而行中道。

⑫此說法參見《摩訶止觀》之解釋（大正46．2上）。

⑬大正46．722下。

⑭同上。

⑮同上。

⑯同上。

⑰同上。

⑱大正46．722下～723上。

⑲大正46．723上。

⑳同上。

㉑同上。

第四節　由諸諦明四教

諸諦，是指種種表達諦理的模式，若依《法華玄義》所表達之妙境（妙諦），則有六種；一者十如是境（諦），二者十二因緣境（諦）、三者四諦、四者二諦、五者三諦、六者一諦①，以下就以此諸諦來探討四教之教理。

一、由十如是明四教

「十如是」，亦名十法，是指如是相、如是性、如是體、如是力、如是作、如是因、如是緣、如是果、如是報、如是本末究竟等。對於此「十如是」境諦，十法界眾生所見，則各有所不同。若將十法界眾生加以歸納分類，則可分成四類：四趣、人天、二乘、佛菩薩，配以十如是十法，則是四趣十法、人天十法、二乘十法、佛菩薩十法，四趣人天十法代表六道善惡十如是法，二乘佛菩薩十法則代表四聖十如是法，以圖表之如下（見次頁）：②

六道十如是法，仍屬因緣生滅有漏法，即教外法，故在本節略而不論。四聖十如是法，則是教內之法，故以此來作為四教之十如是諦內容③。

㈠三藏教之十法

此可分為聲聞緣覺之十法，及三藏教菩薩之十法，如《法華玄義》云：

次辨二乘法界十法者，約真無漏，「相」表涅槃，「性」是非白非黑法，

十如是＼十法界	三途	三善	二乘	佛菩薩
如是相	表苦為相	表樂為相	涅槃為相	緣因為相
如是性	定惡聚	定善聚	解脫	了因
如是體	摧折色心	升出色心	五分法身	正因
如是力	登刀入鑊為力	樂受	無繫	四弘
如是作	起十不善	起五戒十善	道品	六度萬行
如是因	有漏惡業	白業	無漏慧行	智慧莊嚴
如是緣	惡愛取	善愛取	行行	福德莊嚴
如是果	惡習果	善習果	四果	三菩提
如是報	三惡趣	人天有為	既後有因中不生故無報	大涅槃
如是本究竟等	本末皆癡為等	應就假名初後相在為等		相性三諦與究竟三諦不異，空假中等

「體」是五分法身，「力」能動能出，堪任道器，「作」是精進勤策，「因」是無漏正智，「緣」是行行助道，「果」是四果，二乘既不生，是故無報，何故發真，是果而不論報，無漏法起酬於習因，得是習果，無漏損生，非牽生法，故無後報，三果有報者，殘思未斷，或七生，或一往來，或色界生，非無漏報也，是故唯九不十。……

若六度菩薩，約福德論相、性、體、力，善業為因，煩惱為緣，三十四心斷結為果，佛則無報，菩薩即具十也④。

此是說明了三藏教二乘之十如是法及三藏教菩薩之十如是法，簡表如下：

	二乘：真無漏	菩薩：福德
相	涅槃	福德
性	非白非黑法	福德
體	五分法身	福德
力	能出能動，堪任道器	福德
作	精進勸策	福德
因	無漏正智	善業
緣	行行勸道	煩惱
果	四果——不受生 三果以下受生	三十四心斷結
報	四果——不受報 三果以下——有報	留惑潤生

此中值得注意的，是二乘人受果報情形，就四果而言，則不受報，就三果、二果、一果而言，則有報，或七生，或一往來，或色界生。若從大乘的角度而言，二乘之無漏，實亦是有漏，仍受變易之生，是以無漏爲因，無明爲緣，生變易生，故仍是有報⑤。

㈡通教之十法

通教之十法，如三藏教之十法，分爲二乘十法及菩薩十法兩種，通教二乘之十法，基本上與三藏教二乘之十法相同，故不另述，而通教菩薩之十法，如下明之，所謂：

> 若通教菩薩，約無漏論相性，六地之前，殘思受報，六地思盡，不受後身，誓扶習生，非實業報故，唯九無十⑥。

此可看出，通教菩薩之十法，從「相」至「緣」皆是無漏，唯受報諸地不同，一至五地是屬殘思受報，第六地則殘思已斷盡，所以不受後報，至於由發誓願而扶習受生，此仍非實業報，故只具九法而已。

㈢別教之十法

別教之十法，是就中道及次第觀行而論，如《法華玄義》云：

若別教菩薩，約修中道，行次第觀而論十法，此人雖斷通惑，自知有生，則具十法。夫生變易則三種不同；㈠全未斷別惑生變易者，即是三藏二乘，及通教三乘是也，類如分段博地凡夫不伏見思者。㈡伏別惑生變易者，即是別教三十心人，習於中道。伏而未斷，類如分段小乘方便道也。㈢者斷別惑生變易者，如初地初住斷惑是也，類如初果，雖斷見惑，猶有七生，彼亦如是，若未斷伏生者，用方便行，真無漏為因，無明為緣，若伏斷者，順道法愛為因，無明為緣生變易土⑦。

此中是將別教菩薩分爲三種，前二種是未斷別惑及伏惑而已，此類如分段博地凡夫不伏見思，及類如分段小乘方便道。第三種菩薩，則是已斷惑之菩薩。第一種未斷惑之菩薩以真無漏爲因，無明爲緣。至於第二種第三種已伏惑或斷惑的菩薩，則是以順道法愛爲因，無明爲緣，生變易上。簡如下表（見次頁）：

其「相」至「作」皆是福德。

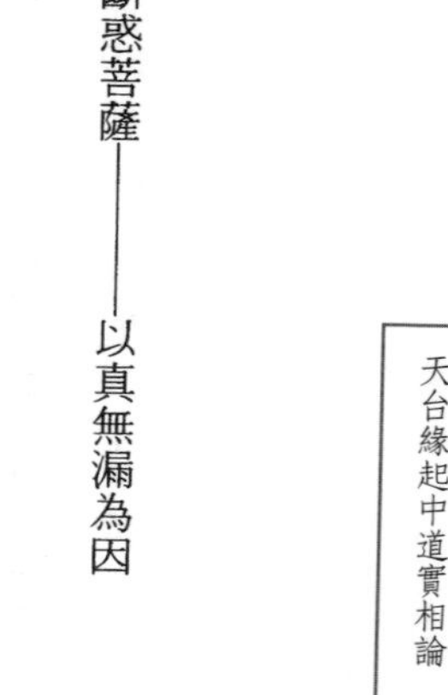

㈣圓教之十法

圓教之十法，指的就是佛界之十法，對照前三教之三聖界（聲聞、緣覺、菩薩）來看，圓教即代表佛界，此佛界十法如何？所謂：

> 佛界十法者，皆約中道分別也，《淨名》云：一切眾生皆菩提相，不可復得，此即緣因為佛相，性以據內者，智願猶在不失，智即了因為佛性，自性清淨心即是正因為佛體，……力者，初發菩提心超二乘上，名為力。作者，四弘誓願要期也，因即智慧莊嚴也；緣即福德莊嚴也，果即一念相應大覺，朗然無上菩提

為習果也；報即大涅槃果，果斷德禪定三昧一切具足，是報果也；本末等者，即相性三諦與究竟三諦不異，故言等也。空諦等者，元初眾生如，乃至佛如皆等也；俗諦等者，眾生未發心，佛記當作佛，佛既已成佛，說佛本生事，即是初後相在，假等也。中等者，凡聖皆實相也⑧。

由佛界十法中，可以了解到圓教之教理，圓教所明示之十法，即說明一切眾生皆有菩提相。

二、由因緣境明四教

所謂因緣境，是指十二因緣法，亦名即是十二因緣境，或言十二因緣諦，以此作爲觀行上之所觀境。所以天台將之稱爲十二因緣境，或簡稱爲因緣境⑨。若就所觀境而言，名爲因緣境，若觀成，境則名爲諦或理。

天台對因緣境分爲四種：㈠思議生滅十二因緣、㈡思議不生不滅十二因緣、㈢不思議生滅十二因緣、㈣不思議不生不滅十二因緣⑩，而爲何有此四種因緣境之分法，乃是一就界內法而論，一就界外法而論，且界內法、界外法中，又各分爲利鈍根性兩種。因此，而形成四種十二因緣境，即爲界內鈍根說思議生滅十二因緣，爲界利內根說思議不生不滅十二因緣，為界外鈍根說不思議生滅十二因緣，為界外利根說不思議不生不滅十二因緣，以簡表表之於下：

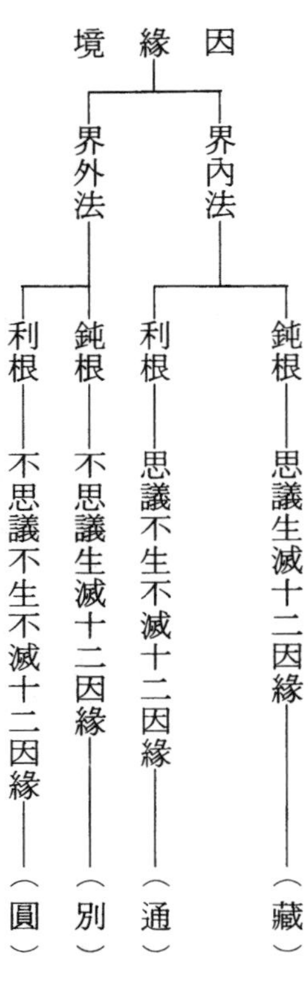

由表中，我們可以看出四種十二因緣境所面對對象之不同，且可以看出四教與四種十二因緣境之間搭配的情形，同時我們也可以由此了解到四教教理之間的差異，以及所教化對象之差異。詳細情形分別於下述之。

(一)三藏教思議生滅十二因緣

三藏教之思議生滅十二因緣，主要說明一切法由一念無明心出，且此十二因緣是生生滅滅，念念不住，故名爲生滅十二因緣，此以簡別與外道學說之不同，如《法華玄義》云：

思議兩種因緣為利鈍兩緣辨界內法論也，《中論》云：為鈍根弟子說十二因緣生滅相，此簡異外道，外道邪謂：諸法從自在天生，或言世性，或言微塵，或言父母，或言無因，種種邪推不當道理。此正因緣不同邪計，唯是過去無明顛倒心中造作諸行，能出今世六道苦果好惡不同⑪。

此中說明了三藏教十二因緣法對象是界內鈍根眾生，其主要教理在於說明諸法因緣生之生滅道理，以區別與界內之外道學說不同，因爲外道學說中總認爲法是由自在天生，或世性生，或微塵生，……，等等之不當學說理論，主張一切法因緣生，主要在於對治界內眾生對法之自性執，故以正因緣而對治之，提出一念無明顛倒心之十二因緣說。至於如何由一念無明心出生六道等眾生，《法華玄義》有詳細描述，所謂：

《正法念》云：畫人分布五彩圖一切形，端正醜陋不可稱計，原其根本，從畫手出六道差別，非自在等作（指非自在天生一切法，非世性生、非微塵生、……），悉從一念無明心出。無明與上品惡行業合，即起地獄因緣，如畫出黑色；無明與中品惡行業合，起畜生道因緣，如畫出赤色；無明與下品惡行合，起鬼道因緣，如畫青色；無明與下品善行合，即起修羅因緣，如畫黃色；無明與中品善行合，即起人因緣，如畫白色；無明與上品善行合，即起天因緣，如畫上上白色，當知無明與諸行合，故即有六道名色、六入、觸、受、愛、取、有、生老、病死等，隨上中下差別不同。……⑫。

此中點出了「一念無明心」與「六道」之間的關係，且各以畫色來代表之，以簡表表之如下：

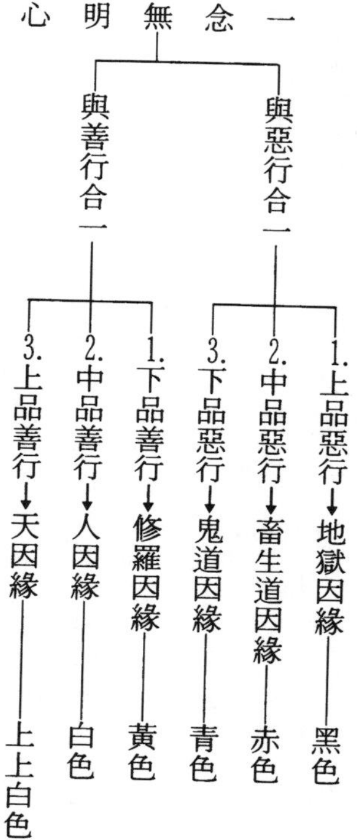

三藏教以此一念無明心與諸善惡行業，來解釋眾生生命之流轉，而此流轉則是生

生不息的，如十二重城、十二棘園，唯至覺了因緣，令因緣不行，才能終止此之十二因緣流轉，如《法華玄義》云：

隨上中下差別不同，人天諸趣苦樂萬品，以生歸死，死已還生，三世盤迴，車輪旋火，故經言：有河洄澓沒，眾生無明所盲，不能出。經又稱：為十二牽連，更相拘帶，亦名十二重城，亦名十二棘園，此十二因緣，新新生滅，念念不住，故名生滅十二因緣也。……初是癡，乃至老死亦是癡；不覺故癡；初亦不覺，至老死亦不覺，癡故生，癡故死。若能覺因緣，因緣即不行，癡不行故，則將來生死盡，名為黠，黠即隨道⑬。

此中說明了眾生因爲不覺，故而有十二因緣之流轉，若能覺了因緣，令無明因緣不起，則生死因緣不生；生死因緣不生，則生死盡矣，那麼即不再受生死流轉。

㈡通教思議不生不滅十二因緣

通教所闡述的十二因緣法，和三藏教一樣，都是針對界内眾生，都屬界内法，因此，皆以思議法稱之。然而，通教所闡述之十二因緣法，與三藏教亦有所別，三藏教所認爲的十二因緣法，是生滅十二因緣法，而通教所謂爲的十二因緣法，乃不生不滅之十二因緣法。

何謂「思議不生不滅十二因緣」？思議者，即是就界內法而言，不生不滅十二因緣者，即是對界內利根眾生而說的法。此所說法，在於說明十二因緣法，皆如夢幻泡影，無有實體，即十二因緣法當體即空，如《法華玄義》云：

二、思議不生不滅（因緣）者，此以巧破拙，《中論》云：為利根弟子說十二（因緣）不生不滅；癡如虛空，乃至老死如虛空；無明如幻化不可得故，乃至老死如幻化不可得。《金光明》云：無明體相本自不有，妄想因緣和合而有。不善思惟心行所造，如幻師在四衢道，幻作種種象馬瓔珞人物等，癡謂真實，智知非真。無明幻出天道依正，當知！本自不有，無明所為，如知藤本非蛇，則怖心不生，不生故不滅，是名思議不生不滅十二因緣相也⑭。

此中直接點出了「無明」體相本自不有，無明如幻化，生老死亦如幻化不可得也。由於眾生不了十二因緣生死，皆是由於妄想因緣而有，而以此爲實，故而生種種怖心，若能覺此無明心行所造諸法幻化不可得，則怖心不生，不生則不滅，此即所謂「思議不生不滅十二因緣相」。

若對照三藏教的思議生滅十二因緣來看，則有拙巧之異，三藏教是強調令無明心不起，而通教則認爲無明本空，無有起不起之問題，當下即離怖畏心。故稱通教所明十二因緣法爲巧法，而三藏教所說之十二因緣法爲拙法。此之差別在於——一認爲一念無明心爲生死作根本，唯令無明心不起，才能永斷生死流轉，故於無明起怖心，此三藏教也；一認爲無明心無體相，當體即空，只是眾生無智，任加執著，以此爲實罷了，若能了知無明本空，本自不有，故於無明不起怖心，不生則不滅，一切法當體不生不滅。亦即一就「事」明十二因緣，一就「理」明十二因緣，故有別也。

㈢別教不思議生滅十二因緣

別教所明不思議生滅十二因緣，與前所述藏、通二教之十二因緣法，最大不同在於「不思議」三字，藏、通二教所說十二因緣法，則屬界內法，所以是可思議的。若令無明心不起，或了知無明心本空，則已由界內法過渡到界外法，達於空寂滅境，然若取空爲究竟，而止於「空」，仍不夠是二乘行爲，所以別教的不思議生滅十二因緣法，則是進一步開示界外之因緣法，以此破二乘人對「空」之執，故稱此界外法，爲不思議法，如《法華玄義》云：

三、不思議生滅因緣者，破小明大，為利鈍兩緣說界外法也。《華嚴》云：心如

工畫師作種種五陰，一切世間中，莫不從心造。畫師即無明心也，一切世間即是十法界假實國土等也。諸論（師）明心出一切法不同；或言阿黎耶識是真識，出一切法；或言阿黎耶是無沒識，無記無明出一切法，若定執性實，墮冥初生覺，從覺生我心過，尚不成界內思議因緣，豈得成界外不思議因緣⑯。

此中除了指出不思議生滅因緣法，是為了「破小（乘）明大（乘）」，而為界外鈍根眾生而說的法，且進一步明辨此一念不思議無明心，亦非實性，不可將之定執為實性，否則就與外道學說沒兩樣——墮冥初生覺，而以此執為有實我等。嚴格說來，墮冥初生覺之外道學說，都還不能成為界內思議因緣法，如何能濫比擬為不思議生滅因緣法呢？因此，須加以明辨之。別教所講的不思議生滅因緣之一念無明心，雖然是不生不滅（因為不生不滅，所以才稱之為不思議法、或界外法），然而隨順著種種不同因緣，而出生種種法。對此一念無明心之解釋，諸論（指《地論》、《攝論》），或地論師、攝論師）的解釋則有所不同，他們將此一念無明心解釋為阿黎耶識，而地論師的看法，是認為此阿黎耶識（即一心）是真識，能出一切法；而攝論師的觀點，是認為阿黎耶識（即一心）是無沒識，是無記無明，所以能出生一切法。畢竟此一念無明心亦是無有實性的，若將之定執為實性，那樣就與外道學說沒兩樣了。然而地論師、攝論師為了堅持己見，而形同水火，對此智者大師於諸論著中，皆有深刻之反省和批判⑮。因此，可以說地論師與攝論師所理解的「一念無明心」與《地論》、《攝論》之「一心」（或「阿黎耶識」）已有所不同。

至於別教所謂的「一念無明心」代表著什麼涵義？《法華玄義》有進一步之解說，所謂：

> 今明無明之心，不自、不他、不共、不無因（生），四句皆不可思議。若有四悉檀因緣，亦可得說。如四句（指心、眠、心眠、離心離眠而有夢四句）求夢不可得，而說夢中見一切事；四句求無明不可得，而從無明出界內外一切法⑯。

此中，首先說明無明之心，非自生、非他生、非自他共生、非離自離他之無因生，亦即依此四句求一念無明心皆不可得，故稱此四句皆不可思議，即一念無明亦是不可思議。雖從四句求無明心不可得，然不妨隨順四悉檀種種因緣，說無明心出界內界外一切法，猶如從四句（指心生夢？眠生夢？心眠共生夢？離心離眠有夢？）求夢不可得，然而不妨說夢中見一切事。所以，說無明心出生一切法，猶如說夢中見一切事，而此亦只是隨順因緣而作如是說而已，不可將無明心定執為實性，否則，與地論師、

攝論師對無明心的抱持觀點沒兩樣。

因此，我們可以了解到別教所謂的不思議生滅十二因緣法，基本前題是建立在不思議法（或言界外法）上，亦即無明心不可得的基礎上，依此而隨順種種緣談論生滅十二因緣法，或談無明心出生界內界外一切法⑰。

㈣圓教不思議不生不滅十二因緣

圓教的不思議不生不滅十二因緣，是就界外法之理而言，是針對界外之利根而演說的法，其與別教之不同，乃在於別教雖也談界外法，然是就界外之事而言，是對界外鈍根而演說的法。換言之，別圓二教雖都談界外法，而其不同，在於別教是就界外法之事而論，而圓教是就界外法之事即理而談，故有別。

在《法華玄義》對圓教不思議不生不滅十二因緣，有如下之描述，所謂：

不思議不生不滅十二因緣者，為利根人即事顯理也。《大經》云：十二因緣名佛性者，無明、愛、取既是煩惱，煩惱道即是菩提道；菩提通達，無復煩惱，煩惱既無，即究竟淨，了因佛性也。行、有是業道，即是解脫，解脫自在，緣因佛性也。名色、老死是苦道，苦即法身，法身無苦無樂，是名大樂，不生不死是常，正因佛性故。言無明與愛是二中間，即是中道，無明是過去，愛是現在，若邊若中，無非佛性，並是常樂我淨。無明不生，亦復不滅，是名不思議不生不滅十二因緣也⑱。

此中是就《大般涅槃經》「十二因緣名爲佛性」，來發揮不思議不生不滅的道理。就界外不思議法而言，一念無明心是不可得，亦是不生，亦復不滅，所以是不生不滅，由此來詮釋界外法，則是不思議不生不滅十二因緣，故十二因緣即是佛性，是常樂我淨，因此，文中進一步解釋何以「十二因緣名爲佛性」之道理，一般吾人視十二因緣是三道——即煩惱道、業道、苦道。然就圓教不思議不生不滅十二因緣而言，三道即是三因佛性。其理由在於煩惱道即是菩提道，所以是了因佛性；業道即是解脫道，所以是緣因佛性；苦道即是法身道，所以是正因佛性。故十二因緣名爲佛性。如下圖表所示（見次頁）：

因此，從圓教所詮釋界外之一念無明心中，我們可以了解到，此一念無明心是不生不滅，畢竟不可得，由無明當體不可得，直接顯示此不思議無明十二因緣，即是不思議不生不滅十二因緣。

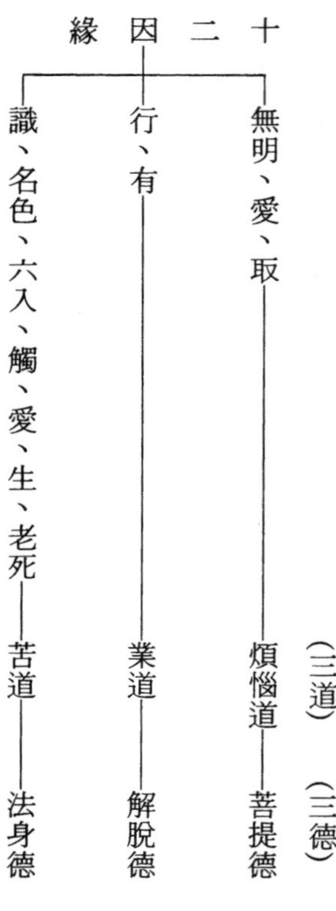

三、由四諦明四教

所謂四諦，指苦、集、滅、道等諦，天台以四種四諦來説明四教教理，此四種四諦，即指生滅四諦、無生四諦、無量四諦、無作四諦。依天台智者大師的説法，認爲四種四諦是出自《涅槃經》，如《法華玄義》云：

四種四諦者，一生滅、二無生滅、三無量、四無作，其義出《涅槃》〈聖行〉品[19]。

此即天台採《涅槃經》〈聖行品〉之義理[20]，作爲四種四諦之模型，以區別其他法師以

《勝鬘經》之「作、無作、量、無」來說明四種四諦㉑。

四種四諦之間的差異何在？主要在於生滅四諦與無生四諦，其所詮在空理，而彼此有偏圓之差別；又無量四諦與無作四諦，其所詮在中道，而彼此於所詮中道有事理之差別，如《法華玄義》云：

> 四種四諦者，一生滅、二……，約偏、圓、事、理；分四種之殊㉒。

由於所詮理有偏、圓、事、理之差別，故有四種四諦之分別。即四種四諦中，前二種是詮釋界內法，而後二種則屬界外法，由眾生對界內法、界外法迷惑有別，而有四種四諦之差別，則形成藏、通、別、圓四教之教理，將此四種四諦與四教配合，如下圖表：

四種四諦			
界內法	1. 生滅四諦	為迷真重眾生說……	藏教
	2. 無生四諦	為迷真輕眾生說……	通教
界外法	3. 無量四諦	為迷中重眾生說……	別教
	4. 無作四諦	為迷中輕眾生說……	圓教

(一)藏教生滅四諦

生滅四諦，是就生滅因緣明苦、集、滅、道之諦理，如《法華玄義》云：

所言生滅者，迷真重故，從事受名㉓。

此說明取「生滅」命名之原由，乃由於界內眾生不明諸法本空之理，而對因緣生滅法執以爲實，故特就因緣生滅苦集滅道之諦理而闡述之。

就生滅四諦而言，苦和集是一法，滅和道亦是一法而已，然因爲就因果而言，一法則成爲二法，所以有苦集二法，滅道二法，而形成所謂四諦法，如《法華玄義》云：

然苦集是一法，分因果成兩，道滅亦然。《雜心》偈云：諸行果性是說苦諦，因性說集諦，一切有漏法究竟滅說滅諦，一切無漏行說道諦。《大經》云：陰入重檐逼迫繫縛是苦諦，見愛煩惱能招來果是集諦，戒定慧無常苦空能除苦本是道諦，二十五有子果縛斷是滅諦，……此皆明生滅四諦相也㉔。

此中說明了四諦之涵義，亦指出苦集二諦是有漏諸行因果，而滅道二諦乃是無漏行果。眾生因不明苦集之理，所以有苦無諦，二乘人明白此理，故稱爲諦。

因此，藏教所闡述之生滅四諦，乃就有漏諸行而明無漏行果，即就有漏苦集因果，而明無漏之行道及滅果。

㈡通教無生四諦

無生四諦，是就理上來說，明苦、集、滅、道不生不滅之道理，是對界內利根性眾生說的法，如《法華玄義》云：

無生者，迷真輕故，從理得名。苦無逼相，集無和合相，道不二相，滅無生相。……，又無生者，生名集道，集道即空，空故不生集道，集道不生，則無苦滅，即事而真，非滅後真，《大經》云：諸菩薩等解苦無苦，是故無苦而有真諦，三（指集、滅、道）亦如是，是故名為無生四聖諦㉕。

無生之意，是就集、道本空，空故不生集道，集、道不生，則無苦、滅，由此得知生滅因緣法本空，是即事而空，非滅事後真，故苦、集、滅、道皆空。

通教所明之教理，即是就苦、集、滅、道等皆空而加以論述，闡述諸法無生之道理。

㈢別教無量四諦

無量四諦，是對界外鈍根說的法，由於眾生迷中道重，不解中道之理，故特就事法來開顯，說明諸法無量，如《法華玄義》云：

無量者，迷中重故，從事得名。苦有無量相，十法界果不同故；集有無量相，五住煩惱不同故；道有無量相，恒沙佛法不同故，滅有無量相，諸波羅蜜不同故。《大經》云：知諸陰苦，名為中智，分別諸陰有無量相，非諸聲聞緣覺所知。我於彼經，竟不說之，三亦如是，是名無量四聖諦㉖。

此中說明了苦、集、滅、道有無量相，且指出了與二乘人所知之差異，別教雖講無量生滅法，然與二乘人所言之生滅法有別，因為二乘人只知諸陰苦，但並不知苦之無量相，同樣地，二乘人只知諸陰集、滅、道，但並不知集、滅、道等之無量相。

無量四諦所闡述之道理，即是別教之教理，由無量四諦顯示界外無量因緣，即有無量相。

㈣圓教無作四諦

無作四諦，是對界外利根眾生所說之法，由於此界外眾生根利對中道理迷惑較輕，如《法華玄義》云：

無作者，迷中輕故，從理得名，以迷理故，菩提是煩惱，名集諦；涅槃是生死，名苦諦。以能解故，煩惱即菩提，名中道，生死即涅槃，名滅諦，即事而中，無思無念，無誰造作，故名無作。《大經》云：世諦即是第一義諦，有善方便，隨順眾生說有二諦，出世人知即第一義諦。一實諦者，無虛妄，無顛倒，常樂我淨等，是故名無作四聖諦㉗。

此無作四諦，是直就中道理而說，直說世諦即是第一義諦，由於眾生迷中道理，故菩提爲煩惱，此名集諦，而涅槃爲生死，此爲苦諦。若能悟解中道理，那麼煩惱即菩提，道諦也，而生死即涅槃，滅諦也。此無作四諦闡明乃即事而中，無思無念，無誰造作，即說明法法皆是第一義諦。眾生不解此，佛隨順因緣，方便說有二諦，然實第一義諦而已，就世諦即第一義諦也。

由四種四諦之探索中，吾人得知其義理與四種十二因緣法是相共通的，故《維摩詰經玄疏》在列舉四種十二因緣時，即取四種四諦之名目以言十二因緣，所謂生滅十二因緣、無生十二因緣、無量十二因緣、無作十二因緣㉘。

四、由二諦明四教

㈠古來二十三家二諦義

歷來對二諦之說法，有許多種，如《廣弘明集》記載二十三家論二諦義㉙，對此二十三家彼此互爭己是，智者大師有如下之看法，所謂：

陳世中論（師）破立不同，或破古來二十三家明二諦義，自立二諦義，或破他竟約四假明二諦，古今異執，各引證據自保一文不信餘說。今謂不爾，夫經論異說，悉是如來善權方便；知根知欲種種不同，略有三異，謂：隨情、情智、智等㉚。

此中首先指出中論師對二十三家的評論，破二十三家二諦義，而自立二諦義，此乃中論師對二諦義所持之態度。然天台並不如此看法，而是從三隨意（即指隨情、隨情智、隨智）之隨情說，來化解二十三家所持二諦義不同之看法，依天台的看法，二十三家所立之二諦義，皆是隨情二諦意，如其在解釋隨情說時，提到：

隨情說者，情性不同，說隨情異，如《毗婆沙》明世第一義法有無量種，際真尚爾，況復餘耶？如順盲情，種種示乳，盲聞異說而諍白色，豈即乳耶？眾師不達此意，各執一文，自起見諍，互相是非，信一不信一，浩浩亂哉，莫知孰是。若二十三說及能破者，有經文證，皆判是隨情二諦意耳，無文證者悉是邪，謂同彼外道，非二諦攝也㉛。

由於諸種二諦義是隨眾生根情而說，而眾生根情有種種不同，故隨眾生根情而說的二諦，也就有種種不同之義。因此，天台評判二十三家雖引諸經文來證明二諦義，然皆屬隨情說之二諦，若沒有經文爲證的，即是邪說。此隨情說猶如隨順盲人之情形，以種種善巧方便爲說乳之白色，像貝、粖、雪、鶴等，然而由於盲人看不到真正乳之白色，故以自己所聞而自以爲是。以此譬喻二十三家爲二諦義互諍，實因不了諸經隨情說之意，故而有種種之爭執。

㈡天台二諦說

依天台對二諦的看法，可分爲廣說與略說兩種；廣說即是所謂的「七種二諦」，

略說即是指四教之二諦，所謂「七種二諦」，如《法華玄義》云：

所言七種二諦者：一者實有為俗，實有滅為真。二者幻有為俗，即幻有空為真。三者幻有為俗，即幻有空不空共為真。四者幻有為俗，幻有即空不空，一切法趣空不空為真。五者幻有幻有即空皆名為俗，不有不空為真。六者幻有幻有即空皆為俗，不有不空，一切法趣不有不空為真。七者幻有幻有即空皆為俗，一切法趣有趣空趣不有不空為真㉜。

另又云：

七種二諦，廣說如前。略說者，界內相即不相即，界外相即不相即，即四種二諦也。別接通五也（即指別教二諦接通教二諦，即成為第五種二諦），圓接通六也，圓接別七也㉝。

由上述兩段引文中，說明了廣說「七種二諦」之內容，以及略說之四種二諦，且進一步指出廣說二諦與略說二諦之關連，以圖表之於下：

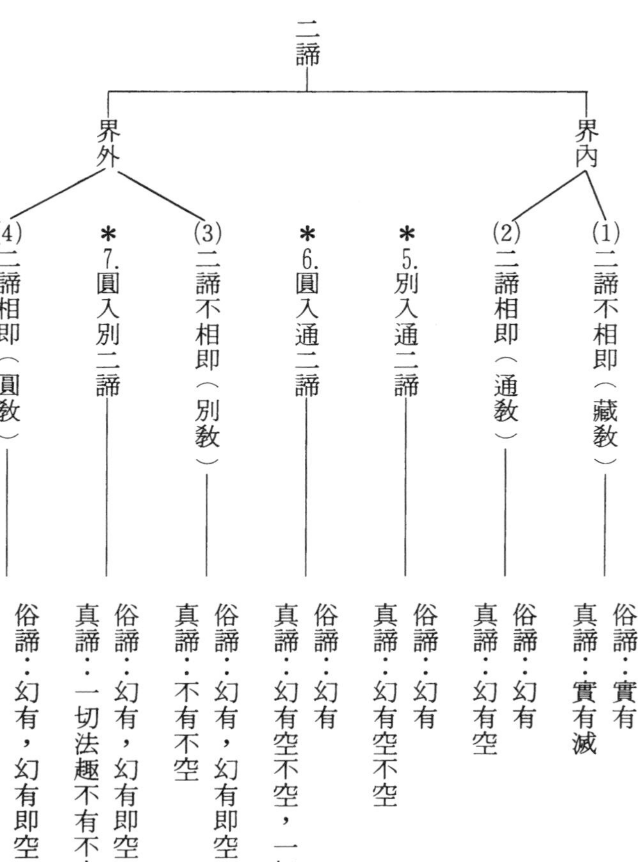
〈略說二諦〉
〈廣說二諦〉
二諦
界內
界外
(1)二諦不相即（藏教）
俗諦：實有
真諦：實有滅
(2)二諦相即（通教）
俗諦：幻有
真諦：幻有空
*5.別入通二諦
俗諦：幻有
真諦：幻有空不空
*6.圓入通二諦
俗諦：幻有
真諦：幻有空不空，一切法趣空不空
(3)二諦不相即（別教）
俗諦：幻有，幻有即空
真諦：不有不空
*7.圓入別二諦
俗諦：幻有，幻有即空
真諦：一切法趣不有不空
(4)二諦相即（圓教）
俗諦：幻有，幻有即空
真諦：一切法趣有、趣空、趣不有不空

由上圖表，得知廣說七種二諦，即是略說四種二諦加以推廣而成，亦即是將藏、通、別、圓之四種二諦，加上通、別、圓三教之間的關係而成爲七種二諦。爲了便於了解，將上圖表加以簡化如下：

〈七種二諦〉

教別＼二諦	俗諦	真諦
藏	實有	實有滅
通	幻有	幻有空
別入通	幻有	幻有空不空
圓入通	幻有	幻有空不空，一切法趨空不空
別	幻有，幻有即空	不有不空
圓入別	幻有，幻有即空	不有不空，一切法趣不有不空
圓	幻有，幻有即空	一切法趣有趣空，趣不有不空

七種二諦之說，是就眾生根性不同而開設的，配以三隨意說，即可開成二十一種二諦㉞。

㈢四教之二諦

從前面的論述和圖表中，我們很容易地可以看出四教二諦之差異，大體而言，藏通二教所詮之二諦，是屬界內法之二諦，而別圓所詮之二諦，乃屬界外法之二諦。藏通二教之二諦的差別，在於二諦相不相即，別圓之差別，亦復如是。以下分別述之：

⑴三藏教之二諦——是指實有及實有滅，即實有爲俗諦，實有滅爲真諦，亦即是以陰入界等爲實法、俗諦，而方便修道，滅此實法，乃得會真，如《法華玄義》云：

實有二諦者，陰入界等皆是實法，實法所成森羅萬品，故名為俗。方便修道，滅此俗已，乃得會真，《大品》云：空色，色空。以滅俗故，謂為空色，不滅色故，謂為色空，病中無藥，文字中無菩提，皆是此意，是為實有二諦相也㉟。

此指三藏教之二諦，乃是實有二諦，故須滅色，方證真諦，滅色者，即是空色，非色當體空。

⑵通教之二諦——是指幻有及幻有空，亦即以幻有爲俗諦，以幻有空爲真諦。此之二諦是因以駁斥三藏教之二諦，因爲三藏教之二諦彼比不相即，而通教明真俗二諦彼此相即，如《法華玄義》云：

> 幻有、空二諦者，斥前意（指斥三藏教二諦）也，何者？實有時無真，滅有時無俗，二諦義不成。若明幻有者，幻有是俗，幻有不可得，即俗而真，《大品》云：即色是空，即空是色，空色相即，二諦義成，是名幻有、無（指幻有空）二諦也㊱。

此中先駁斥三藏教之二諦義不成，原因在於——若實有時，沒有真諦（即實有中無真諦），同樣地，滅實有時，俗諦亦不存在（即真諦中無俗），所以二諦義不成，亦即若二諦彼此不相即，即不能成爲二諦義。通教所詮之二諦，是就幻有來說（不同三藏教之實有），幻有是俗諦，而「幻有不可得，即俗而真」，此說明幻有本身即是真諦，從幻有不可得明真諦。

(3)別教之二諦——是就通教所說之真俗二諦（幻有、幻有即空）視爲俗諦，所謂「幻有、幻有即空，皆名爲俗」㊲，而別教所說的真諦，是指不有不空，如《法華玄義》云：

> 幻有、無（空）為俗，不有不無為真者，有無二，故為俗，中道不有不無不二為真。二乘聞此真俗俱皆不解，故如瘂如聾，《大經》云：我與彌勒共論世諦，五百聲聞謂說真諦，即此意也㊳。

此中是從「幻有」「無」是二，來說明此是俗諦，而真諦是指不有不無之中道，即有無不二爲真諦。就二乘人言，是無法理解別教二諦之道理，因爲二乘所理解中的真俗二諦，對別教言，只是俗諦而已，而別教所說的不有不無之真諦，更非二乘人所能知。無怪乎，二乘人將別教之世諦視爲真諦，如《大涅槃經》所記載，「我與彌勒共論世諦，五百聲聞謂說真諦」。由此也可以了解到別教所說的真俗二諦之意，亦可看出別教二諦乃對治二乘人之空有執。

(4)圓教之二諦——是就別教所說之真俗二諦，直明真即俗，俗即真之道理，如《法華玄義》云：

> 圓教二諦者，直說不思議二諦也；真即是俗，俗即是真，如如意珠，珠以譬真，用以譬俗，即珠是用，即用是珠，不二而二，分真俗耳㊴。

所謂「圓教二諦」，指的就是不可思議二諦，因此，引文中進一步解釋什麼叫「不可思議二諦」，所謂「真即是俗，俗即是真」，此顯示真俗不二，而方便將之分爲二，故言此真俗二諦爲「不可思議二諦」。

就藏通二教之二諦而言，其所言二諦，基本上仍有生滅法與不生不滅法之分（即界內界外之別），而別圓教之二諦，視有無爲俗，以不有不空爲真，圓教則是更進一步強調一切法趣有趣空趣不有不空爲真諦，即一切法莫不是真諦，以此作爲和別教之真諦的差別，因別教所謂之真諦，不能就一切法來開顯。

至於三諦之說，唯別圓二教有之，因藏通二教不談中道第一義諦，因此不宜作爲四教教理之探討，另有關一實諦之說，唯圓教有之，故亦不足以作爲四教教理之探討。

由前文所述，吾人可得知四教與諸諦之關係，爲便於了解，以圖表表之㊵：

〈四教與諸諦圖表〉

諸諦／四教	一諦	二諦	三諦	四諦	十二因緣諦
藏	不能詮一實諦（猶如煩惱醉酒未吐唯詮轉日，說有二諦，不能詮一實諦）	詮理外不即之二諦	但詮二諦之理所以稟此教之流不聞佛性常住涅槃。三乘猶存灰身滅斷之果	生滅四諦	思議生滅十二因緣

通	同右	詮理外相即之二諦	同右	無生四諦	思議不生不滅十二因緣
別	詮一實諦，如離轉日（即離轉日而言有一實諦）	詮理內不相即之二諦	別詮三諦之理，所以稟教之流，三十智但成二觀智之方便道，登地乃見佛性	無量四諦	不思議生滅十二因緣
圓	圓教詮一實諦，轉日即不轉日	詮理內相即之二諦	圓詮三諦之理，是故稟教之流，初心即開佛知見，自然流入薩婆若海	無作四諦	不思議不生不滅十二因緣

註解

① 《法華玄義》所言之「妙境」，即是妙諦之意，境者，諦也，理也。故在本節中，將「境」字改寫成「諦」字，或於「境」字後加一「諦」字，或將諦字後之境字加以省略之，以合符本節所要表達的諸諦義。本節是藉由《法華玄義》之諸境，來作為諸諦之內容（有關《法華玄義》之諸境，請參大正33·698中）。

②此圖表參自《法華玄義》及《摩訶止觀》之十法界十如是（大正33．694上～695上及大正46．52中～54上）。

③此部份可參第六章第二節第二項。

④大正33．694下。

⑤如《法華玄義》云：「次辨二乘法界十法者，約真無漏，……若依大乘，此無漏猶名有漏，《大經》（指《大般涅槃經》）云：福德莊嚴者，有為有漏。是聲聞僧既非無漏，不損別惑，猶受變易之生，則無漏為因，無明為緣，生變易土，即有報也」（大正33．694下）。

⑥大正33．694下。

⑦大正33．694下～695上。

⑧大正33．695上。

⑨如《法華玄義》云：「四、廣釋境又為二：一釋諸境，二論諸境同異。釋境為六：㈠十如境、㈡因緣境、㈢四諦境、㈣二諦境、㈤三諦境、㈥一諦境」（大正33．698中），此中所謂「因緣境」即指十二因緣境之意，故引文中接著以四種十二因緣境來解說因緣境（詳參大正33．698下）。

⑩如《法華玄義》云：「正釋（因緣境）又為四：一明思議生滅十二因緣、二明思議不生不滅十二

因緣、三明不思議生滅十二因緣、四明不思議不生不滅十二因緣」（大正33．698下），另如《維摩詰經玄疏》云：「今一家明四諦既有四種，十二因緣亦有四種：一者生滅十二因緣、二者無生十二因緣、三者無量十二因緣、四者無作十二因緣」（大正38．525上），此是以四種四諦配合十二因緣來講，故名稱上，略與《法華玄義》不同。

⑪ 大正33．698下。

⑫ 大同上。

⑬ 大正33．698下～699上。

⑭ 大正33．699中～下。

⑮ 如《維摩詰經玄疏》云：「今初修空三昧，觀此無明，不自生，不從法性生也；不他生，非離法性外別有依他之無明生；不共生，亦非法性共無明生；非無因緣生，非離法性離無明而有生也。若四句檢，無明本自不生，生源不可得，即是無始空，是名空三昧，空無住之本一切法也。若爾，豈全同地論師計真如法性生一切法？豈同攝大乘師計黎耶識生一切法？問：各計何失？答曰：理無二，是二大乘論師俱稟天親，何得諍同水火」（大正38．528中）？另如在《摩訶止觀》（大正46．54上）或《法華玄義》等諸著中，可看到智者大師對諸論師觀點之反省與批判。

⑯ 大正33．699下。

⑰ 至於別教如何談論無明心出生界內界外一切法，在《法華玄義》有詳細記載，無明心出生界內一切法，此與三藏教所述大致相同。至於無明心出生界外一切法，主要是針對二乘人修行果位來說，如《法華玄義》云：「出界外十二因緣者，如《寶性論》云：羅漢支佛空智，於如來身本所不見，二乘雖有無常等四對治，依如來法身，復是顛倒。顛倒故，即是無明，住無漏界中，有四種障，謂緣、相、生、壞。緣者，謂無明住地與行作緣也。相者，無明共行為因也。生者，謂無明住地共無漏業因，生三種意生身也。壞者，三種意生自緣不可思議變易死也。還如界內十二因緣從無明至老死也」（大正33．699下～700上），以上所述之無明是「緣、相、生、壞」仍是就界內十二緣而言。如何由「緣、相、生、壞」來把握無明不思議生滅十二因緣相，此是因為無明「以緣煩惱道，故不得大淨；以相業道，故不得八自在我；以生苦道，故不得大樂；以壞老死，故不得不變易常者，由不思議生滅十二因緣也，是為界外不思議十二因緣相」（大正33．700上），由此中說明了不思議無明心因為「緣」煩惱道，「相」業道，「生」苦道，「壞」老死，故仍有生滅十二因緣相。

⑱ 大正33．700上。

⑲ 大正33．700下～701上。

⑳ 就《涅槃經》〈聖行品〉而言，並不見有四種四諦之名，只能說天台採用了〈聖行品〉「二智」

（中、上智）之四聖諦，配合界內、界外法，而為四種四聖諦，請參本章第一節的註③之說明。

㉑ 參《法華玄義》（大正33·700下及701中下），以及本章第二節的註④之解說。

㉒ 大正33·700下～701上。

㉓ 大正33·701上。

㉔ 同上。

㉕ 同上。

㉖ 大正33·701上中。

㉗ 大正33·701中。

㉘ 參大正38·525上。

㉙ 參大正52·247下～251下。

㉚ 大正33·702中。

㉛ 同上。

㉜ 大正33·702下。

㉝ 大正33·703下。

㉞ 如《法華玄義》：「二、正明二諦者，取意存略，但點法性為真諦，無明十二因緣為俗諦，於義即足，但人心麁淺，不覺其深妙，更須開拓，則論七種二諦，一一二諦更開三種（指隨情、隨情智、隨智），合二十一二諦也」（大正33．702下）。此可看出，不論是七種二諦，或二十一種二諦，實皆依眾生根性而開設，而天台所謂之二諦，基本上，是以法性為真諦，以十二因緣為俗諦，依此而開成七種二諦，或二十一種二諦之說。

㉟ 大正33．702下。

㊱ 大正33．702下～703上。

㊲ 參七種二諦之第五種二諦（大正33．702下）。

㊳ 大正33．703中。

㊴ 同上。

㊵ 此圖表參見大正46．725中～728下及大正33．698中～705上。

第五節　由觀行明四教

前節所述是就教理上來探討四教，本節將就觀行上來探討四教。此觀行部份，可分爲四教之觀行法門及四教修證位來探討，而觀行法門部份，主要就四教之十種觀法來探討，以及就四智觀來探討四教。分述於下：

一、由十種觀法明四教

所謂「十種觀法」，又名「十觀成乘」，簡稱爲「十種觀」或「十觀」①，是指⑴識所觀境、⑵真正發心、⑶修定慧、⑷破法遍、⑸知通塞、⑹修道品、⑺對治助開、⑻識次位、⑼能安忍、⑽無法愛。

在天台諸論著中，提及「十種觀法」之處非常多②，本節所探討「十種觀法」之內容，主要是依據《法華玄義》所述的，再配以其它相關論著，以相互闡明「十種觀法」之義。

依天台的看法，在諸經論中皆有「十種觀法」之內容，只是散開來說，未加名目而已，如《法華玄義》云：「《阿毗曇》中具此十意，其文間散」③，另又引《法華經》經文作爲圓教十種觀法之引證，如其云：

是十種觀經文具足，是法不可示，言辭相寂滅，諸餘眾生類無有能得解，又我法妙難思，即不思議境（即指所觀境）。於一切眾生中，起大慈心，於非菩薩

中起大悲心，以神通力智慧力引之，令得住是法中，即正發心也。佛自住大乘，如其所得法，定慧力莊嚴，即是安於二法（指第三巧安止觀）……。破有法王，即是破法遍也。……有一導師將導眾人明了心決定，在嶮濟眾難，善知通塞也。淨藏淨眼，善修三十七品諸波羅蜜，即是兩意也（指第六修道品、第七對治助開）。增道損生遊於四方，即是識次位也。安住不動如須彌頂，著如來衣，即安忍也。雖聞是諸聲，聽之而不著，其意等六根，皆言清淨若此，又云真淨大法，即無法愛也。是十種觀，散在經文，而人不知。今攝聚十數入有門為觀，乃至三門（指空、亦有亦空、非有非空等三門）小異大同，十觀入實，亦復如是。復次此十觀意，非但獨出今經（指《法華經》），大小乘經論備有其意。……④。

引文中不單列舉《法華經》中有十種觀法之內容，且更進一步強調大小乘經論中有十種觀法之意。另又提及文中所引《法華經》之經證，是就「有門」來攝聚經文，而另外亦有像「空門」、「亦有亦空門」、「非有非空門」等三門之內容，此亦顯示修觀之門，有四門——即有、空、亦有亦空、非有非空，在本節中所要處理的，主要是就有門來談，其餘三門可依此類推。以下就四教之十種觀法，分別加以論述之。

(一)三藏教之十種觀法

就有門論三藏教入道之觀，有十種觀法，如《法華玄義》云：

先明三藏教有門觀，彼有門中見於信法信行，聞說即悟，此心疾利得道，方法難可示人，且約法行觀門，即為十意：一識所觀、二真正發心、三遵修定慧、四能破法遍、五善知通知塞、六善用道品、七善用對治、八善知次位、九善能安忍、十者法愛不生。阿毗曇中具此十意，其文間散，論師設欲行道，不知依何而修，如惑岐路，莫識所從。今攝其要意，通冠始終，則識有門入道之觀也⑤。

此十種觀法是就《阿毘曇》中，攝要整理出來，以便於觀行者入道之觀。因此，對此十種觀法，《法華玄義》有進一步之解說，其云：

一、明所觀境：即是識正無明因緣生一切法也。若謂世間苦樂之法，從毗紐天生，或言從世性生、微塵生，皆邪因緣；若言自然法爾，無論作者，此無因緣生。無因緣生是破因不破果，邪因緣亦是破正因果，是等悉非正因緣境，所不應觀。數存鄰虛，論破鄰虛，此與邪無相濫，殆非正因緣境，何者？鄰虛有無，未免二見，猶是無明顛倒，倒故是集，集故，感麁細等色，無明顛倒既其不實，所感苦果報，那得定計有無，故《大論》云：色若麁若細，總而觀之，無常無我。無我故無主，若麁若細若因若緣，若苦若集若依若正，皆無常無主，悉是無明顛倒所作，如《阿毗曇》門廣說，是名識正因緣所觀之境，不同外道邪無因緣也⑥。

此中在十種觀法之第一明所觀境部份，指出須了解一切法是由無明因緣所生，非邪因緣或無因緣生（如引文中所列舉之毗紐天生，或世性性、或微塵生，此則是邪因緣生；若言自然法爾，無誰作者而生一切法，此則是無因緣生）。因此，特別強調正因緣——即無明因緣生一切法，此不同邪因緣或無因緣生一切法之主張，而入觀之法，首先要觀無明因緣生一切法，即由正因緣境入觀，不應由邪因緣或無因緣入觀。另像主張鄰虛塵爲有或無的看法，事實上皆是邪因緣，因爲此二種看法，仍不離斷常二見，仍是無明顛倒，而無明顛倒皆無實，豈可定計有、無是實。由此層層分辨中，讓觀行者真正了解所觀境——無明因緣生一切法，由此入觀，起觀照。

三藏教十種觀法之第二法——真正發心（或言發心真正），如《法華玄義》云：

二、發心真正者，既識無明顛倒，流轉行識，乃至老死，如旋火輪，欲休息結業，正求涅槃，發二乘心，出離見愛，不要名利，但破諸有，不增長苦集，唯志無餘，其心清淨，不雜不偽，此心真正，名正發心⑦。

由於已識正因緣境——無明顛倒生一切法，因此想止息無明生死之流轉，則須發二乘之出離心（離見愛論，破除諸有），志求無餘涅槃，此即三藏教所謂的真正發心。

雖已識正因緣境，且已真正發心求涅槃，接著則須修定慧，有定慧才能克服種種障礙，達於涅槃，此即所謂第三遵修定慧，如《法華玄義》云：

三、遵修定慧者，行人既誓求出，有依波羅提木叉住修道，但罪障紛馳，心不得安，道何由剋？為修四念處，學五停心，破五種障，五停事觀即是定，定生念處即是慧。慧定均停，故名安心。又定慧調適，故名停心。若無定慧，若單定慧，若不均調定慧，皆不名賢人⑧。

行者不單要修定慧，而且要定慧調適，如此才堪稱爲賢人。修定慧之方法，是依五停心修定，依四念處得慧，如此定慧均等具足，能破一切障，而入賢人位。若無定慧，或單定單慧，或定慧不均調，皆不足名爲賢人。因此，《法華玄義》對賢人提出進一步說明，所謂：

如世間賢人智德具足，智則靡所不閑，德則美行無缺，許由巢父乃可稱賢。若多智寡德名狂人，多德寡智名癡人，狂癡皆非賢也。……，智德具足，故稱賢人。行者亦爾，修四念處慧，學五停心定，定慧具足⑨。

此皆說明了定慧具足均等之重要⑩。

至於如何修學五停心定及四念處定慧？此在《法華玄義》亦有所說明，所謂：

云何數息具足定慧制諸覺散？從一至十，知息及數，無常生滅，念念不停。又若觀不淨，當深厭穢惡，能觀所觀無常生滅，速朽虛誑，誑諸眾生。厭觀起恚，須慈定相應。見他得樂，亦知此定及彼樂相無常生滅因緣。觀時橫觀四生，悉是因緣生法，豎觀三界亦是因緣生法，從緣生者，悉是無常無我。諸障起者，應須念佛，亦如是，是名五停具修定慧。有定故不狂，有慧故不愚，依此安心，為眾行基址。發生煗頂入苦忍真明，鄰聖為賢，義在於此⑪。

吾人知五停心觀乃指：數息觀、不淨觀、慈心觀、因緣觀、念佛觀。引文中，不單以「定」解釋五停心，且配以「慧」來詮釋五停心，即五停心的每一觀本身亦是因緣生滅無常，如此觀五停心時，則能定慧具足，鄰聖爲賢，入煗、頂、忍、真明（世第一義）法。

(4)破法遍：三藏教之破法遍，即是以無常之慧遍破一切知見執著，如《法華玄義》

云：

四、破法遍成，見有得道，其安心定慧。若五停心後，修共念處時，帶不淨等遍破諸法，事理悉成。若五停心後，單修性念處時，一向理觀，以無常之慧遍破諸見。破見之觀，如《中論》下兩品所明也。佛初轉法輪，不說餘法，但明無常，遍破一切外道，若有、若無，乃至非有非無，神及世間常無常等六十二見，使得清淨⑫。

此中說明了不管修共念處或性念處等之四念處，皆以四念處之無常之智慧，來遍破一切外道之見——指有見、無見、亦有亦無見、非有非無見⑬，及神、世間常無常等六十二見。即能以無常之慧，遍破一切知見執著。

(5)知通知塞：三藏教十種觀法之第五知通塞，在於明知何法是通？何法是塞？若能如是識別，塞則破之，通則無須破，則顛倒不生，如《法華玄義》云：

五、知通塞者，前雖遍破諸見之過，未見其德，過即是塞，德即是通。若有見中八十八使，乃至非有非無不可見中八十八使，悉從緣生，名之為塞，塞故須破。復識其通者，所謂有見中道滅，乃至非有非無不可說見中道滅，如是道滅，從因緣生，名之為通，通何須破。若不識諸見，謂是事實，餘妄語，執見

成業，愛潤感果，豈非塞耶?!能於諸見，一一皆知無常顛倒，不生計著，不執則無業，無業則無果，如是達者，則是道滅，豈不名通?!不同外道，如蟲食木，不知是字非字也⑭。

此中說明了種種之見，皆是塞，故有種種苦集。若能識此種種知見是無常顛倒，皆是因緣生滅法，不生計著，如是通達者，即是道滅，即是通也。此之知塞知通，並不如外道之塞之通，畢竟外道是不解此因緣生滅法，其所謂之通塞，猶如蟲食木，偶成字，然蟲並不識字非字，而外道雖說塞說通，然其本身並不知通塞之涵義。

(6)善修道品：所謂善修道品，指的是善修三十七道品，以修此道品入諸法門，如《法華玄義》云：

六、善修道品者，豈唯識此通塞而已，當修道品進諸法門，謂觀此有見，乃至不可說見，皆依於色，污穢不淨，即身念處。若受有受，乃至不可說受，皆依三受，受即是苦，名受念處。觀於諸見，所起想行，悉是無我，名法念處。觀諸見之心，念念無常，名心念處。觀此四觀，名有為法中得正憶念，得是念故，四倒則伏，是名念處。勤修四觀，名四正勤。定心中修，名四如意。五善根，故名五根。五根增長，遮諸惡法，故名五力。定慧調停，名七覺分。安隱道中行，名八正道⑮。

此中詳細說明了如何修三十七道品，首先是由五蘊起觀，成就四念處，伏常、樂、我、淨之四顛倒。若勤修四念處觀，則成四正勤。定中修四念處觀，名四如意。如此則令五根生，名五根。五根增長，遮諸惡法，名五力。定慧均調，名七覺支。安隱八正道中行，名八正道。

(7)善修對治：對利根人言，善修三十七道品，則能入道，若未能入道，則須善修對治之法，以便於入道，如《法華玄義》云：

七、善修對治者，若利人即入，若不入者，當修助道，故論云：十二禪等，悉是助開門法，正慧既弱，遮障則起，修助道為援。論云：貪欲起，教修不淨、背捨等；緣中不自在，當教勝處，緣中不廣普，當教一切處；若少福德，當教無量心；若欲出色，當教四空。如是等，悉是助道，助開門法，不同外道於根本禪起愛起慢也⑯。

根性鈍者由於智慧不足，故修道品時，有種種遮障起，故以十二禪等以便助開道門。另如貪起等諸障，則須以不同法門來加以對治之，以便助開法門。

(8)善識次位：爲何要善識次序階位？此主要在避免以凡位濫聖位，如《法華玄義》

云：

八、善識次位者，雖修如此正助等法，不得即言我是聖人，叨濫真似，不識賢聖。今明識真似階差，自知非聖，增上之慢則不得生，不同外道或取見取生死法以為涅槃也⑯。

此中說明雖然歷經三十七道品之正修，乃至助道等之修法，但不能因此而自謂自己就是聖人，自以爲自己很了不起，如此只會增長貢高我慢之心而已，反成障道，故須加以明識真聖賢與似聖賢之間的差別，自知自己非聖，如此貢高我慢之心則不得生。否則與外道無異，以戒取見，取生死爲涅槃，如此則是大顛倒也。

(9) 善修安忍：經由前述種種修道法，若能善修安忍法，則能更上一層樓，如《法華玄義》云：

九、善修安忍，別相念處力弱，未甚通泰，轉修總相念處，或總一、總二，乃至總四，是時應須修安忍，使諦觀成就，轉入煖法，似道煙生，《大經》云：煖雖有漏有為，還能破壞有漏有為，我弟子有，外道則無。又若安忍，即成頂法。頂法成，名忍。到傍邊如其不忍，則退還此邊，故云：頂法退，為五逆，煖法退為闡提。是故此中，善須安忍內外諸障。不同外道，不能安忍細微遮法也⑰。

此中指出從修四念處，至諦觀成就，此時應須修安忍法，如此才能由諦觀成就，轉入煗法。同樣地，至煗法時，亦須修安忍，如此才能由煗法入頂法。頂法入忍法，亦復如此，須修安忍。否則，則會退還。煗法退還爲闡提，頂法退還爲五逆。佛法與外道對此之差別，在於佛法能安忍此細微遮法，外道則不能。

⑽法愛不生：三藏之十種觀法，至第十法愛不生，或言於諸法中，法愛不生，才算是得入見諦，如《法華玄義》云：

十、法愛不生者，上來既得四善根生，若起法愛，雖不退為五逆闡提，而不得入見諦⑱。

由此得知，於四善根中，法愛不生，得入見道。

綜上所述，乃是就三藏之有門，明十種觀法之內容，而此十種觀法，就利根人言，法法皆能得入；然對鈍根人言，恐怕須歷經此十法，然後才能有所成就，如《法華玄義》云：

若利人用觀，節節得入，若鈍用觀，具來至十⑲。

此明利鈍根性修十種觀法之差異。

依有門修十種觀法入道，同樣地，亦可依空門，或亦有亦空門，或非有非空門修十種觀法而入道。其方式與有門之十種觀法大同小異。

㈡通教十種觀法

基本上，通教之十種觀法的名稱，與三藏教十種觀法一樣，而主要差異在於內容涵義，如《四念處》云：

> 十法者，一善識無生正因緣境，如空、無相、無方維上下，心性亦爾、二真正發心、三止觀修習、四破愛見諸法、五善識通塞，愛見中，苦集為塞，滅道為通、六用三十七品調適、七修助道開三脫門、八善識次位、九安忍、十順道法愛不生。此十法成乘，即入菩薩位，得三乘道⑳。

引文中列舉了十種觀法之名目，亦略將作解釋，由此中可看出與三藏教之差異，在於第一所觀境上，即正因緣境上，此代表著通教與三藏教教理之差別所在，由於教理有別，故於十法之餘九法之觀行亦有別。以下分別就通教十種觀法之內容加以述之。

⑴識正因緣境：即體解諸法皆如幻化，善分別諸法無生，故通教之正因緣境，即是諸法無生爲其正因緣境。

(2)真正發心：指三乘人覺悟生死，志求涅槃。然三乘人發心雖同，亦有小異，即在於菩薩大悲化物有異。

(3)安心定慧：雖知定慧不可得，而安心於定慧二法中。

(4)破法遍：即以幻化之慧，遍破四見、六十二見及一切諸法。

(5)識通塞：知幻化中苦集，名爲塞。知幻化中道滅，名爲通。

(6)善修道品：以不可得心修三十七道品，即觀色法無生，觀受無生，觀想行無生，觀識無生，而「色法」之不淨，「受」之苦，「想」「行」之法，「識」之無常等，皆不可得，故五蘊不可得，五蘊之不淨、苦、無我、無常等亦不可得，甚至五蘊之淨、樂、我、常亦皆不可得。此即修四念處正觀，得正憶念，於法不顛倒。若能勤修此四觀，名四正勤，乃至安隱道中行八正道（此可參三藏教部分）。

(7)對治助道：諸遮障皆如幻化，亦無所對治，然以無所對治，而學諸對治。

(8)識次位：識乾慧地乃至佛地皆爲幻化之位。

(9)安忍：不爲外魔所動，內障所退。

(10)無法愛：諸法雖不生，而般若生，且亦不愛著，即得入真㉑。

依通教有門之十種觀法入道，同樣地，亦可依空、亦有亦空、非有非空等餘三門之十種觀法入道，其方式與有門之十種觀法大同小異，不別列舉。

若將三藏教之十種觀法與通教之十種觀法作一比較，可得知前者爲拙，後者乃巧，不管是智上，或斷惑上等，皆亦如此。

㈢別教之十種觀法

別教之十種觀法，基本上是建立在所觀境的基礎上，即所觀境乃別教觀行之理論基礎，以下分別就十種觀法加以述之。

⑴觀因緣境：別教之觀境，乃指如來藏，此所觀境不同於三藏教通教之觀境，如《法華玄義》云：

> 一、觀境者，超出凡人四見四門之外，亦非二乘四門法，亦非通教四門法，諸四門法為境，不名實相，非生死涅槃。如來藏者，乃名為妙有，有真實法。如此妙有，為一切法而作依持，從是妙有出生諸法，是為所觀之境也㉒。

此中首先說明別教之所觀境，超出凡夫四見（有、無、亦有亦無、非有非無等見）四門（有、空、亦有亦空、非有非空等門）之外，即不同凡夫諸知見。同樣地，亦非三藏教四門法，亦非通教四門法，因爲藏通二教之四門所觀境，皆非實相，皆不名爲實相。而別教之所觀境，即是實相，是如來藏，故不同藏通二教之所觀境。因爲別教之所觀境是實相，是如來藏，是妙有，是真實法，故能爲一切法而作依持，出生諸法。

(2)真正發心：觀行者因深觀此實相妙有，乃眾生之本有，因起四弘誓願，此乃真正發心，如《法華玄義》云：

二、明發心者，菩薩深觀實相妙有，不為生死所遷，（眾生）金藏草穢額珠門沒，貧窮孤露，甚可愍傷，菩薩為此起大慈悲四弘誓願，《思益》有三十二大悲，《華嚴》云：不為一人一國一界微塵人，乃為法界眾生發菩提心㉓。

此顯示所發之心，乃是四弘誓願之大慈悲心，是爲廣度一切法界眾生所發之菩提心。

(3)安心定慧：發心已，進而修定慧，所修定慧，如前所述之五停心定及四念處慧，如《法華玄義》云：

（三、安心修定慧），既發心已，安心進行，如前所說種種定慧。如是時中，宜應修如是定。如是時中，宜應修如是慧。定愛慧策，安心修道，依止二法，不依餘止，是為安心法也㉔。

具足定慧，則能安心修道，故能安心於法。

(4)破法遍：此是以「妙有」之慧，遍破生死和涅槃一切諸見，如《法華玄義》云：

（四、破法遍），還以妙有之慧，遍破生死一切諸見，六十二等功德黑闇，皆悉不受，遍破涅槃沈空取證，猶如大樹不宿怨鳥㉕。

此中所明遍破生死一切諸見，乃是指破凡夫生死諸見而言，而遍破涅槃沈空取證，是指破二乘取證涅槃之空寂而言，即以此妙有之慧，能遍破凡夫二乘人等一切之諸見執著，故云「六十二等功德黑闇，皆悉不受」、「猶如大樹不宿怨鳥」，此兩句，前句明別教之「妙有」與凡夫之「實有」不同，後句則明別教之「妙有」不同二乘之「偏空」，故別教法不與二乘人共，猶如大樹（指別教）不宿怨鳥（指二乘）。

(5)識通塞：別教之所謂的「通」與「塞」，就苦集道滅而言，苦集是塞，道滅是通，然可再分爲凡夫、二乘、菩薩之苦集，和二乘、菩薩之道滅，如《法華玄義》云：

（五、識通塞），於一一法中明識通塞，如雪山中備有毒草，亦有藥王，菩薩須知。如此心起，即是六道苦集名為塞；如是心起，則是二乘道滅名為通。又如是心起，是二乘苦集名為塞；如是心起，是菩薩道滅名為通。如是心起，名為菩薩苦集；如是心起，名佛道滅。於苦集中，能知非道，通達佛道，能知佛道起於壅塞，了了無滯，是為識通塞㉖。

別教之通與塞，於一一法中皆有之，如就苦、集、滅、道而言，一一法於六道是苦、集，於二乘是滅、道。同樣地，一一法於二乘是苦、集，於菩薩則是滅、道；一一法於菩薩是苦、集，於諸佛則成爲滅、道。所以，若能如是了解法，那麼能於苦集非道中，通達佛道。

(6)善修道品：此之道品，即指三十七道品，名稱如前面三藏通教中所述，如《法華玄義》云：

善修道品者，夫三十七品，是菩薩寶炬陀羅尼，破顛念處，勤行，定心，五善根能排五惡，定慧調適（即七覺支），隱道中行（指八正道），離十相故，名空三昧，亦不見空相，名無相三昧，不作願求，名無作三昧，是行道法近涅槃門㉗。

以上所述乃修三十七道品之內容。

(7)善修對治：此即以對治諸障之法門，助開實相，如《法華玄義》云：

（七、善修對治），若修諸對治之門，所謂常無常、恆非恆、安非安、為無為、斷不斷、涅槃非涅槃、增上非增上，常樂觀察諸對治門，助開實相也㉘。

此中列舉了對治之門，有常無常、恆非恆，乃至增上非增上，若能常樂觀察諸對治門，能助開實相也。

(8)識次位：說明菩薩修行等之種種階位，深淺不同，如《法華玄義》云：

（八、識次位），從初十信、十住、十行、十迴向、十地、等覺、妙覺，聖位深淺，悉知無謬，終不謂我叨極上位㉙。

此是就五十二階位㉚，來說明菩薩修行層次之不同，而對此聖位淺深悉有所了解，才不至於濫聖位。

(9)安忍：指內忍善惡兩覺，外忍八風，如《法華玄義》云：

內忍善惡兩覺，違從二賊；外忍八風，以忍力故，不為傾動㉛。

能忍內外，不爲其所動，則從更上一層樓。

(10)法愛不生：若於諸相似證位法中，不執者，則能入菩薩位，如《法華玄義》云：

（十法愛不生），設證相似之法，法愛不起。不（「不」為多餘字）墮菩薩頂生，名法愛，無是愛故，即入菩薩位，破無明穢草，顯出妙有金藏，得見佛性，入於實相㉛。

此說明唯法愛不生，才能「破無明穢草，顯出妙有金藏」，且能得見佛性，得入於實相。

上述所明別教之十種觀法，皆就「有門」而論述之，另亦可就空門、亦有亦空門、非有非空門等餘三門來加以論述，如《法華玄義》云：

> ……是為有門修入實觀也。餘空門、亦空亦有門、非空非有門入實之觀，亦例為十（指十種觀法），諸門方便雖各不同，俱會圓真理無差㉜。

㈣圓教之十種觀法

有關圓教之十種觀法，在《摩訶止觀》以極大的篇幅，作廣泛深入之探討㉝，甚至我們可以說《摩訶止觀》是圓教十種觀法之註腳㉞。探討圓教之十種觀法，本可依《摩訶止觀》來加以論述，然因文長，本文中仍就《法華玄義》來闡明。

(1)、觀不思議境：此是觀法法皆是即空即假即中不可思議境，即法法皆是中道實相，由此入觀，如《法華玄義》云：

> 今依有門修觀，觀則為十，……（一觀不思議境），對前十二思議（指藏通別三教之「有、空、亦有亦空、非有非空」四門，四門配以三教，則為十二）之門，名不思議境㉟。

此先明辨圓教之所觀境，乃是不可思議境，此不可思議境是不同前三教之思議境（三教之四門的所觀境皆是思議境，故成爲十二思議境）。然什麼是不可思議境？《法華玄義》接著解釋到：

不思議境，即是一實四諦，謂生死苦諦不可思議，即空即假即中；即空故，方便淨，即假故，圓淨，即中故，性淨，三淨一心中得，名大涅槃。《淨名》曰：一切眾生即大涅槃，故名不可思議四諦也。……煩惱集諦不可思議，即空即假即中；即空故，名一切智，即假故，名道種智，即中故，（名）一切種智，三智一心中得，名大般若，《淨名》曰：一切眾生即菩提相，不可復得，此即煩惱之集而是無作道諦，亦是苦滅（諦），故名不思議一實四諦也，亦是真善妙色，何者？生死即空故，名真，生死即假故，名善，生死即中故，名妙，此名有門不可思議境也㊱。

此中以即空即假即中和一實四諦來解釋不思議境，若就四諦而言，即是一實四諦，因爲生死苦諦是即空即假即中，所以是不可思議境，亦即是一實四諦，生死即空故，所以是方便淨；而生死即假故，所以是圓淨；生死即中故，所以是性淨；生死即空即假即中，故生死是方便淨、圓淨、性淨，此三淨即是大涅槃，此三淨於一心中得。故眾生生死相即是大涅槃相，即是不可思議境。又此生死相涅槃相不可復滅，因爲生死苦諦皆是無作之滅、道、集，所以生死苦諦，即不可思議四諦。另再就煩惱集諦而言，

煩惱集諦即空即假即中不可思議，因爲煩惱即空，所以是一切智；煩惱即假，所以是道種智，煩惱即中，所以是一切種智，此煩惱即空即假即中之三智，實皆在一心中，故言「三智一心中得」，此即是「大般若」。故《淨名》言「一切眾生即是菩提相」，而此菩提相亦不可復得，因爲煩惱本身即是無作，是無作之道諦、苦諦、滅諦。故名爲此煩惱集諦，乃是不思議一實四諦。此外，另就圓教有門之真善妙色來明生死，亦是不可思議境，因爲生死本身是即空即假即中，生死即空，是真，生死即假，是善，生死即中，是妙色。所以生死是真善妙色之不可思議境。

此不可思議境，即是《摩訶止觀》所謂的圓教之「實相」，或「無作四諦」㊲，而天台徹底發揮此不可思議境，即是《摩訶止觀》所說的「一念三千」，此亦以即空即假即中來闡述一念三千不可思議境之道理㊳。

(2)、發真正心：什麼是圓教之「發真正心」？由前觀不思議境所述，得知眾生皆是涅槃相、菩提相，奈何因無明顛倒造業受苦而不知呢？因此而發起四弘誓願之大慈大悲心，如《法華玄義》云：

> 二、發真正心者，一切眾生即大涅槃，云何顛倒，以樂為苦，即起大悲，興兩誓願，令未度者度，未斷者斷；一切煩惱即是菩提，云何愚闇，以道為非道，

即起大慈，興兩誓願，令未知者知，未得者得㊴。

因憐憫眾生不知其本身即是大涅槃相，煩惱即是菩提般若。眾生因在迷中，而以涅槃作生死，以菩提作煩惱。故觀行者明白不可思議境之道理，而興起無緣之大慈大悲。此無緣之大慈悲心，即是真正發菩提心㊵。

⑶、巧安止觀：既已識不可思議境，亦已發大菩提心，接著，則須作行填願㊶，即以實際之觀行，來圓滿所願，如《法華玄義》云：

三、安心者，既體解成就，發心具足，豈可臨池觀魚，不肯結網？裹糧束腳，安坐不行？修行之要，不出定慧，譬如陰陽調適，萬物秀實；雨旱不節，焦爛豈生，若兩輪均平，是乘能運，二翼具足，堪任飛升。體生死即涅槃，名為定；達煩惱即菩提，名為慧。於一心中巧修定慧，具足一切行㊷。

此中先說明修行之要，不外乎「定」「慧」二法，且須「定」「慧」均等才能有所功用，如兩輪均平，則車才能運物，又如鳥之雙翼，須雙翼具足，才能飛行，故定慧不可偏也。至於如何修定？如何修慧？引文中告訴我們：「體生死即涅槃，名爲定」、「達煩惱即菩提，名爲慧」，亦即若能體生滅之生死，即是不生不滅之涅槃，那麼則不流轉，故是定。同樣地，若能通達煩惱即是菩提，那麼處處即是菩提，所作所爲皆是智慧之流露。

(4)、破法遍：即以不可思議之境智，遍破一切知見執著，如《法華玄義》云：

四、破法遍者，以此妙慧如金剛斧，所擬皆碎。如無翳日，所臨皆朗，若生死即涅槃者，分段變易若（苦）諦皆破，若煩惱即菩提者，四住五住集諦皆破。雖復能破，亦不有所破，何者？生死即涅槃故，無所破也㊸。

此即以生死即涅槃之妙慧，遍破分段變易生死苦，亦以煩惱即菩提之智慧，遍破一切知見。而實際上，此妙慧雖能破，但亦無所破也，畢竟生死即涅槃，故無生死可破，煩惱即菩提，故無煩惱可破。然因眾生顛倒，故說有破，如《摩訶止觀》云：

第四明破法遍者，法性清淨，不合不散，言語道斷，心行處滅，非破非不破。何故言破？但眾生多顛倒，少不顛倒，破顛倒令不顛倒，故言破法遍耳㊹。

圓教所謂之破法遍，是就破眾生之顛倒言，而實無可破也。

(5)、知通塞：就四諦而言，生死之苦諦，即是塞，涅槃之滅諦，即是通；煩惱之集諦，即是塞，菩提之道諦，即是通，如《法華玄義》云：

五、識通塞者，如主兵寶，取捨得宜，強者綏之，弱者撫之。知生死過患，名為塞；即涅槃名為通。煩惱惱亂，名為塞；即是菩提名為通。始從外道四見，

> 乃至圓教，四門皆識通塞，節節執著，即是塞，節節亡妙，名為通，若不識諸法夷險，非但行法不前，亦亡其重寶也㊺。

此說明了任一法皆有其塞與通之兩面，如生死，生死過患，則是塞，而生死即涅槃，則是通。同樣地，若對任何一修行法都加以執著，則是塞，若能法法不執，則是通。因此修行者對此通塞之道理須明察，如此才不致阻礙修行上的前進，且能通達實相。

(6)、善識道品：亦名道品調適。此所謂道品，乃指圓教無作之三十七道品，調適則著重在道品之間的相生上，如《摩訶止觀》云：

> 第六明道品調者，道品有四，一當分、二相攝、三約位、四相生。……四、相生者，如修念處，能生正勤，正勤發如意足，如意足生五根，五根生五力，五力生七覺，七覺入八正道，是為善巧調適㊻。

引文中雖以四方面來解釋道品，然前三者皆不具有調適意，唯第四道品相生，才是善巧調適。若於道品不能善巧調適，則不能速與實相相應。

另《法華玄義》以此道品調適破八顛倒，如其云：

> 六、善識道品者，觀生死即涅槃，十界生死色陰，皆非淨非不淨，乃至識陰非常非不常，能破八顛倒。……又知涅槃即生死，顯四枯樹，知生死即涅槃，顯

四榮樹，知生死涅槃不二，即一實諦，非枯非榮，住大涅槃也㊼。

此由生死涅槃不二之一實諦道理，明道品調適。

(7)、善修對治：指若正修道品而障多，則須修對治法門，如《法華玄義》云：

七、善修對治者，若正道多障，應須助道，觀生死即涅槃，治報障也，觀煩惱即菩提，治業障煩惱障也㊽。

圓教善修對治之方法，是以「觀生死即涅槃」對治報障，以「觀煩惱即菩提」對治業障、煩惱障等。

在《摩訶止觀》對於助道對治法門，又以根性利鈍遮障淺深來加以作說明，如其云：

第七助道對治者，……根利無遮（障），易入清涼池，不須對治。根利有遮，但專三（解）脫門（即三三昧），遮不能障，亦不須助道。根鈍無遮，但用道品調適，即能轉鈍為利，亦不須助道。根鈍遮重者，以根鈍故，不能即開三解脫門，以遮重故牽破觀心，為是義故，應須治道對破遮障，則得安隱入三解脫門，《大論》稱諸對治，是助開門法，即此意也㊾。

由引文中所述，可得知助道對治法門，乃應用在根鈍遮障重的眾生，以此對治法門，

助開實相道。

(8)、識次位：雖然生死即涅槃，但不可因此道理而混濫凡聖之階位，故圓教以六即來加以分辨之，如《法華玄義》云：

> 八、善知次位者，生死之法本即涅槃，理涅槃也。解知生死即涅槃，名字涅槃也。勤觀生死即涅槃，觀行涅槃也。善根功德生，即相似涅槃也。真實慧起，即分真涅槃也。盡生死底，即究竟涅槃也。觀煩惱即菩提亦如是㊿。

透過此六即涅槃，或六即菩提之分辨，可避免吾人執著圓教之理，而形成凡聖階位之混淆。雖然法法皆是實相，生死即涅槃、煩惱即菩提，然凡聖之位仍歷歷分別，不可將之混淆不分。否則，將造成以凡濫聖。故須識別階位之差別。

(9)、善安忍：在修行道路上，不爲內法外法所擾動，此即是能善安忍，如《法華玄義》云：

> 九、善安忍者，能安內外強軟遮障，不壞觀心。若觀生死即涅槃，不為陰入境、病患、業、魔、禪、二乘、菩薩等境所動壞也。若觀煩惱即菩提，不為諸見、增上慢境所動壞也㊿①。

此舉出不爲諸境所動壞，如此則是能善安忍。

⑽、無法愛：透過前面種種法門之修行，諸障難已除，諸功德生，但不能於此法取著，如《法華玄義》云：

十、無法愛者，既過障難，道根成立，諸功德生；觀生死即涅槃，故諸禪三昧功德生，觀煩惱即菩提，故諸陀羅尼無畏不共諸般若生。觀生死涅槃不二，故法身實相生，相似功德順理而生。喜起順道法愛生，名愛法，不上不退名為頂墮。此愛若起，即當疾滅，愛若滅已，破無明，開佛知見，證實相體。觀生死即涅槃，證得解脫，煩惱即菩提，證得般若，此二不二（即指生死涅槃二而不二），證得法身，一身無量身，無上寶聚，如意圓珠，眾法具足52。

此明若於諸法法愛不生，則證得圓滿境，開佛知見。

二、由四智觀明四教

四智觀，是指下智觀、中智觀、上智觀、上上智觀等四種，其出處來自於《涅槃經》〈師子吼品〉，所謂：

觀十二緣智，凡有四種：一者下、二者中、三者上、四者上上。下智觀者，不見佛性，以不見故，得聲聞道；中智觀者，不見佛性，以不見故，得緣覺道；

上智觀者，見不了了，不了了故，住十住地；上上智觀者，見了了故，得阿耨多羅三藐三菩提道[53]。

此則是以「四智」（指下智、中智、上智、上上智）觀十二因緣，成為所謂的「四智觀」。然十二因緣本是一境，由於解緣不同，所以開成四種，如《法華玄義》云：

《大經》云：十二因緣有四種觀，下智觀故得聲聞菩提，中智觀故得緣覺菩提，上智觀故得菩薩菩提，上上智觀故得佛菩提。何者？十二因緣本是一境，緣解不同，開成四種[54]。

由上述引用《涅槃經》及《法華玄義》的這兩段文字中，我們可以得知智者大師的四種十二因緣觀，基本上是來自《涅槃經》的。而智者大師則又進一步以四教來解釋此四種智觀，其云：

三藏具有三人（指聲聞、緣覺、菩薩），而皆以析智觀界內十二因緣事為初門，然析智淺弱，三人之中，聲聞最劣，以劣人標淺法，故名下智。通教亦有三人，同以體智觀界內十二因緣理，體法雖深，望藏（指藏教）為巧，望別（指別教）未巧，三人之中，緣覺是中，以中人名通法，故言中智。別教佛與菩薩，俱知界外十二因緣事，次第菩薩比佛，猶未是上，比於通藏，則是上法，故以上智當名也。圓教佛與菩薩，俱觀界外十二因緣理，初心即事而中，此法最勝故，以佛當名故，言上上智觀也。以四教釋四觀，於義允合55。

引文中，首先就三藏教之所攝化的聲聞、緣覺、菩薩三人來作比較説明，三人雖同以析智觀界內十二因緣事法，然析智有淺有深之不同，三人中以聲聞智最劣，以聲聞智代表淺法，所以名爲下智。接著，是以通教之緣覺智釋中智，雖通教之聲聞、緣覺、菩薩三人皆以體智觀界內十二因緣理，然三人之智淺深不同，三人中以緣覺智居中，故以緣覺智表中智。其次，是以別教菩薩之智釋上智，別教所攝化之對象，是菩薩與佛（因別教教理不共二乘人，所以二乘人不爲別教所攝化），其皆觀界外十二因緣事法而別教之菩薩於觀行上是屬次第觀行，所以其觀智不及佛，而優於藏通二教，故以別教菩薩智表上智。至於上上智，則是以圓教之佛智釋之，圓教之佛與菩薩，皆觀界外十二因緣理，即事而中（或言「理」），因此法最勝，所以，以佛智表上上智。

從上述以四教釋四智觀中，不僅可以得知四智觀之涵義，且約略地可以了解四種智觀與四教之關係，以四教釋四智觀，基本上是就四教之教理來加以詮釋的。所以，四種智觀，實際上，即是四教之觀法，也就是下智觀是三藏教之觀法，中智觀是通教之觀法，上智觀是別教之觀法，上上智觀是圓教之觀法。有關四教四種觀智之詳細內

進而了解「識由行，行由無明」，因而得知「無明」爲現世果報之因，吾人因無明顛倒，錯誤之思惟，導致種種不善之行爲，同樣地，也因而感召四趣（阿脩羅、畜生、地獄、餓鬼）之識、名色、六入、觸、受等果報。反過來說，若思惟正確，那麼導致種種善之行爲，因而感召人天之果報。然而，不管是善行或不善行，皆是遷變速朽，且煩惱、業、苦更互爲因緣，生命流轉不已，生生滅滅，猶如車輪。因此，第二部曲，則須觀照無明——癡惑之本，是無常、苦、空、無我，若能做如是觀，則無明滅，無明若滅，行、乃至老死皆滅，猶如不點燃火則無煙，無明滅，則不造業，故不受生死苦。所以就無明滅而言，即是子縛斷，不受果報，則是果縛斷。此即是下智觀十二因緣，爲三藏教之觀法也。

2.中智觀——通教觀法

通教觀法，是觀界內十二因緣理，所謂中智觀，《法華玄義》云：

中智（觀）者，觀受由觸，乃至行由無明，無明祇是一念癡心，心無形質，但有名字，內外中間求字不可得，是字不住，亦不不住，猶如幻化，虛誑眼目，無明體相本自不有，妄想因緣和合而生，無所有故假名無明，不善思惟心行所造，以不達無明如幻化故，起善不善思惟，則有善不善行，受善不善名色、

觸、受。今達無明如幻故，則諸行亦如幻化，從幻生識名色等，皆如幻，愛取有生三世輪轉，幻化遷改，都無真實。有智之人不應於中而生愛恚。無明既不可得，則無明不生，不生則不滅，諸行老死亦不生不滅。不生故，則非新，不滅故，則非故，非故者，無故可畢，非新者，無新可造；無新者，子縛斷，無故者，果縛斷，是名中智觀十二因緣，得緣覺菩提[57]。

此中亦可分二部曲來看，首先是觀十二因緣之流轉，如「受」由「觸」，乃至「行」由「無明」。然而，無明祇是一念癡心而已，而此一念癡心無有形質，只有假名施設之名字，甚至連無明之名字也是幻化不可得的。由於無明體相本自不有，而衆生妄想分別執有自性。因爲不了解無明體相本自不有，所以有善不善之思惟及善不善行等。第二部曲，則須了達無明體相本自不有，無明如幻如化，那麼，行、乃至老死亦如幻如化，所有善不善行及三世輪轉，亦是如幻如化，皆無有真實，不可得。無明不可得，則無明不生，不生則不滅，無明如此，則諸行、乃至老死亦復如此，不生不滅。不生則子縛斷，不滅則果縛斷。此就是中智觀十二因緣理。觀無明幻化不可得，則諸法亦復如是，如幻如化不可得，由此得解脫。

3.上智觀——別教觀法

別教觀法，是以觀界外十二因緣事法爲主，所謂上智觀，如《法華玄義》云：

上智觀者，觀受由觸，乃至行由無明。無明祇是癡一念心，心癡故派出煩惱，由煩惱派出諸業，由業派出諸苦。觀此煩惱種別不同，煩惱不同故業不同，業不同故苦不同，諸行義正嚴辭，名色各異，種種三道無量無邊，分別不濫。知因此煩惱起此業得此苦，不關彼業及彼煩惱，如是三道覆障三德，破障方便亦復無量。無明若破，顯出般若，業破顯出解脫，識名色破，顯出法身，愛取有老死亦復如是。自既解已，復能化他，於一切種知一切法，起道種智，導利眾生，是名上智觀十二因緣也58。

上智觀法，首先了解十二因緣之流轉，來自於無明一念癡心，由於心癡（即無明），所以有煩惱，因有煩惱故有業，有業則有苦。接著，則進一步觀此煩惱有種種不同，煩惱不同，故業不同，業不同，故苦不同，所以「行」、「名色」等各有所不同。於此三道（煩惱、業、苦）種種之不同，分別不濫。已得知因「煩惱」造「業」得「苦」，則進一步以種種方便破除三道障。若無明破，則般若顯，業破則顯出解脫，識、名色等破顯出法身。除自度外，且亦度他，於一切種知一切法，起道種智，導利眾生。

4.上上智觀——圓教觀法

圓教觀法，以觀界外十二因緣理法爲主，而上上智觀即是觀煩惱即般若，如《法華玄義》云：

上上智觀者，觀受由觸，乃至行由無明。知十二支三道即是三德，豈可斷破三德，更求三德？則壞諸法相。煩惱道即般若，當知煩惱不闇；般若即煩惱，般若不明。煩惱既不闇，何須更斷；般若不明，何所能破。闇本不闇，不須於明，如耆婆執毒成藥，豈可捨此取彼？業道即解脫者，當知業道非縛；解脫即業者，脫非自在。業非縛故，何所可離？脫非自在，何所可得？如神通人，豈避此就彼耶？苦道即法身者，當知苦非生死；法身即生死，法身非樂。苦非生死，何所可憂？法身非樂，何所可喜？如彼虛空無得無失，不忻不戚。如是觀者，三道不異三德；三德不異三道，亦於三道具一切佛法，何者？三道即三德，三德是大涅槃，名秘密藏，此即具佛果，深觀十二因緣即是坐道場，此即具佛因。佛因佛果皆悉具足，餘例可知，是名上上智觀十二因緣得佛菩提㊾。

上上智觀亦如前述所說三智觀一樣，先明十二因緣所觀境。接著，了知十二支因緣是三道，而三道即是三德，三道與三德不二，豈捨三道而更求三德？同樣地道理，煩惱即般若，業道即解脫，苦道即法身，豈於煩惱、業道、苦道外而另求般若、解脫、法身。因此，由煩惱即般若，當知煩惱不闇；而般若即煩惱，則般若不明。若煩惱不闇，何須更破？若般若不明，何所能破？依此類推業道苦道等亦復如此。由此了知，三道不異三德，三德不異三道，且三道具足一切佛法。

由以上所述之四智觀，我們可以了解到四教於十二因緣觀法之不同。而四智觀之不同，其關鍵建立在對實相理解不同上。故教理與觀行有著不可分之關係。同樣地，除了以十二因緣爲所觀外，亦可以四諦、二諦等爲所觀境。本文於此略之。

註解

① 取「十觀成乘」為名，如《四念處》（大正46．576上）、《菩薩戒義疏》（大正40．565下）、《法華玄義》（大正33．716中），另《法華玄義》亦常以「十觀」或「十種觀」稱之（大正33．790中下）。另外亦有將之稱為「十乘觀法」。四教之十觀，在內容名稱上是一致的，然在用字上略有差別，如《法華玄義》論及三藏教之十法，說到「一、識所觀境、二、真正發心、三、遵修定慧、四、能破法遍、五、善知通塞、六、善用道品、七、善用對治、八、善知次位、九、善能安忍、十者法愛不生」（大正33．785下），當提到圓教入實觀時，則云：「（一觀）不思議境，……二

發真正心、……三安心、……四破法遍、……五識通塞、……六善識道品、……七善修對治、……善知次位、……九善安忍、……十無法愛」（大正33．789下～790中），另如《摩訶止觀》論述圓教之十法，其所用字是「第一觀陰入界境、……二發真正菩提心、……三善巧安心、……四明破法遍、……五識通塞、……六明道品調適、……七助道對治、……八明次位、……九安忍、……十無法愛」（大正46．51下～99下）。由上所引述，十法之差別，只在遣字用辭上有異，大體上，十法之名目並沒有差異。本文所用十法，是綜合諸論著下的產物。因牽涉到四教之內容不同，因此，在表達四教十法之文字時，也就略有所別，如三藏教十法之一的「識所觀境」，在圓教則改成「觀不思議境」。

② 此如《維摩經玄疏》（大正38．529下～530下）、《四教義》（大正46．734上～763中）、《四念處》（大正46．558中～576中）、《法華玄義》（大正33．785下～789下）、《摩訶止觀》（大正46．51下～140下）、《菩薩戒義疏》（大正40．565上及565下）。

③ 大正33．785下。

④ 大正33．790中下。

⑤ 大正33．785下。

⑥ 同上。

⑦同上。

⑧大正33・785下~786上。

⑨大正33・786上。

⑩另如《四念處》云：「三、巧修定慧，出世之行，欲界亂心，如風中燈，是故依靜求定，若定無慧，如闇中無所見，巧修二法，如二手互相揩摩，亦如乘馬，亦愛亦策」（大正46・558中）

⑪大正33・786上。

⑫大正33・786上中。

⑬有關外道之邪見可參第二章第一節第二項部份。

⑭大正33・786中。

⑮大正33・786中下。

⑯大正33・786下。

⑰大正33・786下~787上。

⑱大正33・787上。

⑲同上。

⑳大正46・564下。

㉑ 有關通教之十種觀法，天台相關的諸論者中，發揮甚少，文中之義，主要依據《法華玄義》來闡述，現將《法華玄義》有關通教十種觀法抄錄於下，所謂：「次明通教有門觀者，例為十意，……體解諸法皆如幻化（即第一識正因緣境），三人發心，雖同亦有異（即第二真正發心）。……雖知定慧不可得，而安心二法（即第三安心定慧）。以幻化之慧，遍破四見、六十二見及一切諸法（即第四破法遍）。知幻化中苦集，名為塞；知幻化中道滅，名為通（即第五識通塞）。以不可得心修三十七道品（即第六善修道品）。以無所治，學諸對治（即第六善修道品）。以無所治，學諸對治（即第七善修對治）。識乾彗地，乃至佛地，幻化之慧（即第八識次位）。不為外魔所動，內障所退（即第九安忍）。諸法不生而般若生，亦不愛著，即得入真（即法愛不生）」（大正33．787上中）。

㉒ 大正33．787中。

㉓ 同上。

㉔ 同上。

㉕ 同上。

㉖ 大正33．787中下。

㉗ 大正33．787下。

㉘ 同上。

㉙ 同上。

㉚ 對於菩薩修行階位，有幾種說法，就天台之說法摘錄於下：「若《華嚴》明四十一地，謂三十心十地佛地。《瓔珞》明五十二位，《仁王》明五十一位」（大正33．731下）。

㉛ 大正33．787下。

㉜ 同上。

㉝ 如《摩訶止觀》就分別以十境（指陰入界境、煩惱境、病境、業境、摩事境、禪定境、諸見境、增上慢境、二乘境、菩薩境）作為所觀境之對象，而再配以十種觀法來修行。就以第一境——陰入界境而言，配上十種觀法之運作，則佔了《摩訶止觀》全篇幅（大正46．1～140）的三分之一多（頁51～101），而其它九境，亦只講述至第七境——諸見境而已，而後三境（增上慢境、二乘境、菩薩境）並沒有講述（只有相關論著中略提而已）。除了十境之第一境陰入界境外，往往諸境所談的，亦皆與十種觀法有關，亦皆扣緊十種觀法來發揮。因此，我們可以說，整部《摩訶止觀》是圓教「十種觀法」的發揮。

㉞ 參註㉝所述。

㉟ 大正33．789下。

㊱ 同上。

㊲ 如《摩訶止觀》解釋「圓頓止觀」時，說到：「圓頓者，初緣實相，造境即中，無不真實繫緣法界，一念法界，一色一香無非中道，己界及佛界、眾生界亦然。陰入皆如，無苦可捨，無明塵勞即是菩提，無集可斷，邊邪皆中正，無道可修，生死即涅槃，無滅可證。無苦無集，故無世間，無道無滅，故無出世間，純一實相，實相外更無別法」（大正46．1下）。另在解釋圓法圓信時，又說到：「云何聞圓法？聞生死即法身，煩惱即般若，結業即解脫。雖有三名而無三體，雖是一體而立三名，是三即一相，其實無有異。法身究竟，般若、解脫亦究竟；般若清淨，餘（指法身、解脫）亦清淨；解脫自在，餘（指法身、般若）亦自在。聞一切法亦如是，皆具佛法，無所減少，是名聞圓法」（大正46．2上）。「云何圓信？信一切法即空即假即中，無一二三，而一二三；無一二三是遮一二三，而一二二是照一二三。無遮無照，皆究竟、清淨、自在（即皆是法身、般若、解脫），聞深不怖，聞廣不疑，聞非深非廣意而有勇，是名圓信」（同上）。

㊳ 詳述請參大正46．54上～55中。

㊴ 大正33．789下～790上。

㊵ 《摩訶止觀》對真正「發菩提心」有段精彩之描述，所謂：「二、發真正菩提心者，既深識不思議境，知一苦一切苦，自悲昔苦，起惑耽湎麁弊色聲，縱身口意作不善業，輪環惡趣，縈諸熱惱。

身苦心苦而自毀傷，而今還以愛繭自纏，癡燈所害，百千萬劫一何痛哉？設使欲捨三途，欣五戒十善，相心修福，如市易博，換翻更益罪，似魚入笱口，蛾赴燈中，狂計邪黠，逾迷逾遠，渴更飲鹹，龍須縛身，入水轉痛，牛皮繫體，向日彌堅；盲入棘林，溺墮洄澓，把刃把炬，痛那可言。虎尾蛇頭悚焉悼慄，自惟若此，悲他亦然。假令隘路，叛出怨國，備歷辛苦，絕而復穌，往至貧里，傭賃一日，止宿草庵，不肯前進，樂為鄙事。不信不識，可悲可怪，思惟彼我，鯁痛自他，即起大悲，興兩誓願，眾生無邊誓願度，煩惱無數誓願斷。眾生雖如空，誓度如空之眾生；雖知煩惱無所有，誓斷無所有之煩惱。……」（大正46·55下～56上），此即明何以發兩誓願之大悲心。接著又提到何以發兩誓願之大慈心，所謂「又識不可思議心，一樂心，一切樂心，我及眾生昔雖求樂，不知樂因，如執瓦礫謂如意珠，妄指螢光呼為日月，今方始解，故起大慈，興兩誓願，謂法門無量誓願知，無上佛道誓願成。雖知法門永寂如空，誓願修行永寂，雖知菩提無所有，無所有中吾故求之，雖知……」（大正46·56上中）。

㊶ 此乃《摩訶止觀》之用語，參大正46·56中。

㊷ 大正33·790上。

㊸ 同上。

㊹ 大正46·59中。

㊺ 大正33・790上。
㊻ 大正46・87下。
㊼ 大正33・790上。
㊽ 同上。
㊾ 大正46・91上。
㊿ 大正33・790上中。
51 大正33・790中。
52 同上。
53 大正12・524中。
54 大正33・710下。
55 同上。
56 大正33・710下～711上。
57 大正33・711上。
58 大正33・711上中。
59 大正33・711中。

第六章　實相之展現

——一念三千

吾人皆知天台學說之特色，在於教觀雙運，而發揮教觀之理論達於極致的，可說是「一念三千」。一念三千是天台圓頓止觀之極峯，且是圓滿教理之極致。充分表現天台即教即觀，教觀雙運之特色。以下分別就一念三千之由來、內容、涵義等加以論述之。

第一節　一念三千之來源

一、一念三千之出處

「一念三千」，出自於天台智者大師（538～597）《摩訶止觀》第五卷上，所謂：

夫一心具十法界，一法界又具十法界，（則一心具）百法界。（又）一界具三

十種世間，百法界即具三千種世間。此三千在一念心。若無心而已，介爾有心，即具三千①。

此中提及「一心」（「一念心」）及「三千」之觀念，成爲所謂的「一念三千」。《摩訶止觀》是智者大師於隋文帝開皇十四年（594），於荊州玉泉寺宣講，由其弟子章安灌頂法師所記錄整理。

「一念三千」除了出現於《摩訶止觀》之外，在《法華玄義》中，也可找到類似的說法，如《法華玄義》云：

一法界具十如是，十法界具百如是。又一法界具九法界，則有百法界千如是②。

又云：

《華嚴》云：遊心法界如虛空，則知諸佛之境界。法界即中也，虛空即空也，心佛即假也，三種具，則佛境界也。又遊心法界者，觀根塵一念心起，於十法界中必屬一界，若屬一界，即具百界千法，於一念中悉皆備足。此心幻師於一日夜常造種種眾生、種種五陰、種種國土③。

由上兩段引文中，得知《法華玄義》已提一念具足百界千法的觀念，且不單如此而已，接著又提及心造「種種眾生、種種五陰、種種國土」的觀念，此種種眾生、種種國土、種種五陰，即是《大智度論》所說的三種世間④，而《摩訶止觀》亦採用了三種世間的觀念，再配與《法華經》「十如是」⑤的說法，形成三十種世間。《法華玄義》則是將「三種世間」與「十如是」分開來敘述。在《法華玄義》中，雖祇言及一念百界千法的觀念，而事實上亦可說已觸及一念三千之內容（若將百界千法配以三世間，則成爲三千法）。

若從時間次序上來考察智者大師講經的先後，《法華玄義》於開皇十三年（593）宣講，而《摩訶止觀》於開皇十四年（594）宣講，從宣講的時間順序來看，《法華玄義》在《摩訶止觀》之前，然而《法華玄義》是經灌頂法師再治、修訂而成的。因此，在《法華玄義》的行文中，常提及「如《止觀》中說云云」這樣的文字（案：《止觀》是《摩訶止觀》之簡稱）。因而我們可以判斷灌頂法師在修訂《法華玄義》時，常引用《摩訶止觀》的內容，如前述引文中，引述《法華玄義》百界千如觀念時，接著，有一問答，所謂：

問：一念心云何含受百界千法耶?

答：借三種為譬，如《止觀》中說，云云⑥。

由此可知《法華玄義》的百界千法之觀念，是來自於《摩訶止觀》。而一念心之所以形成

百界千法，那是藉用了三種譬喻來說的，所謂三種譬喻，指的是「十法界」、「十法界互具成百法界」及「十如是」，若再配予「三種世間」，則形成如《摩訶止觀》的「一念三千」。

因此，我們可以說「一念三千」的觀念，基本上是源自於《摩訶止觀》。

二、一念三千之根源

本項中所要探討的是組合成一念三千之內容的根源，如「十法界」、「十法界互具」、「十如是」、「三種世間」等根源。

關於「十法界」的這種說法，在諸經論中並未有完整記載，而在《華嚴經》〈十地品〉敘述第十地「法雲地」時，述及十界內容算較完整，如其云：

是菩薩（指十地菩薩）坐大蓮華上，即時足下出百萬阿僧祇光明，照十方阿鼻地獄等，滅眾生苦惱；兩膝上放若干光明，照十方一切畜生，滅除苦惱；臍放若干光明，照十方一切餓鬼，除滅苦惱；左右脇放若干光明，照十方人，安隱快樂；兩手放若干光明，照十方諸天，阿脩羅宮；兩肩放若干光明，照十方聲聞眾；頂放若干光明，照十方辟支佛；口放若干光明，照十方（初發心）菩

> 薩，乃至住九地者；白毫放若干光明，照十方得位菩薩，一切魔宮隱蔽不現；頂上放百萬阿僧祇三千大千世界微塵數光明，照十方諸佛⑦。

引文中述及第十地菩薩放光明照法界眾生——包括地獄、畜生、餓鬼、人、諸天、阿脩羅、聲聞、辟支佛、菩薩、佛等。另在《大智度論》中提到：

> 復有三種道：地獄道、畜生道、餓鬼道。……三種善道：人道、天道、涅槃道。……涅槃道有三種：聲聞道、辟支佛道、佛道。……如是等無量三道門。復有四種道；凡夫道、聲聞道、辟支佛道、佛道。……如是等無量四道門。復有五種道：地獄道、畜生、餓鬼、人、天、阿脩羅道⑧。

此引文中所述的道門中，除了所言之六道和四道內容較完整外，其它則是零星地提及法界眾生道門。而此列舉中的道門，也只方便列舉說明而已，就其所說的無量道門而言，應是包含一切法、一切眾生的，所以十法界亦應被含攝在內，只是未完整列舉出。而諸道門中，所列舉的四道（聲聞、辟支佛道、菩薩道、佛道）和六道「地獄、餓鬼、畜生、阿脩羅、人、天道）配合起來，即是十界之內容。

諸經論雖未明文提出十法界的觀念，而智者大師的十法界觀念與《華嚴經》和《大智度論》是有密切關係的，《華嚴經》以「十」的觀念代表無盡，第十地菩薩放光明所

普照的眾生，剛好列舉了地獄乃至佛等十界眾生，來顯示菩薩放光明所照眾生是無量的，比如《法華文句》中所說的：

約十法界者，謂六道四聖是為十法也，法雖無量，數不出十⑨。

由「六道四聖」組成十法界，而以十法界來代表無量法，此可視爲智者大師揉合了《華嚴經》及《大智度論》，加以他個人甚深的禪觀體證而成。

關於「十界互具」的觀念，可說是智者大師爲了表達無量法的重要觀念，透過十界互具來顯示無量諸法；甚至我們可以說：透過諸法互具來顯示無量法。而這種諸法互具（十法界互具）的觀念，主要是來自於《華嚴經》，如《華嚴經》〈光明覺品〉云：「一中解無量，無量中解一」⑩，加上代表《華嚴經》思想之「一即一切，一切即一」的觀念，對智者大師十界互具的觀念有著深遠影響，如《法華文句》云：

約十法界者，謂六道四聖是為十法也。法雖無量，數不出十。……一中具無量，無量中具一，所以名不可思議⑪。

在此智者大師將《華嚴經》「一中解無量，無量中解一」之「解」字換成了「具」字，提出「具」的觀念，來連接「一法」與「無量法」之間的關係，發展成他「一念三千」的思想。

用以組成「一念三千」的觀念，除了「十法界」、「十法界互具」外，還有「十如是」及「三種世間」。就「十如是」而言，出自《法華經》〈方便品〉，如經云：

佛所成就第一希有難解之法，唯佛與佛乃能究竟諸法實相，所謂：諸法如是相、如是性、如是體、如是力、如是作、如是因、如是緣、如是果、如是報、如是本末究竟等⑫。

此是以「如是相」，乃至「如是本本究竟等」來說明諸法實相，亦即每一法皆可由「相、性、體、力、作、因、緣、果、報、本末究竟等」之十種角度來理解。同樣地，十法界之每一法界皆具有此十法，百法界則成千法（即千如法界）。而對此「十如是」觀念的重視，有獨到見解的，非起於智者大師，在智者之師——慧思法師已對「十如是」有相當之評價，其認爲《法華經》所說的「相」、「性」，乃至「本末究竟等」之前皆安了「如是」兩字，並非是泛泛的東西，而是表達「相」「性」等一一皆是實相，更以「如」來顯示之，如《法華玄義》云：

今經（指《法華經》）用十法攝一切法，所謂：諸法如是相、如是性、……如是本末究竟等。南岳師（指慧思法師）讀此文，皆云如，故呼為十如也⑬。

此是南岳慧思禪師以「如」來詮釋「如是相」，乃至「本末究竟等」，且以「十如」

來表達諸法實相，以此顯示實相義。智者大師進一步將「十如是」作三轉讀，以即空即假即中來發揮「十如是」之實相義⑭。

就「三世間」而言，則是採自《大智度論》，如其描述百八三昧之「能照一切世間三昧」時，說到：

能照一切世間者，得是三昧故，能照三種世間，即眾生世間、依處世間、五陰世間⑮。

此中所說的三種世間，是指眾生世間、依處世間（即國土世間）、五陰世間，亦即以此三種世間來說明眾生正報、依報及組成眾生之要素。

由上述所說的「十法界」、「十界互具」、「十如是」、「三種世間」構成「一念三千」。至於智者爲什麼要採取這些譬喻來說明三千法，這在《法華文句》中有所說明，所謂：

約十法界者，謂六道四聖，是為十法也。法雖無量，數不出十。一一界中雖復多派，不出十如，如地獄界當體自具相性本末，亦具畜生界相性本末，乃至具佛界相性本末無有缺減。……當知一一界皆具有九界十如，若照自位九界十如，皆名為權，照其自位佛界十如，名之為實。一中具無量，無量中具一，所以名不可思議⑯。

此是以十法界十如是來釋《法華經》「諸法實相」，諸法雖無量，但不外乎十法界，且以十法界互具來顯示諸法無量，再以「十如是」來解釋諸法，因而形成百界千法的觀念。百界千法不外三世間，所以配以三世間，則是三千法。以此三千法來代表整體的宇宙，但吾人不能定執於此三千數字，因為智者大師所謂的三千法，即是一切法之意。整體的宇宙現象，實不外乎吾人當下之一念心。且吾人當下一念心即具足三千法（一切法），以此說明一法即一切法，一切法即一法。

註解

① 大正46・54上。

② 大正33・693下。

③ 大正33・696上。

④ 參大正25・402上。

⑤ 所謂「十如是」，是指如是相、如是性、如是體、如是力、如是作、如是因、如是緣、如是果、如是報、如是本末究竟等（參大正9・5下）。

⑥大正33・696中。

⑦大正9・572上。

⑧大正25・257下～258中。

⑨大正34・42下～43上。

⑩大正9・423上。

⑪大正34・43上。

⑫大正9・5下。

⑬大正33・693中。

⑭參大正33・693中。

⑮大正25・402上。

⑯大正33・42下～43上。

第二節　一念三千之涵義

「一念三千」，顧名思義，是由「一念」與「三千」兩概念所組成，要了解智者

大師一念三千之思想，得先了解「一念」與「三千」之內容。以下分別述之。

一、一念之涵義

「一念」，指的就是一念心，在《摩訶止觀》中，智者大師明白地說明此一念心是指五陰（色、受、想、行、識）之識陰，且以此一念識陰心作爲修行止觀之入手處。

在《摩訶止觀》論述修行止觀時，以「十境」（1.陰入界境。2.煩惱境。3.病患境。4.業相境。5.魔事境。6.禪定境。7.諸見境。8.上慢境。9.二乘境。10.菩薩境）作爲修行止觀的所觀境①。且將「陰入界境」（指五陰、十二入、十八界）置於「十境」之首，此理由乃在於不論凡或聖，其陰入界境常自現前，因常自現前之緣故，故可以隨時隨地起觀行，如《摩訶止觀》云：

> 此十種境，始自凡夫正報，終至聖人方便，陰入一境常自現前，若發不發，恆得為觀②。

此說明了「十境」中之餘九境，須當境之發生時，才能起觀照，而「陰入界境」不論是發或不發，皆得爲所觀境。

明了修行之所觀境後，然後再配以「十種觀法」來修行，所謂「十種觀法」：是指1.觀不思議境、2.真正發菩提心、3.巧安止觀、4.破法遍、5.識通塞、6.正修道品、7.對治助開、8.知次位、9.能安忍、10.無法愛④。就十種觀法之第一「觀不思議境」而言，前所明之十境，皆可作爲所觀境，觀此十境之任何一境皆爲不可思議境，然後再依根性利鈍之不同配合十種觀法而修行。

在《摩訶止觀》論述觀「陰入界境」爲不可思議境時，則是針對「五陰」境來討論，而置「十二入」「十八界」境於一旁，且又以「五陰」境中之「識陰」（即「心」）爲所觀境，而捨色、受、想、行等四陰。何以如此呢？那是因爲不論界內界外一切陰入界法，皆由心起，且心攝一切法，如《摩訶止觀》云：

> 然界內界外陰入，皆由心起，佛告比丘，一法攝一切法，所謂心是④。

正因爲由於心攝一切法，所以觀一念識陰心，無異攝一切法，無異觀一切法。因此，構成眾生陰入界等之正依二報，不外乎此一念心，若以十法界眾生來說：

> 三途是有漏惡陰界入，三善是有漏善陰界入，二乘是無漏陰界入，菩薩是亦有漏亦無漏陰界入，佛是非有漏非無漏陰界入⑤。

此說明三惡道是有漏惡心，故而形成有漏惡陰界入正依二報；三善道是有漏善心，二乘是無漏心，菩薩是亦有漏亦無漏心，佛是非有漏非無漏心，十法界眾生由他們所攬陰界入不同，故形成六道四聖等不同之十法界眾生，而此關鍵點在於吾人當下所起之一念心，一切皆不離此一念心，所以《摩訶止觀》指示修習止觀應由「心」入手，如其云：

> 然界內外一切陰入皆由心起，佛告比丘，一法攝一切法，所謂心是。《論》（指《大智度論》）云：一切世間中但有名與色，若欲如實觀，但當觀名色。心是惑本，其義如是。若欲觀察，須伐其根，如炙病得穴，今當去丈就尺，去尺就寸，置色等四陰，但觀識陰。識陰者，心是也⑥。

此說明了若欲修行觀法，須從根本處入手，即應由「識陰」入手，亦即由「心」入手（所謂：「識陰者，心是也」），因為心統攝一切法，且心是一切惑之根本，雖然修行法門有多種，如五陰、十二入、十八界等皆可作為觀行上之所觀境，然此陰入界境實不外色心二法（因佛陀隨順眾生種種不同之根性而說法，有時將色心二法開成五陰，或十二入，或十八界，此則隨眾生對色心執著的輕重而定，雖說五陰、十二入、十八界法，乃至八萬四千法，其實統為色法和心法而已），且色法不離心，非離心外而有色法。故《摩訶止觀》針對五陰來談觀法（置十二入、十八界於一旁），且以五陰之識陰為入手處，所謂「但觀識陰」，而置色、受、想、行等四陰而不用。所以，

《摩訶止觀》以伐樹由根與炙病得穴二譬喻來作說明，若伐樹只就枝葉入手，或治病不得穴道，往往是白費功夫。故要「去丈就尺，去尺就寸」，此中「丈」指的是十二入、十八界法，「尺」是指五陰，而「寸」是指「識陰」。也就是說，置十二入、十八界法，乃至置五陰之四陰，而專就寸心而起觀行。

以「識陰」（「心」）爲觀行入手處之另一原因，在於初學入手易，如《法華玄義》云：

廣釋心法者，前所明法（指眾生法、佛法）豈得異心，但眾生法太廣，佛法太高，初學為難。然心佛眾生三無差別者，但自觀己心則為易⑦。

此說明佛法、眾生法皆不異心，皆可作爲修行之觀法，然由於眾生法太廣，而佛法又太高深，對一般人而言，是有困難的，尤其是初學佛法者，若能由己心入觀，反而容易。

以一念心作爲修觀之法門，此不僅在號稱「天台三大部」（指《法華文句》、《法華玄義》、《摩訶止觀》）中可常見到，在智者大師其它論著中亦隨處可見，如《四教義》、《維摩詰經玄疏》等，而引發宋代天台山家山外論爭之導火線——《金光明經玄義》廣略本的問題，關鍵點在於是否有「觀心釋」一文上⑧，而山家山外之真正問題，是在「心」爲真？爲妄？此在在可以看出「一念心」在天台學説所扮演之角色，而智者大師於臨命終前，口述《觀心論》，更可顯示「觀心」之重要。

二、三千之結構

關於「一念三千」之三千的內容結構，於第一節已略述及之，現則進一步詳述之。構成此三千法的原理，乃是就吾人當下所起一念心即具足十法界（指地獄界、畜生界、餓鬼界、阿脩羅界、人界、天界、二乘界、菩薩界及佛界）而一念心中所具十法界的每一法界又彼此互具，形成所謂的「百法界」，譬如吾人所起的一念心是人法界，那麼人的法界中，除了人的法界外，還有人的地獄界、人的畜生界、人的餓鬼界、人的阿脩羅界、人的天界、人的聲聞界、人的緣覺界、人的菩薩界、人的佛界等九法界皆具足。餘九法界可依此類推，所以言一念心具足百法界，且每一法界的相貌種種，可以「十如是」來解釋，或含括之，即任何一法界皆不外乎此十如是法（即如是相、如是性、如是體、如是力、如是作、如是因、如是緣、如是果、如是報、如是本末究竟等），亦即是以「相、性、體、力、作、因、緣、果、報、本末究竟等」十種層面來解釋每一法界，或言以此十如是來觀照任一法之生滅緣起，以十如是來解釋緣起現象，以十如是來契合諸法實相。

至於十如是之意義，在《法華玄義》及《摩訶止觀》皆有詳加論述，且皆就「總」和「別」兩方面來論述十如是⑨。就「總」釋而言，是針對十如是名相作一概括性之解說；就「別」釋而言，則是以十如是配合十法界來加以言明，如《摩訶止觀》云：

謂如是相、性、體、力、作、因、緣、果、報、本末究竟等，先總釋，後隨類釋⑩。

此中所謂的「隨類」釋，是指就隨順十法界種類來解釋十如是，即本文所言的「別」釋，另如《法華玄義》云：

次解十如是法，初通解，後別解⑪。

因此，我們可以了解到《摩訶止觀》與《法華玄義》處理「十如是」的模式是一樣的。以下依「總」「別」釋十如是：

㈠如是相

《摩訶止觀》云：「夫相以據外，覽而可別」⑫，此是簡明有力地對「相」所下的定義，所謂「相」，就是從外表上一覽可知，可加以辨別，故進一步引《大智度論》來加以言明，所謂：

《釋論》云：易知故名為相，如水火相異，則易可知⑬。

此可看出「相」之特徵，在於容易辨識。心之如是相亦復如此，具足一切相，所不同者，在於隱顯，如《摩訶止觀》云：

如人面色具諸休否，覽外相即知其內。昔孫（權）劉（備）相顯，曹（操）公相隱。相者舉聲大哭，四海三分，百姓荼毒。若言有相，闇者不知；若言無相，占者洞解。當隨善相者，信人面外具一切相也。心亦如是具一切相，眾生相隱，彌勒相顯，如來善知，故遠近皆記（指授記）。不善觀者，不信心具一切相，當隨如實觀者，信心具一切相⑭。

此明吾人一念心具足一切相，觀行者應深信此心具一切相，若眾生相隱，則彌勒相顯，而眾生相彌勒相，皆於一心中具足，故吾人須善用此一念心，且由外相之所顯現，即可知其內，所謂「覽外相，即知其內」。若就「別」釋如是相，則是指心具十法界相，若將十法界歸納爲四類——三途、三善、二乘、佛菩薩⑮。那麼心具三途之苦相、三善之樂相、二乘之涅槃相及佛菩薩之緣因相（指非生死非涅槃之相），即若心現苦相，則表三途，若心現樂相，則表三善道，若心現涅槃相，則表二乘，若心現緣因相，則表此心是佛菩薩界，如《摩訶止觀》云：

二、類解者，束十法為四類，三途以表苦為相。……三善表樂為相。……二乘表涅槃為相。……菩薩佛類者，緣因為相⑯。

(二)如是性

何謂如是性？《摩訶止觀》解釋云：

如是性者，性以據內。總有三義：一、不改名姓，《無行經》稱不動性，性即不改義也。又性名性分，種類之義，分分不同。又性是實性，實性即理性，極實無過，即佛性之異名耳。不動性扶空，種性扶假，實性扶中。今明內性不可改，如竹中火性雖不可見，不得言無，燧人乾草遍燒一切，心亦如是具一切五陰性，雖不可見，不得言無⑰。

此「性」，乃是相對於「相」而言，前已明「相」以據外，此處明「性」以據內。「相」之特色，在於據外，所以易知，而「性」之特色，在於據內，所以不可得見，但不能因爲「性」不可得見而言無。《摩訶止觀》以三義來解釋「性」：一、不改義、二、種類義、三、實性義。所謂「不改」義，是就「性」之不動而言。而「種類」

義，是就十法界種類性之彼此不同而言。至於「實性」義，是就實相、理而言性，亦即就佛性而言。以此三義釋「性」，基本上是就「空」、「假」、「中」釋「性」，就「空」而言，性是不動，就「假」而言，性是種類，就「中」而言，性是佛性，故言「不動性扶空，種性扶假，實性扶中」。了解「性」之涵義之後，則更進一步指出心具足一切五陰性。

若就「別」釋如是性，則心具足十法界五陰性，即心具三途之定惡聚性、三善之定善聚性、二乘之解脫性及菩薩佛之了因性⑱。此即是就「假」言，心具十法界性；若就「空」言，則此十法界性皆是不動、不改，亦即是空如平等；若就「中」言，此十法界性皆是中道、實相、佛性，九法界性即佛法界性。

(三)如是體

何謂如是體？《摩訶止觀》云：

> 如是體者，主質故名體，此十法界陰（入）俱用色心為體質也⑲。

此就字面上，吾人並不容易了解「如是體」之義，若配以「相」和「性」來了解，體是就外相（即相以據外）和內性（即性以據內）和合而言，也就是「體」，即是指色心，故十法界陰入皆以色心爲體質。

若就「別」釋如是體，那麼心具十法界之體，即心具三途之摧折色心體質、三善之升出色心體質、二乘之五分法身體⑳，菩薩佛之正因體㉑。就六道而言，是以色心爲體，二乘則以五分法身爲體，菩薩佛則以正因爲體（指非色心非五分法身爲體）。吾人當下之一念心即具此十法界體。

㈣如是力

何謂如是力?《摩訶止觀》云：

如是力者，堪任力用也。如王力士千萬技能，病故謂無，病差有力，心亦如是具有諸力㉒。

此指心具有一切法之功德力用。心若爲無明障蔽，則此力用被隱，若能了達無明煩惱即是法性菩提，則心具足一切力用。

若就「別」釋如是力，即是指心具十法界之力用，亦即心具三途之登刀入鑊之力、三善之樂受之力、二乘無繫之力、菩薩佛四弘之力用㉓。此明心力無邊，登刀入鑊，或四弘化度眾生，唯在此一念心。

㈤如是作

何謂如是作？《摩訶止觀》云：

如是作者，運為建立名作，若離心者，更無所作。故知心具一切作也㉔。

此是指心之「力」付諸於行動而言，若離心則無所作爲，由此顯示心具一切作。

若就「別」釋如是作，若心起十不善業，即是三途之如是作；若心起五戒十善業，即是三善之如是作；若心起三十七道品行，即是二乘之如是作；若心起六度萬行，即是佛菩薩之如是作㉕。故心具十法界一切如是作。

㈥如是因

何謂如是因？《摩訶止觀》云：

如是因者，招果為因，亦名為業。十法界業起自於心，但使有心，諸業具足，故名如是因也㉖。

「因」是就「果」而言，所以以招「果」爲「因」，此「因」亦名爲「業」，而十法界業起自於心，反過來說，心即具十法界業（因）。

若就「別」釋如是因，即是就十法界業而分別釋之，三途以有漏惡業爲因，三善以有漏善業（即白業）爲因，二乘以無漏慧行爲因，菩薩佛以智慧莊嚴爲因。而一念心即具此十法界之有漏惡業、白業、無漏慧行、智慧莊嚴㉗。

㈦如是緣

何謂如是緣？《摩訶止觀》云：

如是緣者，緣名緣由，助業皆是緣義。無明、愛等能潤於業，即心為緣也㉘。

「緣」，是指緣由，凡是助業者，皆是緣，如無明、愛等能滋潤惡業、白業，即無明、愛皆是業之助緣。而心即具十法界一切緣。

若就「別」釋如是緣，即指十法界之緣，所謂三途以惡愛取爲助緣（指助惡業之緣），三善以善愛取爲助緣，二乘以行行爲助緣，菩薩佛以福德莊嚴爲緣。一念心具足十法界之惡愛取、善愛取、行行、福德莊嚴等諸緣㉙。

㈧如是果

何謂如是果？《摩訶止觀》云：

如是果者，剋獲為果。習因習讀於前，習果剋獲為後，故言如是果也㉚。

就心之造業而言，此是因、是業，而此因（即習因）所獲之果（指習果），則是爲果。因果是一體的，即因而果，即果而因，換個角度言，果是因，而因亦是果。一心皆具十法界之果。

若就「別」釋如是果，即是以十法界之果而釋之，此十法界之果是三途之惡習果，三善之善習果，二乘之四果，菩薩佛之二菩提果㉛。不論是惡習果，或善習果，或四果，乃至二菩提，皆是一念心具十法界之果。

㈨如是報

何謂如是報？《摩訶止觀》云：

如是報者，酬因曰報，習因習果通名為因，牽後世報，此報酬於因也㉜。

「報」是指後世報而言，那麼現世所作所爲之因果，則成了後世報之因，即以後世和現世對照來說，後世報是果，而現世則爲因。

就「別」釋如是報，即是以十法界之報釋之，十法界之報是三途之三惡趣報，三善之人天有爲報，菩薩佛之涅槃報㉝，而此種種報一心具足。

㈩如是本末究竟等

何謂如是本末究竟等？《摩訶止觀》解釋云：

如是本末究竟等者，相為本，報為末，本末須從緣生，緣生故空，本末皆空，此就空論等也。又相但有字，報亦但有字，悉假設施，此就假名為等，又本末互相表幟，覽初相表後報，覩後報知本相，初相在，此就假論等也。又相無相，無相而相，非相非無相；報無報，無報而報，非報非無報，一一皆入如實之際，此就中論等也㉞。

本末究竟等重點在於「究竟等」上，「本」「末」兩字指的是「十如是」之「如是相」爲初爲本，而「如是報」爲末而言。此段引文中是以「空」「假」「中」來詮釋十如是之「如是相」（本），乃至「如是報」（末）是如何能「究竟等」。從因緣所生法立場言，一切法皆是因緣所生，十如是之「如是相」，乃至「如是報」亦皆是因緣所生法，所以「如是相」（本）與「如是報」（末）本身皆空，所以就「空」言，本末皆空，故言「本末究竟等」。諸法雖皆空，然皆有名字，此名字皆是假名施設，「如是相」乃至「如是報」是究竟平等的，故言「本末究竟等」，此即就「假」立場言。雖說因緣和合而有「如是相」「如是報」，而此「相」「報」皆是無相無報（空），報相雖無相無報而不妨相報宛然（假），故言「相無相，無相而相；報無報，無報而報」，以此顯示「空」「假」無礙，而就「中」言，是「非相非無相」，「非報非無報」，於「空」「假」兩邊不偏執，則一一法皆入如實之際，即皆入中道實相，故言「本末究竟等」。

所以，就中道實相論十如是，「十如是」之「如是相」是「相無相，無相而相，非相非無相」，而此三者是「三而一，一而三」的關係，而「如是報」是「報無報，無報而報，非報非無報」。不管是「如是相」、或「如是性」，……乃至「如是報」，天台皆充分運用了「即空即假即中」的辯證模式，展現「十如是」之中道實相精神。

以上有關「十如是」之解釋，是就「總」「別」二釋交錯加以運用，來解釋「如是相」，乃至「如是本末究竟等」，皆依此模式而加以解釋，此不同《摩訶止觀》或《法華玄義》先總釋十如是後，再各別以十法界來釋十如是（此即所謂「別釋」），爲便於了解起見，另附「十如是」之「別釋」圖表於下（見次頁）。

由以上所論述「一念三千」之內容及圖表來看，顯示起一念即具百界千法，再加

〈十法界十如是圖表〉

十如是＼十法界	三途	三善	二乘	佛菩薩
如是相	表苦為相	表樂為相	涅槃	緣因
如是性	定惡聚	定善聚	解脫	了因
如是體	摧折色心	升出色心	五分	正因
如是力	登刀入鑊為力	樂受	無繫	四弘
如是作	起十不善	起五戒十善	道品	六度萬行
如是因	有漏惡業	白業	無漏慧行	智慧莊嚴
如是緣	惡愛取	善愛取	行行	福德莊嚴
如是果	惡習果	善習果	四果	三菩提
如是報	三惡趣	人天有為	既後有因中不生故無報	大涅槃
如是本末究竟等	本末皆癡為等	應就假名初後相在為等		相性三諦與究竟三諦不異空假中等

上每一法界又具三種世間，因此成了三千法界。這樣的理境或行境，簡直是吾人無從想像的，所以稱爲「不可思議境」，天台圓頓止觀（或言一心三觀、摩訶止觀）之十種觀法，即是以觀此不思議境爲第一觀法。

三、一念與三千之關係

從前面所論述的「一念」與「三千」之內容中，得知智者大師是以「一念」作爲修行之所觀境，即觀此一念是「不可思議境」，此不思議境即是指「三千」法，亦即是一切法之意㉟。因此，我們可以說：一念與三千的關係，實際上指的就是一念與一切法的關係；亦即是「一」與「一切」的關係。

一念與三千（以下將之以一切法稱之）之關係如何？一念與一切法是同時頓顯，同時俱起的；當起一念時，即是一切法，反過來一切法即是一念。不可言一念在先，一切法在後；抑不可說一切法在一念前，一念在一切法後。同樣地，也不可說一念生一切法，或一念含一切法，如《摩訶止觀》云：

夫一心具十法界，一法界又具十法界百法界，一界具三千種世間，百法界即具三千種世間。此三千在一念心，若無心而已，介爾有心即具三千。亦不可言一心在前，一切法在後；亦不可言一切法在前，一心在後。……若從一心生一切法者，此則是縱；若心一時含一切法者，此即是橫。縱亦不可，橫亦不可。祇心是一切法，一切法是心。故非縱非橫，非一非異，玄妙深絕，非識所識，非言所言。所以稱為不可思議境，意在於此㊱。

此非常明顯地指出一念與三千的關係，是「非前非後」的關係，是「非縱非橫」的關係（從一念「生」一切法的立場言，則是屬縱的關係，從一念「含」一切法的立場言，此則是屬橫的關係，縱是自性生，橫是他性生，所以言「縱亦不可，橫亦不可」，是屬非縱非橫之關係），且是非一非異的關係，以顯示「一念三千」是「非識所識，非言所言」之玄妙深絕之不可思議境。此不可思議境即是「心是一切法，一切法是心」，以此說明心外無法，法外無心，心與一切，是「一即一切，一切即一」之關係，且「一念」與「三千」皆無自性，故言不可思議境。

註解

① 參大正46．49上中。

② 大正46．49下。

③ 大正46・51下～140下。

④ 大正46・52上。

⑤ 大正46・52下。

⑥ 大正46・52上中。

⑦ 大正33・696上。

⑧ 參四明知禮《釋難扶宗記》（卍續藏95・831～840）。

⑨ 就《摩訶止觀》言，是以「總」「別」釋十如是，而《法華玄義》是以「通」「別」釋十如是。「總」與「通」其意相同（有關此部份，請參大正46・53上及大正33・694上）。

⑩ 大正46・53上。

⑪ 大正33・694上。

⑫ 大正46・53上。

⑬ 同上。

⑭ 同上。

⑮ 此參《摩訶止觀》之分法（大正46・53下）。在《法華玄義》則是將十法界分為：四趣、人天、二乘、菩薩佛，如其云：「次別解者，取氣類相似，合為四番，初四趣，次人天，次二乘，次菩薩

佛也」（大正33．694上）。

⑯ 大正46．53下。

⑰ 大正46．53上。

⑱ 如《摩訶止觀》云：「三途……定惡聚為性，……。三善……定善聚為性，……。二乘……解脫為性。……。菩薩佛……了因為性」（大正46．53下）。

⑲ 大正46．53中。

⑳ 五分法身，即以五法成法身之意，此五分指戒、定、慧、解脫、解脫知見。

㉑ 有關十法界之體，參大正46．53下。

㉒ 大正46．53中。

㉓ 參大正46．53下。

㉔ 大正46．53中。

㉕ 大正46．53下。

㉖ 大正46．53中。

㉗ 有關十法界之如是因參自《摩訶止觀》（大正46．53下）。

㉘ 大正46．53中。

㉙ 參《摩訶止觀》之十法界之如是緣（大正46．53下）。

㉚ 大正46．53中。

㉛ 參《摩訶止觀》（大正46．53下）。

㉜ 大正46．53中。

㉝ 參《摩訶止觀》（大正46．53下），就十法界報而言，二乘人不受後世報。

㉞ 大正46．53中下。

㉟ 在《摩訶止觀》論述一念三千之形成後，進一步談論一念與三千之關係時，即將「三千」一詞，轉成「一切法」，如其云：「此三千在一念心，若無心而已，介爾有心即具三千。亦不可言一心在前，一切法在後，亦不可言一切法在前，一心在後。」（大正46．54上），此中所說的「一切法」，即是指三千法。所以三千法是指一切法。

㊱ 大正46．54上。

第三節　一念三千之特色

一、觀行境

《摩訶止觀》所提出的「一念三千」，是在說明「心即一切法，一切法即心」的不可思議境。此一念三千不思議境，可說是觀行所達之境界。因此，《摩訶止觀》於序中就說：

> 此之止觀，天台智者說己心中所行法門①。

此說明止觀法門，是智者大師自己所修行的法門，同時亦是智者大師觀行所體證之境界。智者大師以精簡扼要之「一念三千」表達觀行所達之境——不可思議境。亦以此不思議境作爲觀行之所觀境，以引領眾生入此法門。

所以，一念三千爲觀行境含有兩層意義：一者觀行所達之境，一者爲觀行之所觀境。然不論是觀行所達之境，或作爲觀行之所觀境，其意趣則是一致的，皆代表不可思議境。

在《摩訶止觀》中，智者大師以一念三千表不可思議境，其主要用意在於作爲觀行之所觀境，所謂「觀不思議境」是也，以此觀不思議境爲十種觀法之第一種觀法，由此第一觀法中，令眾生正確理解佛法之道理（圓法），而生起圓信、立圓行、住圓位，乃至圓力用度化眾生②。此可言是智者大師說己心中所行法門之旨趣。

二、圓教理

若了知一念即三千，是不可思議境，同樣地，一一法皆是不可思議境，如四陰、十二入、十八界亦皆是不可思議境，天台爲了便於初學入觀，而「去丈就尺，去尺就寸」，針對由一念識陰心入手，而觀此一念識陰心爲不思議境。同樣的道理，亦可由五陰之色、受、想、行入手，而觀色、受、想、行皆爲不可思議境。不單五陰如此，十二入、十八界亦復如此。且不單陰入界境是不思議境，作爲所觀境之十境中的九境（煩惱境、病境、業相境、魔事境、禪定境、諸見境、增上慢境、二乘境、菩薩境）亦皆是不思議境。由十境是不可思議境，顯示一一法無不是不可思議境，即一一法無不是一切法，一一法無不是三千法。不單心法如此（一念三千），同樣地，一一法皆即是三千法（一切法）。所以言「心佛眾生三無差別」，心法不可思議，佛法不可思議，眾生法亦不可思議。

所謂法法皆不可思議，即是指法法皆是中道實相。闡述法法皆是中道實相之教理，即是圓滿教理（或言圓教之教理）。

所以，天台一念三千不單表達觀行境，且是闡述圓滿之教理。使得天台教觀一致的理論發揮至極致、圓熟。

註解

① 大正46·1中。

② 如《摩訶止觀》云：「此菩薩聞圓法，起圓信、立圓行、住圓位，以圓功德而自莊嚴，以圓力用建立眾生。云何聞圓法？……」（大正46·2上）。

第四節　一念三千之展現

前已明一念三千爲天台觀行教理之極致。然對於如此圓滿觀行、圓滿教理，應如何表達？如何把握？才不致於造成偏差。也就是如何來開展一念三千？

對於此問題，《摩訶止觀》一方面藉由問答、譬喻的方式，來泯除眾生對「法」的執著，以防止眾生對一念三千的偏執。另方面隨順因緣而開顯一念三千的義理。然不管是破除執性，或隨順因緣顯理，皆告訴我們一個道理，一念三千亦是緣起中道實相而已，非離緣起中道外而另有所謂之實相——一念三千。

一、破執

破執，主要在於遮除眾生對於「法」之執著。所以《摩訶止觀》論述一念三千的理論建構後，緊接著透過種種的問答、譬喻，來泯除眾生對「法」的偏執，尤其對地論師和攝論師各執一端的偏執，提出深刻的反省和批判。

1.就問答明破執

當論述一念與三千之關係時，《摩訶止觀》藉由問答方式，泯除對此之執著，其云：

> 問：心起必託緣，為心具三千法？為緣具（三千法）？為共具？為離具？（答）：若心具者，心起不用緣。若緣具者，緣具不關心。若共具者，未共各無，共時安有？若離具者，既離心離緣，那忽心具？四句尚不可得，云何具三千法耶①？

對於一念與三千，首先提出四個問題：1.心具三千法？2.緣具三千法？3.共具三千法？4.離具三千法？亦即藉由此四個問題，探討三千法之依據。對於這樣的問題，其

解答方式，是一一將此問題反駁回去，說明此四個問題本身根本是站不住腳的，亦即此四個問題根本上就是錯誤的問題，不管是心具？緣具？共具？離具？其基本的模式就是對自性的追求，以作爲一切法之所依據。因此，回答此問題，先說明此四問題是不能成立的，所謂「四句尚不可得」，因爲此四句是自性化之產物。若言心具，無異視心爲自性生；若言緣具，無異他性生；若共具，無異將心與緣皆自性化，心和緣之性皆不可得，哪來共則有之？若離具者，無異無因無緣而生三千法。所以，以上四問題本身就有問題，遑論進一步談三千法？故言「四句尚不可得，云何具三千法耶」？即尋求四句之自性是不可能的，況進一步談論與三千法之關係？

因此，藉由以上四句之問答，來泯除吾人對自性之執著。了知自性是不可能成立的。

接著，智者大師進一步對地論師之以法性爲一切法之依持的觀點提出批判，亦對攝論師之主張以阿賴耶識無沒無明爲一切法之依持的論點提出批判，如《摩訶止觀》云：

地人（指地論師）云：一切解惑真妄依持法性，法性持真妄，真妄依法性也。攝大乘（指攝論師）云：法性不為惑所染，不為真所淨，故法性非依持，言依持者，阿黎耶是也；無沒無明盛持一切種子。若從地師則心具一切法，若從攝師則緣具一切法。此兩師各據一邊②。

此指出了地論師和攝論師彼此各持一邊之見③，地論師的主張，是以法性爲一切法之依持，此猶如言「心具一切法」；攝論師之主張，是以阿黎耶識（無沒無明）爲一切法之依持，此猶如言「緣具一切法」。而地論師和攝論師所持論點之不同，在於對「心」的解釋有別，地論師基本上是主張心是清淨、心是法性，攝論師之看法則不然，其認爲法性是不爲惑所染，不爲真所淨，是獨立於染淨之外，所以法性不能作爲一切法之依持，能爲一切法之依持的是阿黎耶識（即無明沒識）。然不論是地論師之主張：法性爲一切法之依持，或攝論師之主張：無明爲一切法之依持。基本上，是將法性與無明二分，所以智者大師評他們是一邊之見（即各持一邊之見解）。因此，進一步指出論師偏見之所在，如《摩訶止觀》云：

若法性生一切法者，法性非心非緣，（若）非心故，而心生一切法者；非緣故，亦應緣生一切法。何得獨言法性是真妄依持耶③？

此是針對地論師主張以法性爲一切法之依持所提出的批判，即若如地論師主張以法性生一切法，那麼，法性究竟是代表什麼？若法性是非心，因非心故，所以心生一切法。同樣地，法性亦非緣，亦可以言緣生一切法。法性既是非心非緣，何獨偏以心生一切法，何獨偏以法性爲一切之依持。智者大師以此評地論師持一偏之見。

同樣地，智者對攝論師之主張的批判是：

若言法性非依持，黎耶是依持。離法性外，別有黎耶依持，則不關法性；若法性不離黎耶，黎耶依持，即是法性依持。何得獨言黎耶是依持⑤？

此指出若攝論師既然主張阿黎耶識爲一切法之依持，那麼此阿黎耶識是獨立於法性外而有？若阿黎耶識不是獨立於法性外而有，那麼講阿黎耶識爲一切法依持，而事實上即是以法性爲一切法之依持。阿黎耶識與法性不外是一法之兩面而已。既是如此，爲何要獨偏主張以阿黎耶識爲一切法依持？

從智者大師對地論師、攝論師之駁斥中，可看出地論師與攝論師之爭論，不過是各持一己之見所致，而將法性與無明二分之下的結果。

2.就譬喻明破執

此外，智者大師更進一步透過譬喻——眠夢，來說明以法性或以黎耶識爲依持之偏執，而指出「求心不可得，求三千法亦不可得」之道理。以凸顯「言語道斷，心行處滅」之不可思議境，如《摩訶止觀》云：

更就譬喻，為當依心故有夢？依眠故有夢？眠法合心故有夢？離心離眠故有夢？若依心有夢者，不眠應有夢。若依眠有夢者，死人如眠應有夢。若眠心兩合而有夢者，眠人那有不夢時；又眠心各有夢，合可有夢，各既無夢，合不應有。若離心離眠而有夢者，虛空離二，應常有夢。四句求夢尚不得，云何於眠夢見一切事。心喻法性，夢（此「夢」字應是指「眠」）喻黎耶，云何偏據法性、黎耶生一切法⑥。

此是藉由「心、眠、夢」之喻，來說明四句求夢不可得（即心有夢？眠有夢？心眠合而有夢？離心離眠而有夢？），以駁斥地論師、攝論師之偏執，甚至指出其主張是違經論意，如《摩訶止觀》云：

……又違經，經言：非內非外，亦非中間，亦不常自有。又違龍樹，龍樹云：諸法不自生，亦不從他生，不共（生），不無因（生）⑦。

由此我們可以了解到佛法之精神，表現在法無自性上，不管經或論皆如此。引文中所引述《涅槃經》「非內、非外、亦非中間、亦不常自有」，及龍樹《中論》「諸法不自生，亦不從他生，不共，不無因」，皆表現了此精神——法無自性。

若能把握此原則，則知橫四句求一念三千不可得，乃至縱四句求一念三千亦不可

得，如《摩訶止觀》云：

當知四句求心不可得，求三千法亦不可得。既橫從四句生三千法不可得者，應從一念心滅生三千法耶？心滅尚不能生一法，云何能生三千法耶？若從心亦滅亦不滅生三千法者，亦滅亦不滅其性相違，猶如水火，二俱不立，云何能生三千法耶？若心非滅非不滅生三千法者，非滅非不滅（是）非能非所，云何能生三千法耶？亦縱亦橫求三千法不可得，非縱非橫求三千法亦不可得，言語道斷，心行處滅，故名不可思議境⑧。

此說明不管是從橫四句、或縱四句、或亦橫亦縱四句，甚至非橫非縱四句，求一念，求三千法皆不可得。以此泯除吾人對一念或三千法之自性執。此即就「空」的角度，說明一法（一念心）尚不生，況生三千耶？以此防止吾人將一念三千自性化。故以「言語道斷，心行處滅」來泯除吾人之偏執。因爲一念三千非自性有，所以稱一念三千爲不可思議境。

二、隨緣

前項中，從「空」明「一念」不可得，「三千」亦不可得，以顯一念三千爲不可思議境，因「一念」與「三千」皆無自性，所以是不可思議。以此泯除吾人之自性執。

除了破執方式表達一念三千不思議境外，亦可從隨順因緣而說之，亦即以四悉檀而演說之，如《摩訶止觀》云：

龍樹云：不自、不他、不共、不無因生。《大經》云：生生不可說，乃至不生不生不可說，有因緣故，亦可得說，謂四悉檀因緣⑨。

此明法無自性，所以是不可說，而所可說者，亦是隨順因緣而說。由隨順因緣而說，亦顯示無自性不可偏執之道理。

前項中，從無有一法生（即諸法無生）說明以心具、緣具、共具、離具一切法之偏執。在本項中，則透過四悉檀來說明何以心具一切法，乃至離具一切法之因緣。首先就世界悉檀明之，如《摩訶止觀》云：

雖四句冥寂，慈悲憐愍，於無名相中，假名相說，或作世界（悉檀），說心具一切法，聞者歡喜，如言三界無別法，唯是一心造，即其文也。或說緣生一切法，聞者歡喜，如言五欲令人隨惡道，善知識者是大因緣，所謂化導令得見佛，即其文也。或言因緣共生一切法，聞者歡喜，如言水銀和真金能塗諸色像，即其文也。或言離生一切法，聞著歡喜，如言十二因緣非佛作，非天人修羅作，其性自爾，即其文也。此四句即世界悉檀說心生三千一切法也⑩。

此是由世界悉檀因緣爲令聞法者歡喜，而言心具一切法，緣具一切法，共具一切法，離具一切法。文中皆列舉例子來加以說明之，如明緣具一切法，則強調五欲令人造業墮惡道，受種種苦，反過來說，同樣是屬於緣，而善知識之善緣，能化導眾生，令成佛道。此是就緣明一切法，說明緣具一切法之道理。

若就爲人悉檀之因緣明心具一切法，乃至離具一切法，目的在於令眾生種善根，起信解，如《摩訶止觀》云：

> 云何為人悉檀？如言佛法如海，唯信能入，信則道源功德母，一切善法由之生；汝但發三菩提心，是則出家禁戒具足，聞者生信，即其文也。或說緣生一切法，如言若不值佛當於無量劫墮地獄苦，以見佛故，得無根信，如從伊蘭出生栴檀，聞者生信。或說合生一切法，如言心水澄清，珠相自現，慈善根力見如此事，聞者生信，即其文也。或說離生一切法，如言非內觀得是智慧，乃至非內外觀得是智慧，若有住著，先尼梵志小信尚不可得，況捨邪入正，聞者生信，即其文也。是為為人悉檀四句說心生三千一切法也⑪。

此爲令眾生生信故，而說「信爲道源功德母，一切善法由之生」，此即是明「心具一切法」之道理，信能長養一切善法。其它如說「緣生一切法」，或「共生一切法」及「離生一切法」亦可由引文中得知其道理。

就對治悉檀因緣，而說心能治一切惡，乃至離心離緣能治一切惡，如《摩訶止觀》云：

> 云何對治悉檀？說心治一切惡，如言得一心者，萬邪滅矣，即其文也。或說緣治一切惡，如說得聞無上大慧明，心定如地不可動，即其文也。或說因緣和合治一切惡，如言一分從思生，一分從師得，即其文也。或說離治一切惡，我坐道場時，不得一切法；空拳誑小兒，誘度於一切，即其文也。是為對治悉檀（四句），（說）心破一切惡⑫。

爲對治一切惡故，而說心（或緣、共、離）能破諸惡，如言得一心，萬惡滅，此是就「心治一切惡」而言。

依第一義悉檀因緣，而說心得見理，乃至離能見理，如《摩訶止觀》云：

> 云何第一義悉檀？（說）心得見理，如言心開意解，豁然得道。或說緣能見理，如言須臾聞之，即得究竟三菩提。或說因緣和合得道，如快馬見影，即得

> 正路。或說離能見理，如言無所得即是得，已是得無所得，是名第一義四句見理⑬。

論述第一義諦，亦不外乎此四句而明之。同樣地，亦即以第一義悉檀因緣而明諸諦理。

上述是就佛所說法之四悉檀因緣，以明因、緣、共、離四句，亦可言所可說之法，不外乎此四悉檀四句。

就諸法寂滅不可說而言，說因、說緣、說共、說離等皆非佛法。若就因緣可說而言，說因亦是，說緣亦是，說共亦是，說離亦是，即四句皆可說。然不管是「不可說」或「可說」，彼此皆是無自性，皆不相礙，以顯佛法之道理，如《摩訶止觀》：

> 佛旨盡淨，不在因、緣、共、離，即世諦是第一義也。又四句皆可說，說因亦是，緣亦是，共亦是，離亦是。……當知終日說，終日不說。終日不說，終日說。終日雙遮，終日雙照。即破即立，即立即破，經論皆爾⑭。

此將「不可說」與「可說」，透過即空即假即中的模式發揮至極處，所謂「終日說，終日不說；終日不說，終日說；終日雙遮，終日雙照」。若以空、假、中釋之，「終日說，終日不說」，空也，「終日不說，終日說」，假也。「終日雙遮，終日雙照」，中也。而此三者不相妨礙也，所以是「即破即立，即立即破」，破立無礙，皆是緣起中道實相也。

註解

①大正46·54上。

②同上。

③在智者大師的其它論著中，常提到地論師、攝論師彼此為了堅持自己的見解，往往爭得如水火不融。

④大正46·54中。

⑤同上。

⑥同上。

⑦同上。

⑧同上。

⑨大正46·54下。

⑩同上。

⑪ 大正46・54下～55上。

⑫ 大正46・55上。

⑬ 同上。

⑭ 同上。

第七章　實相之實踐
——智者大師的成佛觀

第一節　佛性論

吾人皆知諸經典中，廣論佛性者，首推《涅槃經》，天台以《法華經》立宗，《法華經》雖以闡述「實相」（或「一佛乘」）爲其特色，然並非不談佛性，如《法華玄義》云：

> 但涅槃以佛性為宗，非不明一乘義。今經（指《法華經》）以一乘為宗，非不明佛性義，赴機異說，其義常通也①。

此中說明了《涅槃經》雖以佛性爲宗，但並非不談一乘義，且亦視一乘爲佛性，如其云：「一乘者，名爲佛性」②。同樣地，《法華經》雖以一乘爲宗，但並非不明佛性義，且進一步地指出不管是談佛性，或是談一乘，事實上皆是順應眾生根機而說的，其名目雖不同，然一乘與佛性之道理卻是相通的；此亦可由《法華玄義》以「一佛乘」（即三軌）類通「三因佛性」可得知③。甚至我們可以說「一乘」與「佛性」皆是「實相」之異名而已，就因地言，「實相」即是佛性，就所成乘而言，「實相」即是一乘（或云一佛乘）。

因此，本章節所要論述的，乃是就因果上來論實相，以便進一步理解天台之成佛觀。

一、三因佛性

天台以「三因佛性」（即正因佛性、了因佛性、緣因佛性）來說明佛性，而此「正因」、「緣因」、「了因」之名稱，可說是沿自於《涅槃經》，但《涅槃經》並沒有提出「三因佛性」的看法，只是分散式論及「因」的看法，如其云：

因有二種，一者生因，二者了因。能生法者，名為生因，燈能了物，故名了因；煩惱諸結是名生因，眾（緣）生父母是名了因；如穀子等是名生因，地水糞等是名了因；復有生因，謂六波羅蜜阿耨多羅三藐三菩提，復有了因，謂佛性阿耨多羅三藐三菩提④。

另又云：

因有二種：一者正因、二者緣因。正因者如乳生酪，緣因者如醪煖等⑤。

上述兩段引文中，第一段引文中提到了「生因」與「了因」，在第二段引文則述及「正因」與「緣因」，依《涅槃經》對「生因」與「正因」所解釋的內容來看，其意義是相同的，也就是「生因」與「正因」意義相同。另外像「了因」與「緣因」之涵義似同又不同，如以「地水糞」譬喻為「了因」，以「醪煖」譬喻為「緣因」，就此而言，兩者意義是一樣的，但又以「燈能了物」來譬喻「了因」，就此意義而言，「了因」與「緣因」之涵義又似不同。然總體而言，《涅槃經》所述之「因」，實際上只有二種⑥，而天台所使用「正因」、「了因」、「緣因」為三佛性之名稱，可視為取自於《涅槃經》及南北朝之佛性說，再配以天台本身的理論思想。

有關佛性問題之探討，在智者大師之前有諸家論述之，亦形成所謂之涅槃家⑦。天台對佛性之看法，主要就三因佛性來論述。以下就智者大師諸論述中有關佛性部份摘錄說明：

在《法華經》〈方便品〉中，提到佛種從緣起的觀念，所謂：

佛種從緣起，是故說一乘，是法住法位，世間相常住⑧。

《法華文句》對此句作如下之解釋，其云：

佛種從緣起，中道無性，即是佛種，迷此理者，由無明為緣，則有眾生起；解此理者，由教行為緣，則有正覺起。……又無性者，即正因佛性也，佛種從緣起者，即是緣了，以緣資了，正種得起。一起一切起，如此三性，名為一乘⑨。

此中首先以「中道無性」來說明佛種，若迷中道，則成眾生種，而流轉六道；若解此中道理，則成正覺（佛）種，所以說佛種從緣起，因爲中道無性，故言佛種從緣而現起。此即就中道無性明佛種緣起之道理。接著，則又進一步以三因佛性來詮釋佛種，即以中道無性爲「正因佛性」，以佛種從緣起爲「緣因佛性」及「了因佛性」，而此三因佛性的關係，即中道無性與佛種緣起的關係，是彼此不相捨離，所謂「以緣資了，正種得起」，即是此意，也就是說：中道無性之正因佛性，本身是藉由緣因佛性及了因佛性才得現起。反過來說，佛種從緣起，顯示了佛性無自性，故以中道無性來解釋佛性。進而說明中道無性與佛種緣起的關係，是二而一，一而二的關係（就三因佛性言，則屬三而一，一而三的關係）。

對佛性、佛種的看法，除了以三因佛性論述外，智者大師更進一步就諸經典來論述佛種，如《法華文句》云：

> 斷世間佛種者，《淨名》以煩惱為如來種，此取境界性也，《大品》以一切種智學般若，此取了因為佛種，《涅槃》用心性理不斷，此取正因為佛種；今經（指《法華經》）明小善成佛，以取緣因為佛種。若不信小善成佛，即斷世間佛種也⑩。

由引文中，諸經典就不同角度來論述佛種，如《淨名經》（指《維摩詰經》）是就「境界性」上來論佛種，故「以煩惱爲如來種」；而《大品般若經》則是就「般若」來論佛種，亦即以「了因」爲佛種；其它如《涅槃經》則就「理」（所謂「心性理不斷」）來論述佛種，即取正因爲佛種；另如《法華經》則是就諸「小善」言佛種，此即取「緣因」爲佛種。

由此我們可以看出天台廣談佛種，不管是就「理」上言（如《涅槃經》），或就「般若」上言（如《般若經》），或就「緣因」上說（如《法華經》），甚至就「境界」上言佛種（如《維摩詰經》）。以此種種不同立場來顯示佛種，甚至我們可以說無有一經不談佛種（即諸經皆就種種不同立場論述佛種），或言無一法或一眾生不具佛種。

然令人困惑的，學者往往據天台所說的「煩惱爲如來種」，而強調天台學主張性

惡說，或言如來性惡說⑪，殊不知天台是就「境界性」上論佛種，或說「惡緣」上明佛種罷了，即不論《法華經》所述小善之「善緣」，或《維摩詰經》所說之「惡緣」，依天台思想而言，此皆就「緣因」上來論述佛種，如《法華文句》以「相對論種」及「同類論種」，如其云：

第二如來能知，……約四法者，謂種、相、體、性。種者，三道是三德種，《淨名》云：一切煩惱之儔為如來種，此明由煩惱道，即有般若也。又云：五無間皆生解脫相，此由不善即有善法解脫也。（又云）一切眾生即涅槃相，不可復滅，此即生死為法身也。此就相對論種。若就類論，一切低頭舉手悉是解脫種；一切世智三乘解心，即般若種；夫有心者，皆當作佛，即法身種。諸種差別如來能知；一切種祇是一種，即是無差別，如來亦能知；差別即無差別，無差別即差別，如來亦能知。……⑫。

引文中舉「種」來說明如來智慧能知此，而此「種」是就「相對」及「（同）類」兩方面來論述；就「相對論種」，是舉《維摩詰經》來作說明，如文中所說的「一切煩惱之儔爲如來種」、「五無間皆生解脫相」、「一切眾生（生死之相）即是涅槃相，不可復滅」，雖就「三道」來論述「三德」，實是就「三道」、「三德」談「三因佛性」，即「一切煩惱之儔爲如來種」，指了因佛性，「五無間皆生解脫相」，指緣因佛性，「一切眾生即是涅槃相」，指正因佛性⑬。至於就「類論種」而言，則是舉《法華經》來加以說明，所謂「一切低頭舉手悉是解脫種」、「一切世智三乘解心，即般若種」、「夫有心者，皆當作佛，即法身種」。

不管是就「相對論種」，或就「類論種」，皆說明了佛種可就「相對」、「同類」上來談。

二、三因佛性之關係

論述三因佛性之關係，此可從智者大師對三因佛性之定義窺知，如《金光明玄義》云：

云何三佛性？佛名覺，性名不改，不改即是非常非無常，如土內金藏，天魔外道所不能壞，名正因佛性。了因佛性者，覺智非常非無常，智與理相應，如人善知金藏，此知不可破壞，名了因佛性。緣因佛性者，一切非常非無常功德善根，資助覺智，開顯正性，如耘除草穢，掘出金藏，名緣因佛性⑭。

此中先就「非常非無常」來界定「性」之意，因爲佛性（即覺性）是非常非無常，故不可改，不能壞，以此代表正因佛性。另就覺智非常非無常，此以顯示了因佛性。再就一切功德善根非常非無常，以此資助覺智，開顯正因佛性，此即是緣因佛性。因此，我們可以了解三因佛性是建立在非常非無常來說的，此三因佛性皆表達法之非常非無常（即法無自性）的道理，透過三種不同的角度來說明之。因此，此三者之關係非三（指非三個體），是三而一，一而三的關係。

天台甚至將此三因佛性之關係，發展成三因佛性中之每一個佛性，各具餘二因佛性，如正因佛性中，有了因及緣因佛性，以此來說明正因佛性，如《法華文句》云：

菩薩之子，凡有三種子義，一就一切眾生，皆有三種性德佛性，即是佛子，故云：其中眾生悉是吾子，此文云：多諸子息也。約十心數法，即有百子，心王為正因佛法，慧是了因性，餘九相扶起，屬緣因性，一數起時，九數扶助，如是成百也。性德佛子非善非惡而通善惡，故此十數及與心王為通心數，是以性德三因，悉屬正因佛子⑮。

此是就性德三因來說明正因佛子。另如緣因、了因亦復如是，如其云：

二者，就昔結緣為佛子，如十六王子，覆講《法華》時，聞法者，亦生微解，即成了因性，昔微能修行為緣因性，正性為本，此三因並屬緣因，資發今日一實之解。故以昔日結緣，為緣因佛子，即火宅中三十子也。此約十信，一信起時，即具餘九，還有百信，故得結緣為佛子⑯。

又云：

三者，了因之子，即是今日聞《法華經》，安住實智中，我定當作佛，決了聲聞法，是諸經之王，從佛口生，得佛法分，故名真子。此亦有三因性，今既顯了見於佛性，並屬了因佛子，……⑰。

以上引文所述是就三因佛子來說明每一因佛子中各見三因佛性。

三、空假中與三因佛性

基本上，天台對佛性之理解，是立基於空、假、中來理解的，此可以由天台以空、假、中來詮釋可知，如《摩訶止觀》云：

如是性者，性以據內，總有三義：一、不改名性，《無行經》稱不動性，性即不改義也；又性名性分，種類之義，分分不同，各各不可改；又性是實性，實性即理性，極實無過，即佛性異名耳。不動性扶空，種性扶假，實性扶中⑱。

在引文中，天台以「不動性」、「性分」、「實性」等三義來說明「性」之涵義，而此三義中之「不動性」，即是就「空」而言。「性分」是明性之種種差別，此即就「假」而言。而以「實性」代表佛性，此是就「中」而言，因中道無性，故名佛性。

以如是性之性三義——不動性、種類性、實相性來看，實相性指的是佛性，即天台以中道表佛性。然性之三義，亦可由三因佛生來配合，不動性即表了因佛性，種類性即表緣因佛性，實性即表正因佛性。亦即是了因佛性，空也；緣因佛性，假也；正因佛性，中也。再從三軌與三佛性的類通中，我們更可知三因佛性，不外乎即空即假即中⑲。

註解

① 大正33．746上。《法華玄義》此段話，主要用以駁斥他人將佛性、一乘二分，而視《涅槃經》只談佛性，《法華經》定在一乘。殊不知此二者義理相通，只是赴機不同而異說罷了。

② 大正12．524下。

③ 參大正33．744上。另有關此部份於第二節加以論述之。

④ 大正12．530上。

⑤ 同上，530中。

⑥《涅槃經》另有以因、因因、果、果果來說明佛性，所謂：「佛性者，有因、有因因、有果、有果果。有因者，即十二因緣。因因者，即是智慧。有果者，即是阿耨多羅三藐三菩提。果果者，即是無上大般涅槃」（大正12・524上）。

⑦如吉藏《大乘玄論》卷三則列舉了十一家的正因佛性說（參大正45・35中下）。

⑧大正9・9中。

⑨大正34・58上。

⑩大正34・79上。

⑪此如安藤俊雄、牟宗三之看法。

⑫大正34・94中下。

⑬關於此部份請參第二節第二項。

⑭大正39・4上。

⑮大正34・134中。

⑯同上，頁134中下。

⑰同上，頁134下。

⑱大正46・53上。

⑲ 參下一節第二項「類通三佛性」部份。

第二節 三軌成乘

前節已述及「一乘」與「佛性」之關係，只是名目不同，且皆是「實相」之異名。智者大師以三軌表達一佛乘觀念。所謂三軌，是指真性軌、觀照軌、資成軌，以此三軌共成一佛乘，所以三軌，亦即是一佛乘，如《法華玄義》云：

三軌共成大乘①。

又云：

一總明三軌者，一真性軌、二觀照軌、三資成軌，名雖有三，祇是一大乘法也。經云：十方諦求，更無餘乘，唯一佛乘，一佛乘即具三法②。

由上得知，一佛乘即是三軌，三軌即是一佛乘，或云一佛乘即具三軌（三軌亦名三法）。以此三軌展開一佛乘之觀念，亦依此三軌共成一佛乘。

因此，三軌之義頗爲廣泛，在天台思想中是極爲重要之觀念。以下就三軌之內容、三軌類通三法、就一念心明三軌成佛等分別論述之。

一、三軌之內容

在天台思想中，有關三軌之內容主要出自《法華玄義》。《法華玄義》以本迹各十妙來解釋「實相」妙法，三軌則是迹十妙內容之一，亦即是迹十妙之三法妙，如《法華玄義》云：

第五、三法妙者，斯乃妙位所住之法也，言三法者，即三軌也③。

故知《法華玄義》之三法妙，指的即是三軌，且此三軌是就妙位所住之法而言，亦即是指證果所住而言，同時，三軌是可軌範之法，因為「軌」本身即具軌範之意，如《法華玄義》云：

軌名軌範，還是三法可軌範耳④。

以此三軌為軌範，共成一佛乘。

依《法華玄義》迹門十妙之前五妙而言，三軌涵義不單是指妙位證果所住之法，且是可軌範之法。除此之外，三軌本身是統攝迹門十妙之前四妙——境妙、智妙、行妙、位妙，此前三妙是指因地上而言，而位妙是就果位而言，亦即是三軌是因果之統合，亦以此三軌統攝一切法⑤。故《法華玄義》以三軌類通諸法，於下述之。

二、類通十種三法

所謂類通三法，是就橫方面，來說明三軌與一切法之關係，前項中，是就豎方面，說明三軌因果之關係，此項中，即是就橫方面而言，如《法華玄義》云：

六、類通三法者，前以三軌之法，從始以至終，即是豎通無礙，今欲橫通諸法悉使無礙⑥。

此由三軌之豎通、橫通，以顯示三軌之無礙。

至於在類通三法中，主要是略舉十種三法來說明，此十種三法是指：三道、三識、三佛性、三般若、三菩提、三大乘、三身、三涅槃、三寶、三德，如《法華玄義》云：

類通諸三法，何者？赴緣名異，得意義同。粗通十條，餘者可領。三道、三識、三佛性、三般若、三菩提、三大乘、三身、三涅槃、三寶、三德。諸三法無量，止用十者，舉其大要，明始終耳⑦。

由於赴緣不同，故有諸三法不同之名稱，而重要的在於能得意。若能得意，那麼諸三法義理可通。所以三軌能類通諸三法，乃建立在其與諸三法義同上。上引文中，述及諸三法有無量，而在文中只用十種三法，目的在於就此十種三法，明其始終之關係。因此可知十種三法有其前後始終之關係。此關係如何？所謂：

三道輪迴，生死本法，故為初。若欲逆生死流，須解三識，知三佛性，起三智慧，發三菩提心，行三大乘，證三身，成三涅槃，是三寶利益一切，化緣盡入於三德，住秘密藏⑧。

此是由明白三道輪迴爲生死根本開始，乃至入於三德住秘密藏爲終。對此十種三法與三軌之類通，如下：

(一)類通三道

所謂三道，是指苦道、煩惱道、業道。三軌與三道之類通——真性軌即苦道，觀照軌即煩惱道，資成軌即業道⑨。對此三軌與三道之類通，《法華玄義》解釋到：

苦道即真性者，下文云：世間相常住，豈不即彼生死而是法身耶？煩惱即觀照，觀照本照惑，無惑則無照，一切法空是也，文云：諸法從本來，常自寂滅相，即煩惱是觀照也。照如薪生火，文云：於諸過去佛，若有聞一句，皆已成佛道；又云：深達罪福相遍照於十方，即是聞於體達煩惱之妙句也。資成即業道者，惡是善資，無惡亦無善，又云：惡鬼入其心，罵詈毀辱我，我等念佛故，皆當忍是事，惡不來加，不得用念，用念由於惡加；又威音王佛所，著法之眾，聞不輕（菩薩）言，罵詈打拍，由惡業故，還值不輕，不輕教化皆得不退；又提婆達多是善知識，豈非惡即資成⑩。

此中除了說明三軌類通三道外，且又據《法華經》之經文引證，廣明三軌類通三道之道理，如資成即業道，列舉了《法華經》常不輕菩薩的例子及提婆達多之例子，說明惡業即是善資成的道；其它如深達罪福相遍照於十方，此則顯示煩惱即觀照之道理；又如：世間常住，以此顯示苦道即是真性之道理。總而言之，是即三道而明三軌。

㈡類通三識

所謂三識，是指菴摩羅識、阿黎耶識、阿陀那識，而此三識與三軌之類通，以菴摩即識即真性軌，阿黎耶識即觀照軌，阿陀那識即資成軌。而三識之關係，猶如一人三心，如《法華玄義》云：

若地人（指地論師）明阿黎耶，是真常淨識攝；大乘人（指攝論師）云：是無記無明隨眠之識，亦名無沒識，九識乃名淨識。（彼此以此）互諍。今例近況遠，如一人心復何定？為善則善識，為惡即惡識，不為善惡即無記識，此三識何容，頓同水火。祇背善為惡，背惡為善，背善惡為無記，祇是一人三心耳，三識亦應如是。若阿黎耶中，有生死種子，熏習增長，即成分別識；若阿黎耶中有智慧種子，聞熏習增長，即轉依成道後真如，名為淨識，若異此兩識，祇是阿黎耶識，此亦一法論三，三中論一耳⑩。

此中先舉地論師與攝論師互諍淨識之問題，以說明此之諍執乃不明三識是三而一，一而三的關係，由於論師們各執一端之見，故而有執諍。依智者大師的看法，此三識猶如一人之三心，人心本不定（或云無自性），爲善則善識，爲惡則惡識，不爲善惡即無記識，不管善識，或惡識，或無記識，實皆指人心而已，由於爲善、爲惡、離善惡等之立場不同，故而有三識之差別，雖有三識之差別，而皆代表著人心也。所以是三而一，一而三的關係。因此，智者大師以「若阿黎耶中，有生死種子，熏習增長，即成分別識」來解釋阿黎耶識，以「若阿黎耶中有智慧種子，聞熏增長，即轉依成道後真如，名爲淨識」來代表菴摩羅識，以異阿陀那識及菴摩羅識者，即是阿黎耶識，亦即阿黎耶識非生死種子，亦非智慧種子。而雖說三識，實只是一也，雖爲一，亦不妨開爲三，此顯示了諸法無自性之道理。

此外，智者大師進一步以例子說明三識，所謂：

《攝論》云：如金土染淨，染譬六識，金譬淨識，土譬黎耶識。……下文譬如有人至親友家，醉酒而臥，豈非阿黎耶識；世間狂惑分別之識起已，遊行以求衣食，豈非阿陀那識；聞熏種子稍起增長，會遇親友示以衣珠，豈非菴摩羅識⑪。

由譬喻中，吾人更清楚了解到三識之關係，眾生迷時，則是阿黎耶識，此如酒醉而臥；因迷而起種種妄想分別，此即阿陀那識，猶如不識衣內之寶珠，而沿途求衣食；因聞熏而智慧增長，此即菴摩羅識，如遇親友示以衣珠。此三識亦如《攝論》金土染淨之譬喻，以金譬菴摩羅識，以土譬阿黎耶識，以染譬阿陀那識。

㈢類通三佛性

三佛性，前節中已述及，是指正因佛性、了因佛性、緣因佛性（或云：正因性、了因性、緣因性），以三軌類通三佛性，則真性軌即是正因性，觀照軌即是了因性，資成軌即是緣因性。智者大師引《法華經》之例子來作說明，所謂：

三類通三佛性者，真性軌即是正因性，觀照軌即是了因性，資成軌即是緣因性。故下文云：汝實我子，我實汝父，即正因性，又云：我昔教汝無上道，故一切智願猶在不失，智即了因性，願即緣因性。又云：我不敢輕於汝等，汝等皆當作佛，即正因性；是時四眾以讀誦眾經，即了因性，修諸功德即緣因性。又云、長者諸子若十、二十，乃至三十，此即三種佛性。又云：種種性相義，我已悉知見，既言種種性，即有三種佛性也⑫。

此中是就《法華經》中列舉三佛性之內容，以說明《法華經》中處處有三佛性。

㈣類通三般若

所謂三般若，是指實相般若、觀照般若、文字般若。以三軌類通三般若，則真性軌是實相般若，觀照即是觀照般若，資成軌即是文字般若。智者大師引《法華經》爲證，說明《法華經》三般若之經文，且進一步指出三軌爲三般若之異名，所謂：

……文云：止止不須說，我法妙難思，又云：是法不可示，言辭相寂滅，即實相般若。我及十方佛及能知是相，唯佛與佛乃能究盡，又云：我常知眾生行道不行道，隨應所可度為說種種法，若干言辭隨宜方便，即是文字般若。又云如來知見廣大深遠，廣大深遠即是實相般若；如來知見稱廣大深遠即觀照般若；

若言方便知見皆已具足，即文字般若。故知三軌亦般若之異名耳⑬。

此是就《法華經》以明三般若。

㈤類通三菩提

所謂三菩提，是指實相菩提、實智菩提、方便菩提。以三軌與三菩提類通，如《法華玄義》云：

真性軌即實相菩提，觀照軌即實智菩提，資成軌即方便菩提。故下文云：我先不言汝等皆得阿耨三菩提，非實非虛，非如非異，不如三界見於三界，即實相菩提；我成道已來甚大久遠，即實智般若；我說少出家近伽耶城得三菩提，即方便菩提。若就弟子明三菩提者，若我過眾生，盡教以佛道，即實相菩提；安住實智中，我定當作佛，又云：佛子行道已，來世得作佛，乘是寶乘直至道場，即是修成實智菩提；授八相記即方便菩提⑭。

此是就師徒兩方面來明三菩提義，即引《法華經》為證，顯示三軌與三菩提之類通。

㈥類通三大乘

所謂三大乘，是指理乘、隨乘、得乘。三軌與三大乘之類通；如《法華玄義》所說：

真性即理乘，觀照即隨乘，資成即得乘。故下文云：佛自住大乘，如其所得法，定慧力莊嚴。住大乘即理乘，定慧莊嚴即隨乘，所得法即得乘；佛自住大乘是理乘，於道場知已是隨乘，導師方便說是得乘。又舍利弗，以本願故說三乘法，是得乘隨乘，又是乘微妙清淨第一是理乘。於一佛乘是理乘，分別說三，是得乘隨乘⑮。

此則是由「佛自住大乘」來說明三大乘之內容，佛自住大乘，是指佛自住一佛乘，此一佛乘即是理乘。而就佛自住大乘之所得法言，即是得乘。以定慧等持莊嚴國土，即是隨乘。同樣地，於一佛乘是理乘，分別說三乘，即是得乘隨乘。

㈦類通三身

所謂三身，是指法身、報身、應身。以三軌與三身類通，則真性軌是法身，觀照

軌是報身，資成軌是應身。《法華玄義》引經文說明此三身，所謂：

> 若《新金光明》云：依於法身，得有報身，依於報身得有應身。……彼（《新金光明經》）又云：佛真法身猶如虛空，應物現形如水中月，報身即天月。此（《法華經》）云：佛自住大乘，即是實相之身，猶如虛空；定慧力莊嚴，慧如天月，定如水月。又云：唯佛與佛乃能究盡諸法實相，即是法身；我所得智慧微妙最第一，即是報身；名稱普聞，即是應身。又非生現生等，是應身也；或示己身即法身報身；或示他自身報應。我以相嚴身，光明照十方，為說實相印，實相印即法身；照十方即應身；相嚴身即報身。又深達福相遍照於十方，即報身；微妙淨法身，即法身；具相三十二，即應身。三軌名異，義即三身[16]。

文中就《金光明經》及《法華經》來說明三身。最後說明三軌與三身名稱雖不同，然三軌之義理即是三身。所以三軌與三身類通。

(八)類通三涅槃

所謂三涅槃，是指性淨涅槃、圓淨涅槃、方便淨涅槃，以三軌與三涅槃類通，則真性軌是性淨涅槃，觀照軌是圓淨涅槃，資成軌是方便淨涅槃，故《法華玄義》以理性爲性淨涅槃，以修因所成爲圓淨涅槃，以佛陀滅度爲方便淨涅槃，如其云：

今以理性為性淨涅槃，修因所成為圓淨涅槃，此則義便，薪盡火滅為方便淨涅槃，此（則）文便。……故知應有三涅槃，三涅槃即是三軌⑰。

此外，亦引《法華經》說明三涅槃，所謂：

文云：是法不可示，言辭相寂滅，又云：諸法從本來，常自寂滅相，是性淨涅槃。又云：皆以如來滅度而滅度之，即圓淨涅槃，又云：我成佛以來，甚大久遠，久修業所得，慧光照無量，亦是圓淨涅槃。數數唱生，處處現滅，於此夜滅度，如薪盡火滅，豈非方便淨涅槃。《大經》（指《涅槃經》）題稱大般涅槃，翻為大滅度。大者，其性廣博，即據性淨，度者，到於彼岸，智慧滿足，即據圓淨；滅者，煩惱永盡，斷德成就，即據方便淨。此三涅槃即三軌也⑱。

文中除引《法華經》明三涅槃外，亦就《涅槃經》之經題——大滅度，來解釋三涅槃。最後明示三涅槃，實際上即是三軌也。

㈨類通三寶

以三軌類通三寶，真性軌即是法寶，觀照軌即佛寶，資成軌即僧寶，如《法華玄義》云：

九、類通一體三寶者，真性即法寶，觀照即佛寶，資成即僧寶⑲。

另又對三寶加以解釋，其云：

故法性不動，名不覺，佛智契理，故佛名為覺，事和理和，故僧名和合⑳。

此即以法性不動，來代表法寶，以佛智契理表佛寶，以事和理和表僧寶。

至於如何將三軌與三寶類通，《法華玄義》引《法華經》來加以說明，所謂：

……文云：佛自在（案：「在」應是「住」字）大乘，佛是佛寶，大乘是法寶，如其所得法，以此度眾生是僧寶。（又云）世間相常住，名法寶，於道場知己，名佛寶，導師方便說，上與理和，下與事和，名僧寶。一體三寶，非一之一，不三之三，此之三一，不縱不橫，稱之為妙㉑。

三寶之關係，猶如三軌之關係，皆是一體而開爲三，所以是「非一之一，不三之三」，且一三之關係，是非縱非橫的關係。此即是一大乘。故三寶即三軌也，名雖不

同，其義相通。

㈩類通三德

所謂三德，是指法身德、般若德、解脫德。此三德是就《涅槃經》三德而言，《涅槃經》以三德共成大涅槃，而《法華經》所明是三軌，以此三軌共成大乘。三德與三軌名稱雖異，然其理相通，如《法華玄義》云：

《大經》三德共成大涅槃，此經三軌共成大乘。彼（指《涅槃經》，即文中所謂的大經）云法身德，此（指《法華經》）云實相（即真性軌），……彼處明般若德，此經明其智慧門難解難入（指觀照軌），……彼經明解脫德，此經明數數示現，現生現滅，隨所調伏眾生之處，自既無累，令他解脫，乃至收取萬善事中功德，悉得證果，豈非解脫？二經義合。……㉒。

此中則強調《涅槃經》之三德與《法華經》之三軌是類通的，即《涅槃經》與《法華經》義理相通。

何以三軌與十種三法，乃至一切法可相互類通呢？若一切法皆是三軌，又如何作區分呢？此則建立在三軌，乃至一切法，本身皆是緣起，故可相通，亦因緣起故有別。三軌與一切法之關係，是「一一不相混，三不相離」的。

三、就凡夫一念心而論成佛

本項中所欲論述的，是就凡夫一念心即是三道，三道即是三軌，以此三軌論凡夫一念成佛。

由於凡夫一念即具十法界十如是相性等（依《摩訶止觀》言，即一念三千），而此一一界中悉有煩惱性相、惡業性相、苦道性相，如《法華玄義》云：

今但明凡心一念即皆具十法界，一一界悉有煩惱性相、惡業性相、苦道性相㉓。

而此三道之性相，本身即是三軌，如其云：

若有無明煩惱性相，即是智慧觀照性相，何者？以迷明，故起無明，若解無明，即是於明，《大經》云：無明轉即變為明，《淨名》云：無明即是明，當知不離無明而有於明，如冰是水，如水是冰。又凡夫心一念即具十法界，悉有得惡業性相，衹惡性相即善性相，由惡有善，離惡無善，翻於諸惡即善資成。如竹中有火性，未即是火事，故有而不燒，遇緣事成，即能燒物，惡即善性，未即

> 是事，遇緣成事，即能翻惡；如竹有火，火出還燒，惡中有善，善成還破惡，故即惡性相是善性相也。凡夫一念，皆有十界識名色等苦道性相，迷此，苦道生死浩然，此是迷法身為苦道，不離苦道，別有法身，如迷南為北，無別南也；若悟，生死即是法身，故云：苦道性相，即是法身性相也。夫有心者，皆有三道性相，即是三軌性相，故《淨名》云：煩惱之儔為如來種，此之謂也㉔。

此首先就凡夫一念中即具十法界，且一一界中有煩惱性相、惡業性相、苦道性相等三道性相，作詳細說明，以顯示三德（般若、解脫、法身）不離此三道，如文中就無明煩惱性相明其即是智慧觀照性相，且般若不離煩惱，若離煩惱，即無般苦，猶如離無明而求明是不可能的，因爲無明即明，不離無明而求明。同樣地，惡業性相即是善業性相，翻於諸惡即善資成，非於離惡外有善可得，因爲離惡無善，由惡有善。所以惡業性相即是善業性相。其次，就苦道性相而言，苦道即是法身，眾生迷故，法身成生死苦道，若悟，生死苦道即成法身，非離生死苦道外，別有法身也。

透過三道性相與三德性相之對比，得知三道性相即是三軌性相，故言：「夫有心者，皆有三道性相，即是三軌性相」，此明眾生皆有三道性相，而此三道性相即是三軌性相，依此而推，眾生皆有三軌性相㉕，故眾生皆當成佛，眾生皆是佛。

雖如此，卻不可以凡濫聖，故天台有六即佛之說，以此避免將凡聖混濫不分㉖，亦以此說明眾生與佛之同異差別。此於下節論述之。

註解

① 大正33．745下。

② 大正33．745下。

③ 同上。

④ 同上。

⑤ 若將三軌涵義作一歸納，有以下五點：

1.軌範之法。

2.因地——如境妙、智妙、行位等因地行。

3.果位——如位妙之所住。

4.因果合論。

5.論及本末：即指性德三軌，修德三軌，如《法華玄義》云：「今遠論其本，即是性德三軌，亦名如來藏；極論其末，即是修德三軌，亦名秘密藏，本末含藏一切諸法」（正33．741下）。

⑥ 大正33・744上。
⑦ 同上。
⑧ 同上。
⑨ 參《法華玄義》卷第五下（大正33・744上）。
⑩ 大正33・744中。
⑪ 大正33・744中下。
⑫ 大正33・744下。
⑬ 大正33・744下～745上。
⑭ 大正33・745上。
⑮ 大正33・745上中。
⑯ 大正33・745中。
⑰ 大正33・745中下。
⑱ 大正33・745下。
⑲ 同上。
⑳ 同上。

㉑ 同上。

㉒ 大正33．745下～746上。

㉓ 大正33．743下。

㉔ 大正33．743下～744上。

㉕ 眾生一念心中具十法界，一一界中皆具有三道十種性相，此十種性相本身即是三軌，如《法華玄義》云：「……凡夫一念之心，具十法界，十種相性，為三法之始，何者？十種相性秖是三軌，如是體，即真性軌。如是性，性以據內，即是觀照軌。如是相者，相以據外，是福德，是資成軌。力者，是了因，是觀照軌。作者，是萬行精勤，即是資成。因者，是習因，屬觀照。緣者，是報因，屬資成。果者，是習果，屬觀照。報者，是習報，屬資成。本末等者，空等即觀照，假等即資成，中等即真性，直就一界十如論於三軌」（大正33．743下）。此即以一界十如是明三軌。

㉖ 此六即之說，不單用於成佛上，亦用於三軌與十種法中，故《法華玄義》於三軌類通諸三法中，皆於其中運用六即之觀念，乃至發菩提心亦如是。

第三節　六即佛

一、六即佛之重要性

就三因佛性、三軌成乘而言，皆顯示眾生皆有佛性，且皆當成佛。理雖如此，而迷之眾生與悟之聖者，是有天壤之差別的，不可以凡濫聖。爲此之故，天台有所謂的六即佛之說，以「即」來表凡聖本性不二，以「六」來說明修證進程階位之差別。即一方面顯示生佛不二，而另方面明凡聖有別。若眾生只知「即」，則易生增上慢，自認與佛無異，已即是佛，故須說「六」。同樣地，若只知「六」，而不明「即」，則易生自卑，自認聖境非己分，如《摩訶止觀》云：

約六即顯是者，……若智信具足，聞一念即是，信故不謗，智故不懼，初後皆是。若無信，高推聖境，非己智分；若無智，起增上慢，謂己均佛，初後俱非。為此事故須知六即。謂理即、名字即、觀行即、相似即、分真即、究竟即。此六即者，始凡終聖，始凡故除疑怯，終聖故除慢大①。

若具足智信眾生，聞圓滿教理而起深信解，不生謗，不生懼。然若無信者，聞圓教教理，則認爲此是聖境非己智分，因而生懼；若無智者，聞圓教教理，則起增上慢心，謂己均佛。故須以六即說，以除凡夫疑怯，以防聖者貢高我慢。

二、六即佛之內容

(一)理即佛

理即佛，顧名思議，是就理上言，即指一切眾生皆有佛性，一色一香，無非中道，如《摩訶止觀》云：

理即者，一念心即如來藏理，如故即空，藏故即假，理故即中，三智一心中，具不可思議。如上說三諦一諦，非三非一。一色一香、一切法、一切心，亦復如是，是名理即菩提心①。

此明吾人一念心即是佛性，即如來藏理。引文中進一步解說何以一念心是理即？以如來藏理來說，如來藏理即是「即空即假即中」，因爲是「如」，所以是即空；因爲是「藏」，所以是即假；因爲是理，所以是即中。同樣地，佛是即空、即假、即中。一心中具此三即，皆是不可思議境。此中所謂之菩提，即是佛性。

㈡名字即佛

名字即佛，是就所聞經論、知識上而說，如《摩訶止觀》云：

名字即者，理雖即是，日用不知，以未聞三諦，全不識佛法，如牛羊眼不解方隅，或從知識，或從經卷，聞上所說一實菩提，於名字中通達解了。知一切法皆是佛法，是為名字即菩提③。

就理即佛言，明一切眾生皆是佛。名字即佛，則是就聞知上言。

㈢觀行即佛

觀行即佛，是經由隨喜、讀誦、講說、兼行六度、正行六度之五種修行過程，能圓伏五住煩惱而言。在圓教的修行階位上來說，即是五品弟子，亦即外凡位。

若只聞名字即佛，猶如蟲食木，偶得成字，是蟲並不知字非字。所以必須從事實際之觀行，令吾人之智慧與佛性相應，而此觀行即是隨喜、讀誦、講說、兼行六度、正行六度五種。此五種觀行則是層層轉深，如聞經起隨喜心，再配以讀誦，則心觀益

明。若能將己所解之法導利羣生，則此功德更勝於讀誦。且更兼修六度，因福德力故，更助觀行。最後以正修六度自行化他，事理具足，於觀行上無礙，能伏煩惱。

(四)相似即佛

經由五品觀行，不單是伏惑而已，而是開始斷惑，達六根清淨，猶如聖者。此即所謂相似佛位，即圓教十信階位，屬內凡位。

就十信階位而言，初信是斷見惑，顯圓教理，證位不退。二信至七信，則是斷思惑，永別三界。八信至十信是斷塵沙惑。即十信位是斷界內見思二惑，破界外塵沙無知，伏無明住地之惑，長別三界輪迴苦④。如《法華經》所說的四安樂行、得六根清淨等，如《四教義》云：

> 《法華經》明入如來室，著如來衣，坐如來座。此即是修四安樂行，行處近處，得六根清淨，住十信位⑤。

(五)分證即佛

分證即佛者，是指斷無明惑，證法身、般若、解脫等三德。前相似即佛只是伏無明惑，分證即佛是指斷無明惑證三德而言。就天台圓教位而言，無明惑共有四十二品，斷一品無明，則證一分三德。所以，從初住（指十住之初發心住）到等覺位，共斷四十一品無明惑，此皆屬分證即佛階位。

(六)究竟即佛

究竟即佛者，指進破一分微細無明，證得究竟解脫。至此四十二品無明惑皆已盡淨。

以上所明是透過六即佛來說明佛眾生不二，然卻不可以凡位濫聖位。

註解

① 大正46·10中。

② 同上。

③ 同上。

④ 參《四教義》卷第十一（大正46·762下）。

⑤ 同上。

第八章　實相之困阨

——《觀音玄義》之性惡問題

近代研究天台思想的學者往往認爲性惡說爲天台思想之特色①，而有關「性惡說」的觀念，主要出自《觀音玄義》一文中，此是由於《觀音玄義》有明文提到「性惡」兩字，且花了些篇幅來說明性惡。因此，學者們往往以此爲依據，大倡性惡說爲天台思想之特色，不明「性惡」之真正涵義，一味的主張性惡爲天台思想之核心。亦有學者就性具等來說明性惡說②，認爲性惡乃是性所本具。

然據筆者個人之研究，發現《觀音玄義》中之性惡說，是就緣因了因上來說的，且是對五時教之涅槃時鈍根眾生而開設的法門，藉由對緣了因根源探討爲方便，以導引眾生悟入非緣非了的正因佛性。此可說是《觀音玄義》論說性德善性德惡之宗旨。而並非如近代學者所理解下的本體之性惡說，如近代學者往往將《觀音玄義》緣了因所論述的性德善惡之涵義，從一切法之根源上來理解。因此，性惡說成了性具思想之必然性

③，即性本身已具一切法，認爲必然亦具有惡。而主張此看法，認爲天台思想是性具，必然會導出性惡説，且性惡説才能真正代表天台思想之特色。然若從天台教理——緣起中道實相論來看此問題，會發現性具性惡説之論調，根本是與天台教理相背離的。

然《觀音玄義》本身亦有其表達不周延之處，其不周延之處，成了天台實相論之困阨。

針對上述諸種問題，本章節擬從就《觀音玄義》一文加以探討。先從《觀音玄義》的結構組織入手，以便了解緣了因中對性德善惡之處理，進而從天台緣起中道實相來看性惡問題。

第一節 《觀音玄義》的結構

《觀音玄義》一文是以「五重玄義」的方式，來闡述《法華經》〈觀世音菩薩普門品〉這一品的義理④。所謂「五重玄義」，是指1.「釋名」、2.「出體」、3.「明宗」、4.「辨用」、5.「教相」等五種，以此五種模式來闡發一部經典之義理。此五重玄義乃是天台論述經典義理之重要方法。然有關《觀音玄義》一文作者，歷來已有不少學者提出質疑⑤，因本文重心不在於此，故而從略。

在《觀音玄義》一文中，以五種玄義為基本架構，於五重玄義的第一重——「釋名」（即解釋〈觀世音普門品〉之品名）部份，又分「通釋」與「別釋」來解釋經品之名稱；所謂「通釋」，是將「觀世音」與「普門」合併一起來解釋。而所謂「別釋」，乃是將「觀世音」和「普門」分開來各別解釋。

在通釋「觀世音」「普門」這部份，又以十義（又名「十雙」）來解說「觀世音」「普門」。所謂十義：是指1.人法、2.慈悲、3.福慧、4.真應、5.藥珠、6.冥顯、7.權實、8.本迹、9.緣了、10.智斷等。以此十義來疏解「觀世音」「普門」之品名，如以「人法」為例，以「人」之因緣來詮釋「觀世音」，以「法」因緣釋「普門」。餘九義可依此而類推⑥。

《觀音玄義》「通釋」部份除了以上述十義來詮解「觀世音」「普門」，另亦配以四種方式來運作此十義，即以㈠、列名、㈡、次第、㈢、解釋、㈣、料簡等四方面來進行十義對「觀世音」「普門」的解說。將此四方面內容分述於下，即：

㈠列名：是先將十義之名目列舉出來。

㈡次第：則是說明此十義生起之順序次第，以及十義前後之間的關係。有關此方面分「教」「觀」二方面來加以說明。

㈢解釋：說明何以以「人法」，乃至「智斷」等十義來解釋「觀世音」「普門」。

㈣料簡：是針對以十義詮釋「觀世音」「普門」而提出的種種問答。

爲便於對《觀音玄義》作輪廓性之了解，以及便於查照和說明起見，本文以圖表方式，將《觀音玄義》整個內容結構列舉於下（見次頁）：⑦

從《觀音玄義》結構組織的圖表來看，吾人很容易可以看出「五重玄義」之「釋名」部份於《觀音玄義》中所佔的份量，在全文篇幅十六頁中，「釋名」部份佔了十四頁（即頁877～890），而「五重玄義」之「出體」、「明宗」、「辨用」、「教相」等四部份加起來也才只有兩頁而已，此可顯示「釋名」於《觀音玄義》所扮演角色之重要。

由於《觀音玄義》所涉及的性惡說問題，是置於「釋名」的「通釋」這部份來論述，故本文將此部份內容詳細列出，以便查照了解。

觀音玄義之結構

- 一、釋名（877～870下）
  - (一)通釋（887～883上）
    - ①列名十義（877～878上）
      - 1.人法
      - 2.慈悲
      - 3.福慧
      - 4.真應
      - 5.藥珠
      - 6.冥顯
      - 7.權實
      - 8.本迹
      - 9.緣了
      - 10.智斷
    - ②次第（878上）
      - 1.觀門：依觀門明十義生起之次第
      - 2.教門：就五時教明與十義之關係
        - (1)華嚴教：具十義之前六義
        - (2)三藏教：具前三義
        - (3)方等教：具前六義
        - (4)般若教：具前六義
        - (5)法華教：具前八義
          涅槃教：十義具足

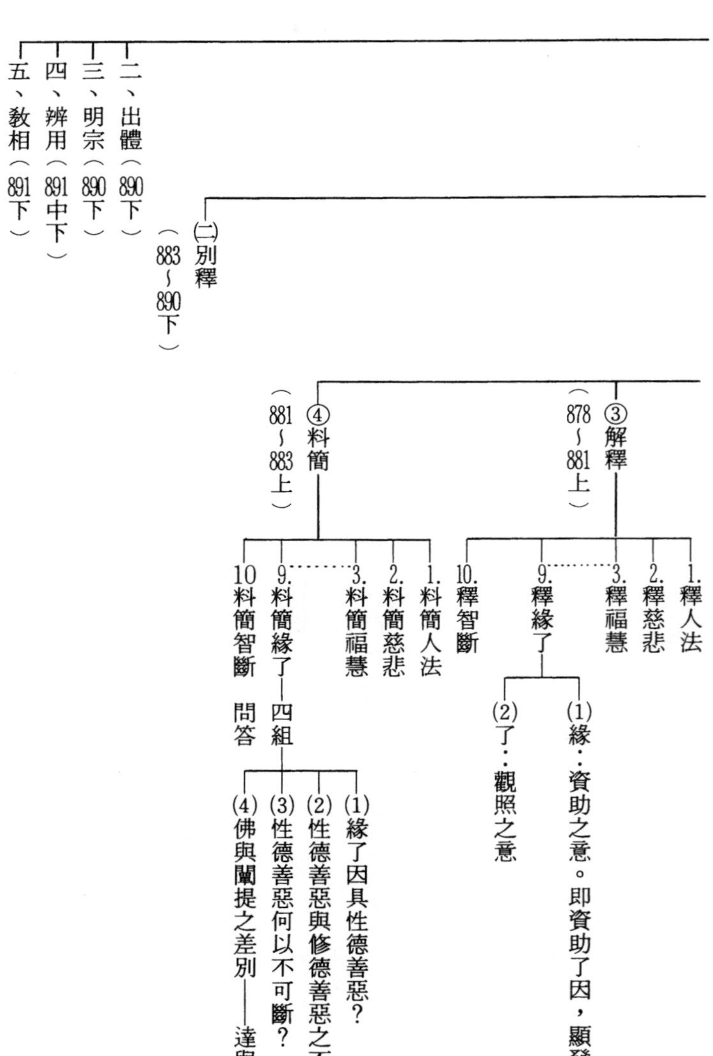

二、出體（890下）
三、明宗（890下）
四、辨用（891中下）
五、教相（891下）
(二)別釋（883～890下）
③解釋（878～881上）
1.釋人法
2.釋慈悲
3.釋福慧
9.釋緣了
(1)緣：資助之意。即資助了因，顯發正因
(2)了：觀照之意
10.釋智斷
④料簡（881～883上）
1.料簡人法
2.料簡慈悲
3.料簡福慧
9.料簡緣了—四組
(1)緣了因具性德善惡？
(2)性德善惡與修德善惡之不同？
(3)性德善惡何以不可斷？
(4)佛與闡提之差別——達與不達
10料簡智斷 問答

註解

① 如日本學者安藤俊雄於其著《天台性具思想論》及《天台學——根本思想とその展開》等書中，認為天台思想雖在性具，然唯有性惡說才足以代表天台之特色，且認為性惡說乃性具思想之必然性。其他像佐藤哲英於《天台大師の研究》一書中，雖就《觀音玄義》等文獻上來考查其成立之年代，認為性惡說之創倡者是灌頂法師，而非智者大師，然基本上仍以性惡說為天台之特色（參見此書之第四章第六節〈觀音經疏の成立年代とその流傳〉及第七節〈性惡說の創唱者について〉）。國內學者，如慧嶽法師、張瑞良、牟宗三等人，皆視性惡說為天台思想之特色。慧嶽法師於其所編著《天臺教學史》一書中，如是說到：「佛教所謂的『性』，是指人本具之理體，『惡』是針對善為對象。又『性』是先天本有的理德，是以所表示在於情感的流露，始成善惡之分，換言之：即依動作的事實而顯現修善，或造惡的表示為原則。但由現象界的善惡觀念，求之本體界時，其本體即非但具有性善，同時也含有性惡的存在。是以天臺教學，最顯著而超越其它宗派特殊的思想，就是性惡說。但『性具』和『性善』（案：應是『性惡』之語），往往被學者認為是同義異語的解釋，然嚴格的區別起來，性具思想，並不是天臺法門的獨說，乃共通於『一即一切』的諸大乘法門，唯『性具』理體中，所含具的『性惡』，才是天臺思想的特質」（頁175）。此中慧嶽

法師將性惡解釋為本體之性惡，即以本體來理解性惡，且認為「性惡」才是天台思想之特質。此觀點與安藤俊雄的看法一樣，也許是因為《天臺教學史》一書是屬編著關係，將安藤氏之看法編著進去。但基本上也可以視為慧嶽法師對天台思想之看法，至少是慧嶽法師接受此看法。張瑞良於〈天台智者大師的如來性惡說之探究〉一文中，亦認為「性惡說」是天臺最獨特之法門，且更是「圓教之敵對相即論理」之最佳展露，如其云：「「性惡說」是天臺最獨特之法門，足以光耀千古，也是最高的思想成果，更是「圓教之敵對相即論理」之最佳展露」（《臺大哲學論評》第九期，頁99）。張瑞良認為天台敵對相即論理最佳展露是性惡說，亦即性惡說最足以表現敵對相即論理，代表天台最高的思想。張氏此之看法，與安藤氏之看法同出一轍。牟宗三則是就性具百界，則為理應有性德惡，如其云：「既是性具百界，則理應有性德惡」（《佛性與般若》下冊〈智者《觀音玄義》之言「性德善」與「性德惡」〉一文．頁870）。

② 除了就《觀音玄義》一文為性惡說之依據外，亦有從《法華玄義》、《摩訶止觀》之十界互具、百界千如、一念三千、性具等觀念中，說明此些觀念已蘊含性惡之思想。

③ 如安藤俊雄等人之主張，參註①。

④ 天台論著中，除了以五種玄義發揮《法華經》之義理外，亦以五重玄義來發揮〈觀世音普門品〉。此外，與〈觀世音普門品〉相關的論著，有《法華文句》第十卷下，對〈觀世音普門品〉內容之解釋，亦

有《觀音義疏》二卷來闡述〈觀世音普門品〉之經文。以上這一些都是和〈觀世音普門〉有關的論著，皆是用以闡述本品之經文內容及義理思想。

⑤ 如日本普寂法師（1707—1781）於其所著《止觀復真鈔》及《四教儀集註銓要》等書中，則認為性惡說是違反佛教之倫理，亦及天台三大部中無有此主張，所以，認為《觀音玄義》絕非智者大師所作（參佐藤哲英《天台大師の研究》〈普寂の觀音玄義偽作説とその反論〉，頁475～477）。另外如佐藤哲英則透過文獻資料之考查，考查《觀音玄義》成立之年代，推斷其成立時間約597（智者大師圓寂之年）至629年間，是章安灌頂法師之作品，因而主張天台性惡說為灌頂法師所創倡（參見《天台大師の研究》，頁475～494）。吾人知有關天台智者諸多的論著中，大多是經由灌頂法師之筆錄整理而成，尤其代表天台思想的三大部（指《摩訶止觀》、《法華玄義》、《法華文句》）。因此，我們很難分辨哪些是智者大師的東西？哪些是灌頂法師的東西？於諸多論著中已難以作分辨。縱使是灌頂法師後來自己添加進去的，在義理思想上若與智者大師思想一致，基本上仍可判屬為智者大師的思想，縱使運用其它方法來整理智者大師講過的東西，仍然可視為智者大師的。除非兩者思想間有著明顯之差異。否則，此分界下是很難作判斷的。基本上灌頂記錄整理的論著，即是智者大師的思想，智者大師的思想亦不能離那些論著。佐藤哲英雖考證文獻，認為《觀音玄義》為灌頂之作品（此真偽問題暫且不論），然仍然肯定性惡說為天台思想之核心，只是創倡者非智者大師

而已，基本上則認為性惡說為天台思想之主張。有關文獻考證問題，本文暫不置評。

⑥ 就餘九義言，悲、慧、真、藥、冥、實、本、了、智等皆代表「觀世音」，而慈、福、應、珠、顯、權、迹、緣、斷等皆表「普門」。

⑦ 詳細資料請參大正34．877～892上。

第二節　緣因佛性之性德善惡與涅槃時教

前節中已述及《觀音玄義》以「人法」，乃至「智斷」等十義來疏解〈觀世音普門〉之品名，而此十義之運用，目的在於以此十義來含括五時教（指華嚴、阿含、方等、般若、法華涅槃等五時教）對「觀世音」「普門」之解釋①。十義中之前八義（指「人法」至「本迹」）乃是從「順」方向來論述「觀世音」「普門」，而十義中之第九義「緣了」則是就「逆」方向來論述「觀世音」「普門」何以具有「人法」、「慈悲」，乃至「權實」、「本迹」等種種莊嚴、方便，如《觀音玄義》云：

九、明了因緣因者，上來（案：指十義之前八義而言）行人發心修行，從因剋果，化他利物，淺深不同；從人法至真應是自行次第，藥珠至本迹是化他次第。此乃順論，未是卻討根本。今原其性德種子，若觀智之人，悲心誓願，智慧莊嚴，顯出真身，皆是了因為種子。若是普門之法，慈心誓願，福德莊嚴，顯出應身者，皆是緣因為種子②。

此中首先說明十義之前八義是就「自行」「化他」方面來順論「觀世音」「普門」（即以「人」、「悲」、「慧」「真」釋「觀世音」之自行，而以「藥」「冥」「實」「本」釋「觀世音」之化他。再就「普門」之法而言，是以「法」「慈」「福」「應」釋「普門」之法爲自行，而「珠」「顯」「權」「迹」爲「普門」法化他）。如下圖表：

（自行）
觀世音　普門
1. 人　法
2. 慈　悲
3. 福　慧
4. 真　應

（化他）
觀世音　普門
5. 藥　珠
6. 冥　顯
7. 權　實
8. 本　迹

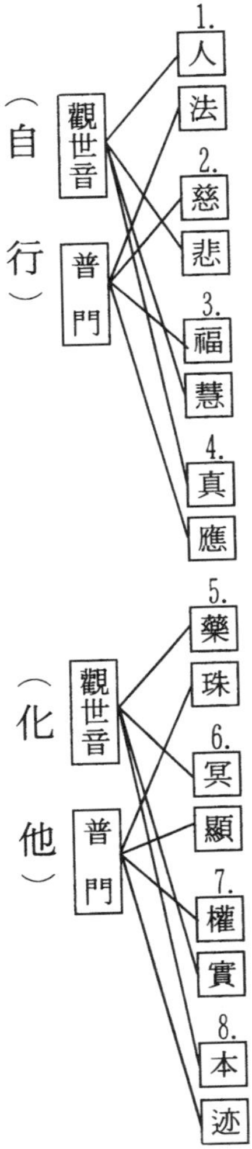

而此八義也只是順論「觀世音」「普門」之自行化他而已，並沒有進一步卻討根本

——即此八義之性德種子，而十義之第九義——「緣了」所扮演的角色，即對「觀世音」「普門」人法之「慈悲」、「福慧」，乃至「本迹」作一根本上探討，亦即觀世音菩薩爲什麼於自行上有「悲心」、「智慧」，以彰顯「真身」？而又爲什麼於自行修行法門中有「慈心」、「福德」，以彰顯「應身」？此是就自行上言。再就利他上言，爲什麼觀世音菩薩能如「藥品」似地「冥益」眾生？而普門法門能如「摩尼珠」似地應眾生根機，「顯益」羣生？爲什麼觀音普門能開「權」顯「實」？爲什麼能垂「迹」顯「本」？諸如此類問題根源之追溯，則是「緣了」本身所要處理的範圍。換言之，是以「緣了」來說明「人法」乃至「本迹」之根據所在，即以「緣了因」爲「人法」乃至「本迹」之性德種子。如文中以「了因」爲觀智之「人」、「悲心」誓願、「智慧」莊嚴、顯出「真身」等之種子，而以「緣因」爲普門之「法」、「慈心」誓願、「福德」莊嚴、顯出「應身」等之種子，如文云：

> 今原其性德種子，若觀智之人，悲心誓願，智慧莊嚴，顯出真身，皆是了因為種子；若是普門之法，慈心誓願，福德莊嚴，顯出應身者，皆是緣因為種子③。

由此可得知，從悲心、智慧等來看，此是屬於三因佛性中之了因種子；若就慈心、福德等來看，此是屬於三因佛性之緣因種子。緣了二因在於說明八義之性德種子。這也是爲什麼《觀音玄義》於「緣了」中來論述性德善惡之問題。

然而，《觀音玄義》將特別對於人法等八義作根源性之探討，是屬於五時教之涅槃時教。此可以從《觀音玄義》將十義與五時教的搭配中可得知，整理如下：

1.華嚴教——人法、慈悲、福慧、真應、藥珠、冥顯等六義。

2.三藏教——人法、慈悲、福慧等三義。

3.方等教——人法至冥顯等六義。

4.般若教——人法至冥顯等六義。

5.法華教——前六義及權實、本迹等八義。

涅槃教——十義具足④。

由上得知華嚴、方等、般若教皆只具十義中之前六義，三藏教僅只具前三義而已，而法華教具前八義，涅槃教則十義具足（即包括十義之後二義——逆論根由之「緣了」與順論究竟果之「智斷」），此爲前五時教（包括法華教在內）所無。

五時教與十義之關係，爲何會有如此之不同呢？對此《觀音玄義》有作進一步之解說，如其云：

> 次約三藏教，但明人法、慈悲、福慧三義，無真應等七種。何故爾？二乘教中，但明灰身滅智，那得從真起應。既無真應，將何益物⑤。

此說明了三藏教所闡明的是「灰身滅智」之道理，所以無法從真身中起應化身，化導眾生。故只具人法、慈悲、福慧等三義。接著論述華嚴教何以具六義，其云：

> 如華嚴頓教，教名大方廣佛華嚴，依題初明人法，此人秉法必具慈悲，菩薩修因，居然福慧，既入地位，必證真應，既能利物，則辨藥珠，物得其益有冥有顯，而未得別論權實、本迹、緣了、智斷者，……。何故爾？佛一期化物，明於頓漸，頓教雖說，漸教未彰，故不明四意也。所以不明者，彼經明小隔於大（案：此為「明大隔於小」之誤），如聾如啞。覆於此權，未顯其實。……，故言無權實也。言無本迹者，彼經未發王宮生身之迹，寂滅道場法身之迹，未彈指謦欬發久遠所得生法之本，故言無本迹。言無緣了智斷者，不明小乘根性及有心之者本身有常住之因，當剋智斷菩提之果，故言無也⑥。

由此中我們可得知爲何華嚴教只具前六義，其原因在於華嚴是屬頓教，於有關漸教之內容則闕如，故不具權實、本迹、緣了、智斷等四義，可說此四義皆因於漸教而說，華嚴未彰漸教義，故不明四義。至於何以不具有此四義之詳細理由，文中舉例作了詳細之說明，如言華嚴只談大乘法，而不談小乘法，即「明大隔於小」，所以不備權義；因覆於權，所以也就無法於權中顯實，故不備實。合而言之，不具「權實」義。其它如「本迹」、「緣了」、「智斷」何以華嚴教不具備，此可參引文部份，不詳述之。倒是值得一提的，是華嚴教何以不具有「緣了」義，此在於華嚴教並不闡述小乘根性及凡夫等人本自有常住之因。由此也可以看出因涅槃教廣談眾生皆有佛性，本自有常住之因，因而五時教中唯涅槃教具有緣了義（此部份於下列論述涅槃教再細說）。

接著論述方等教及般若教何以只具六義，如《觀音玄義》云：

若約方等教，對小明大，得有中道大乘，人法至冥顯兩益等六意。然猶帶方便，調熟眾生，故不得說權實等四意⑦。

又云：

若明般若教，雖未會小乘之人，已會小法皆是摩訶衍，但明人法等六意，亦帶方便，未明權實等也⑧。

上述兩段引文，第一段引文是就方等教而言，第二段引文是就般若教而言。方等教雖對小乘說明大乘法，然仍猶帶方便來調熟眾生，所以不具有十義之後四義。般若教雖已開會小乘法皆是大乘法，然亦帶有方便，所以不具四義。此也可以看出方等、般若不具十義之後四義與華嚴教情形是不同的，華嚴教在於未明小乘法，而方等教、般若教雖已涉及小乘法，然卻仍猶帶方便，未進一步開權顯實。

至於法華教之情形如何？如《觀音玄義》云：

法華教則會小乘之人，汝實我子，我實汝父，汝等所行是菩薩道。開權顯實，發本顯迹。了義決定，不相疑難。故知法華得明中道人法至本迹八意，前諸教所不明，法華方說⑨。

此說明了法華教之特色，在於「權實」、「本迹」二義，於前四教所未明的，將之開顯出來，即開權顯實，如《法華經》〈信解品〉等所說，會小乘之人，汝實我子，我實汝父，及汝等所行是菩薩道，即將小乘法一一開顯為一佛乘。所以是了義決定，不相疑難。此爲法華教之特色，具十義之前八義。

而涅槃教的情形又是如何？《觀音玄義》云：

若約涅槃，即有二種，所謂利、鈍。（利根者）如身子（案：指舍利弗）之流，皆於法華悟入，八義具足，不待涅槃。若鈍根弟子於法華未悟者，更為此人卻討源由，廣說緣了明三佛性⑩。

此段中，首先說明眾生有兩種根性——利根與鈍根。利根者於法華時教開權顯實發本顯迹，就能悟入諸法實相。縱使鈍根者，聽聞了法華教義，也能成爲醍醐味，如《觀音玄義》云：「若法華八意，於鈍人成醍醐」⑪。然而，卻有一類的眾生未能於法華教「開權顯實」「發本顯迹」的教義中悟入實相。因此，佛於涅槃時，憐憫此類眾生，特爲其卻討源由，廣明三因佛性之道理，令眾生了知本自有之的性德種子——了因種子、緣因種子，由之起修行，證得非緣非了的正因佛性——實相之道理。故《觀音玄義》接著說：

若論性德了因種子，修德即成般若，究竟即成智德菩提。性德緣因種子，修德成解脫，（究竟即成）斷德涅槃。若性德非緣非了即是正因，若修德成就，則是不縱不橫三點法身。故知涅槃所明，卻說八法（指八義）之始，終成智斷⑫。

此明顯地指出涅槃教之特色，在於說明八義（指人法至本迹等八義）之始——「緣了」二因，以及八義之終——「智斷」二德。

因此，我們可以了解到涅槃教提出三因佛性，以作爲修德之依據，如下表：

	（性德）		（修德）	
三因佛性	了因佛性	……→	般若	—智德菩提
	緣因佛性	……→	解脫	—斷德涅槃
	正因佛性	……→	法身	

而以此性德（因）修德（果）之因果關係，來引領眾生修行，亦即以「緣了」之因性及「智斷」之果德，明修行之始（原因）終（結果），以便鈍根秉此而行，而悟入非緣非了之正因佛性，以及非智非斷之法身德。

註解

① 如《觀音玄義》云：「第二次第者，此有二意，一約觀明次第、二約教明次第。……約教則該括漸頓小大諸經」（大正34．877中）。由此可知《觀音玄義》是以十義來該括大小乘經典，當然亦包括五時教在內。

② 大正34．877下～878。

③ 同上。
④ 大正34・878中。
⑤ 大正34・878上。
⑥ 同上。
⑦ 大正34・878中。
⑧ 大正34・878中。
⑨ 同上。
⑩ 同上。
⑪ 大正34・878下。
⑫ 大正34・878中。

第三節 《觀音玄義》性惡之涵義

一、「緣了」所扮演角色之確定

從前節的論述中，得知對「觀世音」「普門」之「人法」，乃至「本迹」等八義作根源性的追溯，爲「緣了」所要扮演之角色，亦是涅槃時教所要宣說的教理，且爲涅槃教之特色（其它五時教中皆不明此）。而爲什麼要從事於作根源性的論述？無非因應某類衆生——鈍根衆生而說的法，此一類衆生歷經了前五時（華嚴至法華時）仍無法悟入實相，因此，佛陀爲未能悟入的衆生於臨入滅的涅槃時，宣說本自常性，佛性之道理，如《觀音玄義》云：

> 若鈍根弟子於法華未悟者，更為此人卻討源由，廣說緣了，明三佛性①。

所謂「三佛性」，即是三因佛性，是指緣因佛性、了因佛性、正因佛性，此是藉由緣了因之探索，以凸顯非緣非了的正因佛性。此可看出緣了所扮演之角色。

若我們歸納《觀音玄義》「釋名」之「通釋」部份所論及的「緣了」內容，加以前後文之對照，將有助於吾人對「緣了」之理解。茲摘於下：

①列名：1.人法、2.慈悲、……9.緣了、10.智斷。

②次第：

③解釋：「了」是顯發，「緣」是資助，資助於「了」，顯發法性（即正因佛性）。

④料簡：有關料簡緣了部份，摘錄於本節第二項中。

從上述中的「列名」，所列舉的十義中，可看出「緣了」是置於第九義，而從十義之次第中，不管是就「觀」或「教」來看，「緣了」本身所扮演之角色，在於探討「人法」至「本迹」等八義之根本源由，亦可說在探討「觀世音」「普門」自行化他之根本源由。藉由對「觀世音」「普門」作根源性之探索，爲「緣了」所要處理的問題。此即點出了「緣了」所扮演之角色——探索根本源由。就第三解釋部份而言，則是進一步闡述「緣」與「了」彼此之間的關係。首先是以「顯發」解釋「了」，以「資助」解釋「緣」，此二者的關係——是以「緣」資助於「了」，以便「了」來顯發法身。從這一層的關係中，可以看出「法身」（正因佛性）須經由「了因」般若之觀照，才能顯發出來，然而若沒有「緣因」爲資助，「了因」則無用武之地，亦即必須有「緣因」爲資助，「了因」才能產生作用。而此目的在於顯發法身，顯發正因佛性，顯發實相②。且因諸法本寂滅，言辭相亦寂滅，不可以言宣，則須假藉「緣」「了」爲方便，以此方便顯發法身，如《觀音玄義》云：

> 以此二種方便（案：指「緣」「了」因而言），修習漸增長，起於毫末，得成修得，合抱大樹③。

此即是以「緣」「了」二因爲修行之方便，以此爲起點，終證得法身，所謂「得成修得，合抱大樹」即是也。

因此，我們可以明確地理解到「緣」「了」二因實乃修行之方便，雖於「觀世音」「普門」自行化他方面廣作根源性之探索，目的在於作爲引發眾生修行之方便法。若吾人能先明瞭「緣」「了」於《觀音玄義》所扮演之角色，則有助於「料簡緣了」所引發之性惡問題之了解。

二、「料簡緣了」性惡之剖析

在《觀音玄義》「釋名」之「通釋」的第四部份——料簡緣了，針對鈍根眾生而廣談「緣因佛性」之性德善惡問題。前節中已明運用「緣了」作根源上之探索，此為鈍根所演說之法，而《觀音玄義》對於性德善惡問題是置於此部份來論述。以下擬將原文抄錄下來，後加以論述說明。此部份共分四組，如下：

第一組

（問）：緣了既有性德善，亦有性德惡否？

答：具

第二組

問：闡提與佛斷何等善惡？

答：闡提斷修善盡，但性善在。佛斷修惡盡，但性惡在。

第三組

問：性德善惡何可不斷？

答：性之善惡，但是善惡之法門。性不可改，歷三世無誰能毀，復不可斷壞。譬如魔雖燒經，何能令性善法門盡；縱令佛燒惡譜，亦不能令惡法門盡，如秦焚典坑儒，豈能令善惡斷盡耶？

第四組

問：闡提不斷性善，還能令修善起。佛不斷性惡，還令修惡起耶？

答：闡提既不達性善，以不達故，還為善所染，修善得起，廣治諸惡。佛雖不斷性惡，而能達於惡，以達惡故，於惡自在。故不為惡所染，修惡不得起，故佛永無復惡。以自在故，廣用諸惡法門化度眾生，終日用之，終日不染。不染故不起，那得以闡提為例耶？若闡提能達此善惡，則不復名為一闡提也。

若依他人明闡提斷善盡，為阿黎耶識所熏更能起善。黎耶即是無記無明，善惡依持，為一切種子。闡提不斷無記無明，故還生善；佛斷無記無明，無所可熏，故惡不復生。若欲以惡化物，但作神通變現度眾生爾。

若佛地斷惡盡，作神通以惡化物者，此作意方能起惡，如人畫諸色像，非是任運；如明鏡不動，色像自形。可是不可思議理能應惡，若作意者與外道何異？

今明闡提不斷性德之善，遇緣善發。佛亦不斷性惡，機緣所激，慈力所熏，入阿鼻地獄，同一切惡事化眾生。以有性惡，故名不斷；無復修惡，名不常。若修性俱盡，則是斷，不得為不斷不常。闡提亦爾，性善不斷，還生善報；如來性惡不斷，還能起惡，雖起於惡，而是解心無染，通達惡際，即是實際，能以五逆相而得解脫，亦不縛不脫，行於非道，通達佛道。闡提染而不達，與此為異④。

從「料簡緣了」這整段文字來看，很明顯地此並不合乎天台緣起中道實相之義理，亦不合乎天台慣有的表達模式，如天台論述「一念三千」時，對諸論師各執一邊之見作了強烈之抨擊⑤，且論述佛性之因時，亦時時扣緊三因佛性來談。這是天台慣有的表達模式，縱使想由緣上來開顯諸法，亦會言是隨順因緣而說，而不是以偏執某一端爲是。然而在《觀音玄義》「料簡緣了」這段文字，顯得是異軍突起，而陷入性德善惡之自性執中，這基本上可說與天台思想相違背的。唯一可以用來解釋的，那是從「緣了」方面來看性德善惡問題。也就是說《觀音玄義》講性德善惡，是就「緣了」上來講的，如「料簡緣了」之標題及第一組問答中，就明確地顯示此義——「緣了」，以「緣了」對根源之探溯來論述性德善惡，且在此之前已告訴吾人，以「緣了」來探索「觀世音」「普門」之性德種子，是對鈍根眾生而說的法。此種種說明，皆顯示了一個道理——性德善惡是基於「緣了」來論述的，而此法門是爲鈍根眾生而開設的。雖如此，然在「料簡緣了」這段文字的運用表達上，亦顯得十分不周全、不完整，反

而會令人錯覺到《觀音玄義》是主張性惡說的。何以會如此呢？此在於「料簡緣了」整個的問答進行中，尤其是第二、三、四組的問答，幾乎喪失了「緣了」之精神（除了第一組問答還扣緊「緣了」來談外，而第二、三、四組問答皆已不見「緣了」），甚至連「緣了」所要表達的旨趣——非緣非了的正因佛性，也都喪失殆盡了，而祇一味地強調性德善惡，反讓人錯覺到天台是主張性惡說。所以，嚴格來說，這段文字的表達是不完整的，且與《觀音玄義》前半段所述緣了精神並不脗合。除非「料簡緣了」這一部份故意將前面所述「緣了」省略，以爲前面已經將「緣了」涵義交待清楚了，而於此無須再重覆，只於「料簡緣了」之標題及第一組問答中提及，告訴我們此中所處理的是有關「緣了」的問題，且直就佛（觀世音普門）如何化度眾生，以及一闡提如何能成佛來談，亦即是《觀音玄義》「料簡緣了」所要處理的問題，是：

性德善惡
- 佛——有性惡（與一闡提同）——（能）——→廣用惡法門化度眾生
- 一闡提——有性善（與佛同）——（能）——→成佛

此可說是「料簡緣了」所要表達的宗旨。然文中並沒有做任何交待——說明此是爲「有」根性眾生而說的話。故而在文字的運用和表達上，爲後代、乃至近代學者誤以爲天台主張性惡說，且唯性惡說才足以代表天台之特色。殊不知此乃對天台學說之一大誤解。《觀音玄義》所表達的「性」是就「緣了」而說，而非如近代學說就本體的觀點來詮釋「性」。

至於爲何於「料簡緣了」這段文字中，會表達得如此不完整？除了上述所推論將「緣了」之內涵省略（以爲前已明述，讀者應可明瞭此道理）外，有以下幾種可能情形：

1. 隨機而答，因對象的關係而作如是答覆。
2. 採問答方式，而限制了其作完整性之發揮。
3. 記錄上有誤。
4. 後人添削。
5. 非智者之論著。

諸如此類皆可能影響到一篇文章的完整性。若於「緣了」精神把握不住，那麼就容易將此性德善惡變爲自性化。

從上述的分析中，吾人知道《觀音玄義》「料簡緣了」所處理的性德善惡問題，是基於「緣了」來論述的，此可由第一組的問答中得知。問答中針對既然以「緣了」來詮釋「觀世音」「普門」自行利他之「人法」乃至「本迹」之性德善，而問「緣了」中除了有性德善，有否性德惡？這是屬於相對性的問題，相對於「善」，而提出相對的「惡」，不管是講性德善，或性德惡，皆是基於「緣了」而說，就「緣因」而言，有無量多，歸而言之，可分爲四門：有門、空門、亦有亦空門、非有非空門。本問答中是就「有門」而言，既然言有性德善，同樣地也可言有性德惡，性德善惡是屬相對列舉，且只是表達「緣因」方式之一而已。就此而言，說性德善、性德惡，事實上皆不外乎就「緣因」之「有門」而談。但在「料簡緣了」問答中，並未作如此說明。此也是令人不解，容易造成誤解之一。

在第二組問答中，提出了性善惡與修善惡之不同，修善惡是可斷，而性善惡不可斷。所以說闡提斷修善盡，但性善在；佛斷修惡盡，但性惡在。在此即是強調性善惡不可斷，顯示性之不可改，不可壞，此在第三組問題中有詳盡之說明。此爲易誤解之二。

（或許我們可以做這樣解釋，第三組問題中，是以性之善惡，作爲善惡法門之所依，所以強調性之不可改，不可壞。若是性是可改，可壞，那麼就不足以作爲善惡法門之所依，即此是針對善惡法門，而提出性之善惡。也因爲如此，而強調性之不可斷。依天台的教理，本無惡，所以性不可斷。此處則成了有性惡，所以是不可斷。這是在解說上出了問題。尤其在第四組問答中，強調性有善惡而駁斥他人（指攝論師）以無明阿黎耶識爲一切法依持，更是不合理，反而自己立基於性善惡這一邊，來抨擊他人。此不過是五十步笑百步，根本不合乎天台一貫之教理。自立一邊而用以抨擊他人，這與天台教理是相背離的。天台慣用的方式，是「有因緣故，則可說」，從因緣上來論述問題）。

在第四組問答中，提出「達與不達」作爲佛與一闡提區別，佛與一闡提雖同具性善惡，但仍是有差別的，此差別在於「達」與「不達」，佛達於惡際即是實際，所以不爲惡染，而一闡提因不達，所以還爲善染。關鍵在於什麼是「通達惡際，即是實際」，文中並沒有作進一步說明。若以白話解釋此句，是指佛能通達於惡的究竟處，了知惡本身即是實際（實相），善惡本空，所以能於五逆相而得解脫，行於非道，通達佛道。而說性之善惡，不過是就「緣了」上而說，目的在於透過對「緣了」作根源性之探討爲方便，引領眾生悟入非緣非了的正因佛性，即達於惡際即是實際之境界。

由於第四組問答中未進一步開顯此義。因此，成了讀者各憑本事來理解。此爲易誤解之三。

註解

① 大正34．878中。

② 此中之「法身」、「正因佛性」、「實相」其意義是相通的，「法身」是就果德上說，「正因佛性」是就因地上言，「實相」則是就非因非果言。若就圓滿究竟義言，即是「法身」，此為因地上所欲達之圓滿究竟處。在《法華玄義》「三法妙」中，以三軌類通諸法（包括三因佛性、三德等），以及「顯體」部份對「實相」之闡述，可得知「實相」與「法身」、「正因佛性」是相通的（請參大正33．741中～742中，及779下）。

③ 大正34．880中。

④ 上述有關料簡緣了之引文引自大正34．882下～883上。

⑤ 此部份可參第六章。

第四節　從天台緣起中道實相論看性惡問題

在天台的學說理論中，強調以四悉檀化物，不可偏執，如在《觀音玄義》中對於觀世音菩薩是已成佛？抑是菩薩之問題，提出了這樣地解釋，如其云：

> 問：觀音利物，廣大如此，為已成佛？猶是菩薩？
>
> 答：本地難知，而經有二說，……二文相乖，此言云何？乃是四悉檀化物，不可求其實也⑤。

此明於觀世音菩薩，不可將之實性化。同樣地道理，於諸法亦復如此，不可定執爲實性。

若我們從天台的義理思想——緣起中道實相論來探討性惡問題，我們會發現《觀音玄義》所論述之性德善惡，是就「緣」上論性善惡，豈可定執此爲實性耶？而誤以爲天台主張性惡說。《觀音玄義》闡述「緣了」之性德善惡，目的在於藉由「緣了」爲方便，開顯非緣非了之正因佛性，即令眾生了達法無自性之實相道理。此於下詳述之：

一、三因佛性與實相

在《觀音玄義》以「十義」來疏解「觀世音」「普門」之品名，而「十義」之第九義「緣了」部份所處理的問題，是探討「觀世音」「普門」之性德種子，亦即是處理因地問題。換言之，即是三因佛性之問題。即不管是觀世音菩薩化度之所依憑，乃至一闡提成佛之所依據，皆是《觀音玄義》「緣了」所要探討的課題。

在《觀音玄義》「十義」之前八義（指「人法」至「本迹」）所論述皆是緣了因之性德善種子，而在「料簡緣了」部份，則是進一步地探索既然有緣因性德善種子，是否同樣有性德惡種子？就緣因而論，「緣因」是有無量多的，有性德善種子，同樣地，亦有性德惡種子，此皆是就「緣」上而論，既是「緣」，應知其無自性。所以，更須透過般若智慧之觀照，了達法無自性之道理，而達於「非緣非了」的正因佛性。正因佛性者，實相也。

就三因佛性言，真正代表實相涵義的是正因佛性，此可從《法華玄義》論述實相體得知，此中取三軌（資成軌、觀照軌、真性軌）之真性軌爲實相之代表②，而三軌與三佛性類通，真性軌類通正因佛性③。由此我們可得知，正因佛性是實相，即三因佛性中代表實相的，是正因佛性。故不能以三因佛性的「三即一、一即三」，而認爲緣了因下的性惡說即合乎智者三因佛性的實相義，亦即緣了因之論，乃權巧方便之說，不可加以定執，其目的在於凸顯正因佛性。若以正因佛性的離四句立論，性之本質乃是非善、非惡、非亦善亦惡、非非善非非惡。

所謂正因（佛性），是指非緣（因）非了（因），也就是緣因無自性，了因無自性，緣了二因皆是因緣所生法，不可偏執，如此即是正因佛性，即是實相。

再就三因佛性之關係而言，緣因、了因、正因彼此不相捨離，不能離緣了二因而談正因佛性，即不能離緣了二因而求正因。反過來說，若離緣了二因，即無正因可言。因此，我們可了解三因關係是不相捨離的。同樣地道理，不可離「緣」「了」二因而求實相。

二、三因佛性與空假中

以三因來探討根由，無異是就「空」「假」「中」來論述。「正因」代表「中」，「緣因」代表「假」，「了因」代表「空」。三因佛性與空假中有著密切之關係。

就因緣所生法，無不是假名施設而言，「緣因」亦復如是，此爲「假」也。同樣地，因緣所生法，法皆無自性，「因」亦是無自性，此爲「空」也。不管言「假」或言「空」，皆須了達其無自性，不可偏執，此即是「中」，猶如了達「非緣非了」之正因。

而「空」、「假」、「中」三者不相捨離，離「空」「假」無「中」可言，同樣地，離「緣」「了」因，無「正因」可言。以「緣」資助於「了」，以顯發「正因」，即是此意。能就「緣」上論性德善，同樣地，可就「緣」上論性德惡，若能了達此性德善惡皆無自性，不可偏執，不定性化，即是正因，亦即是中道實相。

《觀音玄義》論述性德善惡，主要是針對涅槃時鈍根眾生而說的法，藉此「緣了」根源之探討，以引導眾生悟入「非緣非了」之正因，即悟入諸法實相之道理，所謂「通達惡際即是實際」也。

註解

① 大正34·891下。

② 如「法華玄義》云：「三，正顯體者，即一實相印也，三軌之中取真性軌」（大正33·779下）。

此即以真性軌代表實相。

③參大正33．744，有關三軌類通三因佛性部份。

第五節　對學者主張天台性惡說之省思

近代學者往往認爲「性惡說」爲天台思想之特色，持此見解者，在於並不了解《觀音玄義》所談之性德善惡乃是基於「緣了」上來說，縱使知道是就「緣了」上來說，卻往往將「緣了」之因當成本體（或存有）來理解①。甚且他們並沒有發現《觀音玄義》「料簡緣了」這段文字已不合乎天台義理思想，反認爲此中所提之性惡爲天台思想之極至。而爲何會如此呢？基本上在於他們是從本體（或存有）的觀點來理解天台思想，所以把《觀音玄義》「料簡緣了」這段文字視爲天台思想之極點，而不覺有任何不妥處，反而依此大大倡言天台思想是主張性惡說，持此論點者有安藤俊雄、張瑞良、慧嶽法師等人②。

另外像佐藤哲英雖透過文獻資料來考查，其認爲《觀音玄義》是灌頂法師之著作③，且性惡說的創倡人是灌頂法師④，而非天台智者大師。然基本上仍肯定性惡說爲天台思想之特質，只是創倡人是灌頂法師，而非智者大師之差別而已。

不管主張性惡說是智者大師，抑是灌頂法師，其基本模式卻是一致的，認爲性惡說爲天台思想之核心。而此皆可說誤解了「緣了」性德善惡所致，或言以「性具」爲天台思想所導致的結果。皆是於「性具」、「性惡」之「性」理解偏差所造成的。

若依據佐藤哲英文獻考查之判斷《觀音玄義》非智者大師之著作，那麼更不當視性惡說爲天台思想之核心，也許是灌頂法師於天台思想把握上有所偏離所致。若如此，《觀音玄義》「性惡說」之論調，亦值得吾人深入反省檢討。而主張由「性具」推演出「性惡說」的觀點，亦值得吾人進一步深思。

註解

① 如牟宗三對「性德」之解釋，其云：「性德者，『法性無住，法性即無明』」（轉語為一念無明法性心）所本具之一切法也。一切法為法性無住所本具，即名曰「性德」，法性之德也。德者，得也，具足本有之謂德。既言性具百界（三千世間），則自可言性德惡與性德善」（《佛性與般若》，頁869）。由此我們可以看出牟宗三對「性」之界定，且由「性具」觀念來說明性德惡、性德善之可能，因為性具百界，理應有性德惡、性德善。即「性」本身具如一切法。

②詳細請參第一節註①。而有關論證部份可參第十章。

③參第一節註①有關佐藤哲英之部份及註⑤。

④同上。

第九章　實相之諦說

——從「三諦」論智者大師與龍樹菩薩之關係

本章要探討的，主要是從「三諦」來論述天台智者大師與龍樹菩薩思想間的關係，藉以釐清近代學者對天台思想之誤解。由於近代學者往往將「三諦」（指空、假、中諦）視為智者大師思想之專利，且以「三諦」之中諦，來說明智者大師之「中諦」已違背龍樹菩薩的原意，甚至背離了佛陀本懷，是離「空」外，而另立的「不空」，是屬外道真常的思想。亦有學者認為智者大師是透過「空、假、中」三諦的辯證法，而逼顯——主體性的存有，或認為智者大師是透過正反之辯證，尋求一絕對統一存有。然其所述皆不符合智者大師思想。面對諸如此類問題，本文擬就三諦之淵源、智者大師對三諦的解說，及《中論》「空、假、中」偈之分析等三方面來探討。冀以說明智者大師和龍樹菩薩之間的關係，並非根本上之絕然不同。於最後一節，略舉近代學者們所理解中的龍樹與智者大師之看法。

另方面也想透過對「三諦」之探討，了解實相並非屬於某諦之專利，而是有諸種不同的表達方式，「三諦」只是其中之一而已。

第一節　三諦之淵源

在天台智者大師（538～597）前，有關三諦思想並未廣泛受到重視，然在經論中早已出現三諦之觀念，如《三法度論》云：「問：已說實。云何爲諦？答：諦者，等相第一義諦，等諦、相諦、第一義諦，是三種諦」①。此已具有三諦之雛型，雖其所使用三諦之名稱，不似後來天台智者大師所慣用之空假中三諦，但吾人可將此三種諦視爲天台三諦之前驅。況「諦」之名，是假名施設而立，隨順因緣不同，可有無量多種的表達方式，如《瑜伽師地論》云：「云何名諦？施設建立，謂無量種，或立一諦，謂不虛妄義，唯有一諦，無第二諦故。或立二諦，一世俗諦、二勝義諦。或立三諦，一相諦、二語諦、三用諦。……」②。三諦不過是「諦」的表達方式之一而已。

依智者大師於《法華玄義》中的說法，三諦之名是出自於《菩薩瓔珞本業經》及《仁王般若波羅蜜多經》（以下簡稱爲瓔珞經、仁王經），如《法華玄義》云：「……三諦者，眾經備有其義，而名出瓔珞仁王，謂有諦、無諦、中道第一義諦」③。考察《仁王經》與《瓔珞經》，有如下記載：《仁王經》〈菩薩教化品〉偈中說：「無緣無相第三諦」、「忍心無二三諦中」、「勝慧三諦自達明」、「三諦現前大智光」、「於第三諦常寂然」④，此屢次提到三諦這名稱。另在《仁王經》〈二諦品〉中說：「一切法觀門，非一非二，乃有無量一切法，亦非有相非無相。若菩薩見眾生見一見二，即不見一不見二，一二者第一義諦也。大王！若有若無，即世諦也。以三諦攝一切法，空諦、色諦、心諦故。我說一切法，不出三諦」⑤。此提出空、色、心三諦，以此三諦統攝一切法。同樣地，在《仁王經》〈受持品〉中也提到三諦之名稱，所謂「世諦三昧、真諦三昧，第一義諦三昧，此三諦三昧，是一切三昧王三昧」⑥。此是透過世諦、真諦、第一義諦等三諦所作的觀行，而有所謂的世諦三昧、真諦三昧、第一義諦三昧之三諦三昧，無論是上述所引述的「空、色、心」三諦，或「真、世、第一義」三諦，事實上皆已具備了三諦之觀念。吾人亦可將此視為三諦思想重要文獻淵源。

在《瓔珞經》〈佛母品〉說：「爾時敬首菩薩白佛言：佛及菩薩二，初照智從何而生寂照？寂照之義復云何？二諦法性為一為二？為有為無？第一義諦，復當云何？佛言：佛子！所謂有諦、無諦，中道第一義諦，是一切諸佛智母，乃至一切法，亦是佛

菩薩智母」⑦，此提出了有諦、無諦、中道第一義等三諦的觀念，爲佛菩薩智母，餘一切法亦皆可爲佛菩薩智母。在〈因果品〉中又説到：「慧有三緣：一照有，二無諦，三中道第一義諦」⑧，此中説明了慧照有諦、無諦、中道第一義諦等三諦，此與上述所引〈佛母品〉所提出的「三諦」名稱是完全相同的。另在〈賢聖學觀品〉提及：「從假名入空二諦觀，從空入假名平等觀，是二觀方便道。因是二空觀，得入中道第一義諦觀，雙照二諦，心心寂滅」⑨，此處所提三觀（二諦觀、平等觀、中道第一義觀），是從觀「空」（指從假名入空）、觀「假」（指從空入假名）、觀「中」（指二諦觀、平等觀——即空、假觀，仍祇是觀法上的方便道，最後得將此二種觀捨離、空掉，才得進入中道第一義觀，亦即無有空假之執著）而得名。由此三觀襯托出「空」、「假名」、「中道」三諦的觀念，此三諦的名稱爲天台智者大師所慣用的空假中三諦之名。在智者大師《摩訶止觀》、《修習止觀坐禪法要》等著作中皆曾引用《瓔珞經》〈賢聖學觀品〉的三觀説法。因此，我們可以了解到智者大師三諦三觀的思想，直接或間接地得自於《瓔珞經》。

以上所述是就經論明文所載三諦而言，其它經論雖未有明文述及三諦名稱，但依智者大師的看法，三諦之義理是遍佈於眾經典中的，如前文所引述《法華玄義》中提到：「……三諦者，眾經備有其義」。因此，智者大師舉《妙法蓮華經》〈壽命品〉來說明：「非如非異即中道，如即真，異即俗」⑩，以作爲《妙法蓮華經》亦具有三諦思想之依據。在《妙法蓮華經》〈壽命品〉經文中說到：

如來如實知見三界之相，無有生死，若退若出。亦無在世及滅度者，非實非虛，非如非異。不如三界見於三界，如斯之事⑪。

而智者大師於《法華玄義》中，將此經文中之「非如非異」引出加以解釋，認爲「非如非異」，指的是中道第一義諦，此乃如來佛之知見，而「如」代表著空諦，「異」代表著假諦，前者是二乘之知見，後者是凡夫之見，而「亦如亦異」是菩薩之知見，以此顯示如來之知見別於二乘菩薩之知見。

然更應值得注意的，是龍樹菩薩《中論》〈觀四諦品〉所說的：

眾因緣生法
我說即是無（空）
亦為是假名
亦是中道義⑫

此一偈頌，廣被智者大師所引用，作爲三諦思想之基礎，此於其著作中可窺知，也可

了解到智者大師對此偈頌之重視。雖然中論未明文記載空諦、假諦、中道諦等三諦之名稱，然不論有否明文之記載，智者大師所把握的，是種義理上的中道思想。關於此偈頌，有將之稱爲「空、假、中」偈，或「三是」偈⑬，然頗受近代學者爭議的，是認爲在龍樹菩薩《中論》只談及二諦，此偈頌亦只有二諦觀念而已，並沒有如智者大師所理解的三諦，且智者大師所理解之「空假中」偈已非龍樹菩薩《中論》之原意，關於此問題待於後面詳述探討之。

註解

① 大正25・24下。
② 大正30・547中。
③ 大正33・704下。
④ 大正8・827上中。
⑤ 大正8・829中。
⑥ 大正8・833上中。
⑦ 大正34・1018中

⑧ 大正34．1019中
⑨ 大正34．1014中
⑩ 大正33．704下。
⑪ 大正9．42下。
⑫ 大正30．33中。
⑬ 如呂澂《中國佛學思想概論》中，即以三是偈稱之（頁358）。吳汝鈞〈龍樹之論空、假、中〉一文中，即以「空假中偈」稱此偈頌（見《華岡佛學學報第七期，頁102）。另亦有以「因緣偈」稱之。

第二節　智者大師對三諦的看法

一、三諦之涵義

所謂「三諦」，是指空諦、假諦、中諦。諦者，審實之義。一切法並從緣生，緣生無自性謂之「空」，無自性而生謂之「假」，不出法性謂之「中」。亦可言以三種不同角度來詮釋因緣法。空諦又名真諦，或無諦，假諦又名俗諦，或有諦，中諦又稱爲中道諦，或中道第一義諦。

在智者大師《四教義》中，對三諦義有如下解釋，其云：

三諦名義，具出《瓔珞》、《仁王》二經。一者有諦，二者無諦，三者中道第一義諦。所言有諦者，二十五有世間眾生妄情所見，名之為有，如彼情見審實不虛，名之為諦，故言有諦，亦名俗諦，亦名世諦，如《涅槃經》云：如世人心所見者，名為世諦。二、無諦者，三乘出世之人所見真空，無名無相故名為無，審實不虛，故目之為諦，故言無諦，亦名真諦，亦名第一義諦。三、中道第一義諦者，遮兩邊故，說名中道；言遮二邊者，遮凡夫愛見有邊，遮二乘所見無名無相空邊，遮俗諦真諦之二邊，名為不二，不二之理，目之為「中」，此理虛通無擁，名之為「道」，最上無過，故稱「第一」，深有所以，目之為「義」，諸佛菩薩之所證見，審實不虛，謂之為「諦」，故言中道第一義諦，亦名一實諦也，亦名虛空、佛性、法界，如如、如來藏也。故《涅槃經》云：凡夫者著有，二乘者著無，菩薩之法不有不無，即是三諦之理不同之義」①。

從以上的引文中，已明確地界定「有」「無」「中」（或言「空」「假」「中」，或言「俗」「真」「中」）三諦之義理；所謂「有諦」，是依凡夫所見而言，「真諦」是依二乘所見空（無）而言，「中道第一義諦」，是就佛菩薩所見不有不無而言。凡夫以其妄情知見認爲因緣所生法爲「有」（指實有），而不明一切法皆因緣和合而生，因而執以爲實，但以凡夫的立場來說，此「有」乃是真實不虛的，故稱之爲「有諦」。二乘人透過其修行所體證，所見之法是真空，是無名無相，故視因緣所生法無有自性，無有實體，故言爲「空」，就二乘的立場而言，此「空」仍是真實不虛的，故稱之爲「真諦」（或「空諦」）。二乘雖破「我執」情見，但仍存「法執」，難免執「空」爲實性；雖解諸法因緣生無自性空，若將無自性空視爲實性，實又是另一種執著（稱之爲「法執」）。「中道第一義諦」所要彰顯的，在於遮撥凡夫二乘對「有」「空」之偏執，以顯示「不有不空」之中道義，如引文云：「遮凡夫愛見『有』邊，遮二乘所見無名無相『空』邊」遮除對「有」「空」二邊的執著，彰顯「空」「有」不二及明「空」「有」無自性，不可偏執。因此，可以了解到中道第一義諦之「中」的精神，表現在「空」「有」不二上，因而使其理無有滯礙（不滯於「空」，不滯於「有」），故能「虛通無擁」，故稱爲「中道」。

至此，約略地可以理解到智者大師對「中道第一義諦」所作的定義，乃在於闡述不偏「有」不偏「空」的緣起法，以此說明佛菩薩對緣起法之知見，以別於凡夫二乘之知見。由於凡夫二乘佛菩薩對緣起法之知見有所不同，故而說有種種不同之諦理。而非於緣起法外，另立有中道義，雖說三諦，事實上是針對人類對「法」的見解不同而立。

在上述引述《四教義》的引文中，對「中道第一義諦」之「中」「道」「第一」「義」「諦」等字眼，皆作了一明確界說，此乃值得吾人之注意。透過對此字義之了解，吾人可進一步掌握其義理精神。在引文的最後中，舉出了「中道第一義諦」之種種異名——如：「一實諦」、「虛空」、「佛性」、「法界」、「如如」、「如來藏」等，皆可視之爲「中道第一義諦」之別名，名稱雖有種種，但在本質上並沒有差異，祇是稱呼不同而已。以此「中道第一義諦」來形容佛菩薩之知見，說明諸法實相，如《法華經》云：「唯佛與佛乃能究竟諸法實相」②，所謂「諸法實相」之「實相」，指的即是不偏有不偏空的「中道第一義諦」，此乃佛之知見，故唯佛能窮究之。此在智者大師《法華玄義》中，顯示《法華經》這部經之「體」時，即以「實相」來代表《法華經》之體，另亦述及實相之體，祇是一法，而佛說種種說，從「非有非無」的立場來看，實相即是中道第一義諦③。

從智者大師《四教義》對「三諦」所作的定義中，關於「中道第一義諦」所涵之義，可歸納爲下列幾點：

1.中道第一義諦即是諸法實相。

2.中道第一義諦是針對凡夫二乘對「有」「無」之偏執而施設，以「非有非無」顯中道第一義諦。

3.中道第一義諦是建立在有無不二的基礎上。

4.中道第一義諦代表著佛菩薩之知見，以別於凡夫二乘偏執之知見。

另附帶說明的，《四教義》所言「有」「空」「中」三諦，此與智者大師所慣稱之「空」「假」「中」三諦略有差異。所差異者，在於「有諦」與「假諦」所指內容有所不同，假諦之義，著重在因緣所生法無有自性上，以無自性而生，是因緣和合而生，是假名施設而立，故稱之爲「假諦」。至於「有諦」，則是針對凡夫之情見而言，由於凡夫不明因緣法，而認法爲實有。所以兩者有所不同。更重要的，是「有、無、中」之「有、無」二諦，是基於對立立場而言，「有」代表著實有、實性，「無」代表著無自性空，所以是對立的。然而「空、假、中」之「假」諦，此與「空」「中」諦互爲一體，彼此可以相通，而非對立關係，說「假諦」時事實上已對

「有諦」提出批判。「空」「假」「中」三諦是透過不同層面來描述緣起法，從法的無自性立言，說之爲空諦，從法的假名設施立言，說之爲假諦，從法的無可執上立言，稱之爲中諦。故將此因緣境，稱爲一境三諦。

二、三諦之種類

欲了解智者大師三諦之義，實有必要進一步了解其對三諦之分類。智者大師在《法華玄義》中，將三諦分爲五種，即：別入通三諦、圓入通三諦、別三諦、圓入別三諦、圓三諦等五種三諦。此五種三諦是由七種二諦而來，參見下列所繪七種二諦圖表④：

七種二諦

二諦／教別	俗諦	真諦
藏	實有	實有滅
通	幻有	幻有空

別入通	幻有	幻有空不空
圓入通	幻有	幻有空不空，一切法趣空不空
別	幻有，幻有即空	不有不空
圓入別	幻有，幻有即空	不有不空，一切法趣不有不空
圓	幻有，幻有即空	一切法趣有趣空趣不有不空

由於藏教和通教未明「不有不空」之中道，此從上圖表所示可得知，藏、通二教的真諦裏，並未述及「不有不空」（或空不空），故不得將之列入三諦行列中。七種二諦中除去藏、通二諦，所剩五種二諦，即是五種三諦之內容。以下茲就五種三諦分別述之：

1. 別入通三諦：此是指由別教接引通教而具有三諦義而言，如《法華玄義》云：

約別入通，點非有漏非無漏，三諦義成。有漏是「俗」，無漏是「真」，非有漏非無漏「中」。當教論中，但異空而已，中無功用，不備諸法⑤。

由於通教不明中道，藉別教義引入之，則有中諦可言，而此之中諦，是就有漏（俗）無漏（空）而指點出一非有漏非無漏之中道諦，然此中道諦只是理論的推演而已，並未

具備諸法，故本身沒有什麼功用。

2.圓入通三諦：此是指將圓教教義引入通教中而説三諦義。「圓入通」之俗真二諦與「別入通」之有漏無漏二諦相同，其所不同者，在於「圓入通」之中道諦，除了指點出非有漏非無漏之中道諦外，且進一步地説明此中道諦是具足一切法的，故與別入通三諦有別，如『法華玄義』云：

圓入通三諦者，二諦不異前（案：指別入通而言），點非有漏非無漏具一切法，與前中異也⑥。

3.別三諦：此指別教三諦言。是就別教二諦中的俗諦開成真俗二諦（指幻有即俗諦，幻有即空是真諦），而以二諦中之真諦爲中道諦，而此中道諦，只是「理」而已，並不具備諸法，如《法華玄義》云：

別三諦者，開彼俗為兩諦，對真為中，中理而已⑦。

4.圓入別三諦：此是指由圓教引入別教之三諦。而其真俗二諦與別教三諦之真俗二諦是相同的，其所不同於別教三諦者，乃在於就別教之「真中諦」（案：意指以真諦爲中諦），而指點出此真中諦具足諸法，如《法華玄義》云：

圓入別三諦者，二諦不異前（案：指別教三諦之真俗二諦），點真中道具足佛法⑧。

至此，我們可以理解圓入別之真俗中三諦，其所具足諸法之中道諦，並沒有捨離別教三諦之中道諦，所不同者，在於指點出別教三諦之中諦具足一切法而已，為別教三諦未言者，將之指點出來。同樣地，我們也可以了解到，圓入通三諦之中道諦所具足一切法，並未離開通教只具教義的中道諦，而只是將此中道諦所具足一切法，將之開顯出來而已。

5.圓三諦：是指圓教三諦。《法華玄義》對圓教三諦有如下之描述，所謂：

圓三諦者，非但中道具足佛法，真俗亦然，三諦圓融，一三三一⑨。

此顯示中道諦、真諦、俗諦等三諦是彼此圓融無礙的。不單是中道具足佛法，且真俗二諦亦與中道諦無異，皆具足佛法，雖開為三諦，而實只是一諦而已，雖是一諦亦不妨其開為三諦，故言「一三三一」，言一而三，或說三而一，其彼此皆是不相妨礙的。

雖分為五種三諦，事實上只有「別三諦」與「圓三諦」兩種而已，亦稱之為次第三諦（隔別三諦）與圓融三諦。而別三諦與圓三諦最大的區別，在於別三諦之中道諦並未具足諸法（即指與諸法有隔別），而圓教三諦不僅中道諦具足諸法，而且真俗二

諦也具足諸法，此三諦融通無礙。由此五種三諦的分別中，了解智者大師對三諦的看法。

三、圓融三諦

圓融三諦，可言是天台智者大師思想的核心，而發揮此思想的論著，在於《摩訶止觀》。《摩訶止觀》敘述觀陰入界境一念三千不可思議境時，對三諦思想有段精彩之解釋，茲引於下：

> 故名此心為不思議境也。若解一心一切心，一切心一心，非一非一切。一陰一切陰，一切陰一陰，非一非一切。一入一切入，一切入一入，非一非一切。一界一切界，一切界一界，非一非一切。……，乃至一究竟一切究竟，一切究竟一究竟，非一非一切，遍歷一切皆是不可思議境⑩。

此中共列舉了心、五陰、十二入、十八界、眾生世間、國土世間，乃至十如是法，以說明諸法皆是不可思議境，此不可思議境是遍歷一切諸法的。爲表達諸法不可思議境，《摩訶止觀》以即空即假即中三諦來表達之，如「一心一切心」，此是就假諦的立場而觀，「一切心一心」，此是就空諦的立場而說，「非一非一切」，則是就中諦立場而言，如《摩訶止觀》所解釋的：「若法性無明合，有一切法陰界入等，即是俗諦，一切界入是一法界，即是真諦，非一非一切，即是中道第一義諦」⑪，另又將三諦與《中論》「空假中」偈配合，如《摩訶止觀》云：

> 若一法一切法，即是因緣所生法，是為假名，假觀也。若一切法即一法，我說即是空，空觀也。若非一非一切，即是中道觀也⑫。

由三諦配以《中論》的「空假中」偈。則成爲所謂的三觀（空觀、假觀、中道觀）。雖說三諦，唯一實諦也。此一實諦者，即是因緣所生法，所以，是以因緣所生法來貫串三諦的觀念，在智者大師的論著中，常提及《中論》「因緣所生法，即空即假即中」，此是智者大師以「即空即假即中」來說明一實諦因緣法，以「即」來貫串空假中三諦圓融無礙。

關於圓融三諦之內涵，既深且廣，智者大師對它曾作了多方面之發揮，如《摩訶止觀》云：

> 若謂即空即假即中者，雖三而一，雖一而三，不相妨礙。三種皆空者，言思道斷故，三種皆假者，但有名字故，三種皆中者，即是實相故。但以空為名，即具假中，悟空即悟假中，餘亦如是⑬。

此段話中，涵有三層意義：

1.空假中三諦彼此間的關係，是「三而一，一而三」的關係。非離空外，而有假中；亦非離假外，而有空中，同樣地，非離中外，而有空假。所以是三而一，且雖一亦不妨其爲三（空假中），甚至可將之推展成無量諦。

2.從言思道斷的立場言，沒有一法不是空；從假名施設的立場言，沒有一法不是假；從實相的立場言，沒有一法不是中。此三者的關係非隔別的，只是所觀立場不同，而有不同之詮釋，如《摩訶止觀》云：

一空一切空，無假中而不空，總空觀也。一假一切假，無空中而不假，總假觀也。一中一切中，無空假而不中，總中觀也。即《中論》所謂不可思議一心三觀⑭。

一心同時具足三觀，以顯示空諦即具假中諦，假諦即具空中諦，中諦即具空假諦。

3.悟空即悟假中，悟假即悟空中，悟中即悟空假。

以上所言三義，實是一義也。在在顯示空假中三諦的關係，是「三而一，一而三」。

智者大師對此圓融三諦之見解，另可說來自於實際之修證，體證到諸法彼此之間的不可分割，而分三諦來加以掌握之，且三諦彼此亦不可分割的，發諸於觀行，則是一心三觀。

註解

① 大正46．727下。

② 大正9．5下。

③ 如《法華玄義》云：「實相之體，祇是一法、佛說種種名，亦名妙有、真善妙色、實際、畢竟空、如如、涅槃、虛空佛性、如來藏、中實理心、非有非無中道第一義諦、微妙寂滅等無量異名，悉是實相之別號，實相亦是諸名之異號耳（大正33．782中下）。接著又對實相之種種異名皆加以解釋，從不同立場，而富予實相種種不同之名稱，如解釋「中道第一義諦」時，則云：「不依於有，亦不附無，故名中道，最上無過，故名第一義諦」（大正33．783中）。

④《法華玄義》之七種二諦，是配合藏、通、別、圓四教來說的。另配合隨情、隨情智、隨智等三種說法方式，則展開成為二十一種二諦（參見大正33．702下）。

⑤ 大正33．704下～705上。

⑥ 大正33·705中。
⑦ 同上。
⑧ 同上。
⑨ 同上。
⑩ 大正46·55上中。
⑪ 同上。
⑫ 同上。
⑬ 大正46·7中。
⑭ 大正46·55中。

第三節 《中論》「空假中」偈之分析

關於龍樹菩薩思想與智者大師的關係，最容易引起論爭的，莫過於《中論》空假中偈，下列針對此問題來加以探討分析。

《中論》〈觀四諦品〉中說到：「眾因緣生法，我說即是無（空），亦爲是假名，亦是中道義」，此論爲鳩摩羅什三藏法師所譯，且此偈頌常爲智者大師所引用，作爲圓融三諦之基礎及一心三觀之依據。然近代學者透過文獻及語言分析，來反駁智者大師所詮釋的「空假中」偈並不合乎龍樹中論的原意。茲引《中論》空假中偈梵文於下：

Yaḥ pratityasamut-pādaḥ śūnyatāṃ tāṃ pracakṣmahe śā prajñaptir upādāya pratipatsaiva madhyamā ①。

在此偈頌的前半偈中，yaḥ與tāṃ相應，是指相應關係詞與關係詞的結構，而tāṃ則是指涉及śūnyatām（空），這半偈的意思，是說我們宣稱凡是相關連而生起的，都是空，再就下半偈而言，śā是陰性單性，是此後半偈主詞，是代表上半偈śūnyatā而言，而upādāya之意是「由……之故」，表某種理由，整下半偈的意思是，由於空是假名原故所以稱爲中道（madhyamā）。

由上述梵文《中論》空假中偈分析中，我們了解到因緣所生法，是空，空亦是假名，所以是中道。若我們進一步分析，空何以是假名？乃由於「空」亦是因緣所生法之故，所以空是假名施設的。能如是理解這種假名施設因緣法，那麼就能合乎中道。故中道仍基於因緣法來說。因此，我們可以看出，此偈頌不論說它是二諦或三諦，事實上所指的，唯是一「因緣法」而已。據近代學者對此偈頌之看法，認爲此偈頌中，

唯說「假」「空」二諦而已，並不涉及三諦，「假名」和「中道」是用形容「空」，所以只有「因緣所生法」和「空」二諦而已，而將之視爲即空即假即中三諦，乃天台智者大師之創見。今將空假中偈作一圖表以茲對照：

學者／諦名	羅什之翻譯	智者之理解	近人之詮釋
二諦	因緣生法——空（假、中）		因緣生法——空（假、中）
三諦	因緣生法（空、假、中）	因緣生法（空、假、中）	
一諦	因緣生法…空…假…中	因緣生法…空…假…中	

若將圖表配以二諦和三諦來看，鳩摩羅什法師所翻譯的空假中偈，實蘊含著二諦或三諦之可能，智者大師將之解爲三諦，近代學者之詮釋，則認爲唯二諦而已，至於誰

是？誰非？誰代表龍樹之原意？恐非本文所能提供答案。以下試就兩方面來探索：(1)二諦與三諦是否絕然差異？(2)龍樹菩薩「空假中」偈有否中道諦？就第一問題而言，依智者大師的看法，二諦和三諦之說法並沒有絕然之差別，講二諦或三諦，皆是隨順因緣而說，此可從《法華玄義》論述七種二諦與五種三諦中得知，二諦與三諦所闡述的，唯一諦理而已，可說唯一「因緣法」之諦理而已，只是所用方法不同，而二諦與三諦皆無實性，皆不可說，所可說者，皆是隨順因緣而說，不可固執一端，且不可將之自性化，故智者大師常以「隨情、隨情智、隨智」來解說佛所說法，其詮釋《法華經》之境諦時，則透過十如是境、十二因緣境、四諦境、二諦境、三諦境、一諦境、乃至無諦等，來解說諦理②。此在在可以看出智者大師處理問題之態度（方法），顯示二諦之說或三諦之說，並沒有根本絕然之不同。再就第二個問題言，龍樹之空假中偈表達了什麼？有否中道諦？「空假中」偈之主詞，唯一因緣生法而已，所以可以說是「一諦」，「空」是說明眾因緣生法無有自性，「假名」是說明「空」亦是因緣生法假名施設的，故不可執空，不可以「空」為實性，「中道」是用來描述這整個的運作過程所呈現的精神，所以「中道」實亦是因緣法而已。故《中論》空假中偈唯是一諦而已，因一諦實不可說，隨順因緣說成二諦或三諦，乃至無量諦亦無妨。

上，頗爲不一致。約略可分爲六種派別，茲述於下：

(一)方法論型

認爲龍樹學說是純粹屬於方法論而已，否定有一形上實體，且認爲智者大師所理解的龍樹思想，已非龍樹原意，是於空外，另立有一不空。持此看法者，如印順法師、楊惠南等。如印順法師之三系說，判中華大乘佛學（三論宗除外）是承受印度大乘晚期之學說，是屬真常如來藏系，且認爲龍樹只談二諦，並不涉及三諦①。李志夫老師對龍樹、智者的觀點，基本上接近於此②。

關於此派這方面重要著作：

1. 印順法師：

(1)中觀論頌講記　台北　慧日講堂　民62重版

(2)中觀今論　台北　慧日講堂　民70出版

(3)性空學探源　台北　慧日講堂　民62重版

(4)如來藏之研究　台北　正聞出版　民70年

(5)印度佛教思想史　台北　正聞出版　民77年

(6)初期大乘佛教之起源與開展　台北　正聞出版　民70年初版77年四版

2.楊惠南：

(1)龍樹的《中論》用了辯證法嗎？　台大哲學評論第五期民71年

(2)「空」否定了什麼？　台大哲學評論第八期民74年

——以龍樹《迴諍論》爲主的一個研究

(3)龍樹的「空」　《諦觀》第十二期　民73年

(4)龍樹的生平及其影響　《諦觀》第五十四期，民77年

3.李志夫：

(1)印度一元論與中觀哲學之比較研究　《佛光學報》第六期　民70年

(2)泛論佛陀及中論緣起理事觀與邏輯理事觀　《華岡佛學學報》　第四期　民69年

(3)天台宗之理事觀　《華岡佛學學報》　第六期　民72年

(二)語言分析型

此是著重文獻語言概念之分析，以釐清由語言所造成的謬誤，如萬金川、陳志華等人。相關著作如下：

1. 萬金川：

(1)龍樹的語言概念　《諦觀》第十二期　民73年

(2)談中論本頌戲論之三義　《內明》第162——164期

2. 陳志華：

(1)自性形上學批判之一——語言的省察？　《法言》第三期

(2)自性形上學批判之二——實體化概念的消解　《法言》第四期

(三)形上主體型

此是透過主體內的省察，而肯定有一形上存有，且以無限智心來把握之③。此派代表人物牟宗三、吳汝鈞等人。牟宗三對天台之理解，則是從存有論來理解的④。吳汝鈞基本上則是稟承牟宗三之觀點來了解佛學，且其認爲龍樹「空假中」偈之辯證，在於逼顯一主體性的實體⑤，此派重要論著如下：

1. 牟宗三：

(1)圓善論　學生　民74年

(2)佛性與般若　學生　民71

(3)智的直覺與中國哲學　商務　民60年初版　民69年三版

2.吳汝鈞：

(1)龍樹之論空、假、中　《華岡佛學學報》第七期

(2)對現代佛學研究之省察　《獅子吼》第七期　民77年

(四)形上客體型

此理論之主張，基本上認爲有一客觀的存有，將龍樹、智者之辯證，視同黑格爾（Hegel）的辯證法，以透過正反敵對之辯證法，而達到絕對實體。此類型人物，有：安藤俊雄及張瑞良。如安藤氏認爲智者大師的圓融三諦，提由正反敵對之兩面，而尋找一絕對統一之實體。張瑞良對智者大師之理解與安藤氏相同。另像霍韜晦對龍樹菩薩與智者大師的理解，可說亦屬於此類型，但亦有所不同，其認爲智者的辯證與黑格爾辯證法是不同的⑥。此派相關論著如下：

1.T.R.V.Murti

The Central philosophy of Brddhism——A study of the Mādhyamika System（中譯本《中觀哲學》郭忠生譯　收集在《世界佛學名著譯叢第64、65兩册）。

2.安藤俊雄：

(1)天台學——根本思想とその展開　平樂寺　1969年二刷

(2)天台性具思想論　法藏館　昭和28年（1953）

（中譯本《天台性具思想論》　演培譯　天華　民78年一版）

3.張瑞良：

天台智者大師的如來性惡說之探究　《台大哲學評論》第九期　民75年

4.霍韜晦：

(1)有與空　《內明》第123期　民71年

(2)印度佛教中的絕對觀念　《內明》第122期　民71年

(3)中國佛教的圓融之路　《內明》第127——129期

(4)從原始佛教到華嚴宗　《內明》第143期

（上述諸篇論文已收錄在《絕對與圓融》一書中）

(五)否定現象型

認爲龍樹雖對一切現象加以否定，然最後仍肯定一最後之真實。代表人物，有：

錫蘭學者David. J. Kalupahana 及日本學者梶山雄一。相關著作如下：

1. David. J. Kalupahana
Buddhist philosophy
——A Historical Analysis The Umiversity Press of Hawaii 1976
（中譯本《佛教哲學——一個歷史的分析　陳銚鴻譯　此書收集在《世界佛學名著譯叢71）。

2. 梶山雄一
(1)佛教中觀哲學　吳汝鈞譯　佛光山出版　民67年
(2)中觀思想的歷史與文獻　李世傑譯（收錄在《世界名著譯叢》63——《中觀思想》一書中）。

㈥精神境界型

代表人物：方東美，其主張超形上學、超本體論，而深刻反省西洋哲學二元對立之謬誤。從人類精神境界之提昇，而肯定形上之價值。鄭學禮之觀點接近於此。此派相關著作如下：

1. 方東美：

(1) Chinese Philosophy
——Its Spirit and Its Development 聯經出版

(2) 中國大乘佛學　黎明出版

2. 鄭學禮：

三論宗中道思想的真理觀與邏輯觀　《哲學與文化》第十五卷第七期

本文之探討主要是以智者大師爲主，有關論證部份請參第十章。而關於龍樹部份的詳細論證，等處理到龍樹思想這部份時，再詳加論述。另附〈近代學者所理解中的龍樹、智者一覽表〉，如下（見次頁）：

註解

① 如《中觀頌講記》云：「天台家，本前一頌（指『眾因緣生法，我說即是空，亦為是假名，亦是中道義』），發揮他的三諦論。在中觀者看來，實是大有問題的。第一、違明文：龍樹在前頌中明白的說：『諸佛依二諦，為眾生說法』，怎麼影取本頌，唱說三諦呢？這不合本論的體系，是明白可見的。第二、違頌義：這兩頌（指前一頌及『來會有一法，不從因緣生，是故一切法，無不

〈近代學者所理解中的龍樹、智者一覽表〉

龍樹 類別	智者 學者	龍樹				智者			
		方法論	形上實體		精神境界	方法論	形上實體		精神境界
			主體	客體			主體	客體	
方法論型	印順	V						V	
	楊惠南	V		V				V	
	李志夫	V		V				V	
語言分析型	萬金川	V							
	陳志華	V							
形上主體型	牟宗三	V					V		
	吳汝鈞			V			V		
形上客體型	霍韜晦			V				V	
	Murti			V				V	
	安藤俊雄			V				V	
	張瑞良							V	
否定現象型	Rahalupana			V					
	梶山雄一			V					
精神境界型	方東美								V
	鄭學禮				V				

是空者』這頌偈)的意義是一貫的，怎麼斷章取義，取前一頌成立三諦說。不知後頌歸結到『無不是空者』，並沒有說：是故一切法無不是即空即假即中。如心經，也還是『是故空中無色』，而不是是故即空即色，華嚴經也沒有至於究竟，終是無相即有相。這本是性空經論共義，不能附會穿鑿。要發揮三諦圓融，這是思想的自由。而且，在後期的真常唯心妙有的大乘中，也可以找到根據，何必要說是龍樹宗風呢？又像他的『三智一心中得』，以為龍樹智度論說，真是欺盡天下人！龍樹的智論，還在世間，何不去反省一下呢！中國的傳統學者，把龍樹學的特色，完全抹殺，這不過是自以為法性宗而已，龍樹論何曾如此說」(頁474～475)！

由上述的引文中，印順法師認為龍樹《中論》只談二諦，絕不涉及三諦，且認為天台倡說三諦，是對龍樹的一大誤解，不應依《中論》來談三諦，要談三諦，應依真常唯心妙有的大乘經論。印順法師的這種看法，是把天台的三諦說看成洪水猛獸，會染污龍樹的思想。而印順法師為何持有此心態，基本上在於其判天台思想是屬於真常唯心的梵我外道思想，所以變成了避之唯恐不及，卻不能平心看待二諦、三諦究竟說了什麼？代表了什麼涵義。(有關印順法師天台之評斷，請參第十章第二節。

② 李志夫對龍樹的看法，雖說與印順法師觀點相近(方法論)，然亦有其不同之處，其認為龍樹《中論》在否定後並不積極地肯定有一大肯定存在(參《華岡佛學學報》第六期，頁166)，雖說不積

極肯定一大肯定存在，基本上仍是肯定有一存在的，祇是不積極而已。而對印順法師而言，龍樹的「空」是自然法，是方法論，並不是去肯定一個什麼東西，此為其不同之處。

③ 參見牟宗三《圓善論》（頁243～340）。

④ 詳請參第十章第二節

⑤ 參見吳汝鈞〈龍樹之論空、假、中〉一文（《華岡佛學學報》第七期，頁106）。

⑥ 如霍韜晦於《絕對與圓融》一書中，論述天台「十如是」之辯證，認為是屬一「辯證的綜合」，且強調此與黑格爾之辯證法不同，如其云：「要注意的是，所謂「辯證的綜合」祇是順思想脈絡而來的語言，並不意味存有自身的活動也是如此，否則可能與黑格爾的辯證法相混。智顗祇是以此三義來描述存在自身的構造，以顯示它的上下交徧，對立及統一（《絕對與圓絕》，頁382）。另外Murti也認為龍樹是用一種異於Hegel綜合式指向真實的辯證法，而是純粹分析否定不必提出自己肯定立論的歸謬式辯證法（參見其著《中觀哲學》頁202～206）。

第十章　實相之變形

——檢視近代學者所理解的天台學

目前學者們所理解下的天台學，形成一種非常怪異的現象——贊成與反對之兩極化，然不管是持贊成看法，或持反對論調，其所立論基本上皆與天台緣起中道實相論的學說理論相背離。此原因在於：主張天台學說很好的學者們，認爲天台學已觸及存有，或開顯人的主體性，如牟宗三、安藤俊雄、石津照璽、田村芳朗、玉城康四郎等。另持反對之看法者，則認爲中國佛學（包括天台學在內）已違背了佛教原意，或言違背了緣起，是種梵我、真我的思想，如印順法師、中村元等①。

此非常奇怪的現象，是不管持贊同看法或反對看法，其基本的前題皆立基於「自性」（此自性非龍樹界定下的自性意義，是指「非以緣起」而立論的）這一點來論述天台學，贊成者，則認爲天台學已觸及了主體性，反對者，則是以此來評斷天台學已違背佛教原意。因此，我們可以看出此二派的基本模式是共通的。

然而我們要問，何以有如此光怪陸離的現象產生，這也許從德國哲學觀念論及現代學潮對觀念論之抨擊，可以解開此謎底。由於觀念論形上學遭受十九、二十世紀以來的抨擊，已經沒有人敢再建立一套形上學體系，因而紛紛轉而就人的主體性來談，雖談主體性，由實踐理性來開展，然其基本型態卻不離自性，仍是自性化的產物，牟氏、安藤氏等人對天台之理解，則是基於此來詮解天台學的，不管其所談是無執的存有論，或是主體的究極，然皆不離自性模式。持反對意見者，亦秉持這樣的見解來詮釋天台學，而認爲天台學已背離佛教緣起原意，另立一自性的實相。以下就此諸論點加以論述之：

第一節　檢視牟宗三所理解的天台學

一、牟宗三的存有論思想架構

牟氏自稱了解佛教，是從智者大師的判教系統來理解的②，然其所理解到的天台教判，事實上已非天台教判③，而其對天台基本教義的掌握，亦非天台之教義。因此，我們可以說：牟氏對天台的理解，也只不過是牟氏一人的天台學而已。此待下列論述之。

欲理解牟氏對天台的看法，首先得就牟氏學說理論基本架構入手，也就是從存有論入手。以下先就牟氏之存有論的架構以圖表表之（見次頁），後再加分析論述之④。

從圖表中，我們可以看出牟氏存有論的基本架構。牟氏以「（有）執的存有論」和「無執的存有論」⑤，來說明西洋哲學存有論與中國哲學存有論之不同，而此二者最大區別在於無限智心⑥。所謂「執的存有論」（即「有執的存有論」），是指分析認知下的存有，是種知解中的存有，此存有只是種假設，並不能證明之，如《圓善論》云：

> 將此無限的智心人格化而為一無限性的個體存有，其所以有虛幻乃是因為：
>
> (一)此無限性的個體存有之概念之形成有虛妄。
>
> (二)既虛幻地形成一無限性的個體存有，便發生此個體存有底存在之問題，而此問題亦是一虛妄。

〈牟宗三的存有論架構〉

存有論

- 1. 西洋存有論（執的存有論）
  - (1) 超越神學：指基督教系統（人格化的存有）
  - (2) 內在存有論：亞里斯多德、康德、海德格……等。（認知分析下的存有）
- 2. 中國存有論（無執的存有論）
  - (1) 創生系統的存有論：儒家——德性主體（屬縱貫縱講）
  - (2) 非創生系統的存有論（屬縱貫橫講）
    - ① 道家——道心
    - ② 佛家
      - A、般若：詭譎方式，只有觀法上的作用，並未建立存有論體系
      - B、佛性
        - (A) 分解的——別教
          - Ⓐ 阿賴耶系
          - Ⓑ 如來藏系
        - (B) 詭譎的——圓教：一念無明法性心

㈢肯定此無限性的個體存有之存在原是知解理性底事，不是實踐理性底事，知解理性肯定其存在以為說明一切其他有限存在（一切自然）之根據，此種肯定實只是一假設，知解理性並不能證明之，……

㈣知解理性不能證明之，則轉而就實踐理性而說需要之。這需要只是一種信仰，而這信仰亦只是情識決定，非理性決定，且不能是一種證明，因證明其存在之證明本是知解上的事，不是實踐上的事⑦。

此中說明了西方的存有論，是將無限的智心人格化，因此，只能存在信仰的層面，所以知解理性所不能證明，牟氏將西方「執的存有論」分爲二種，一是屬於超越神學的存有論，一是屬內在存有論，前者之存有，是將無限智心人格化，透過信仰來把握存有，此如超越神學；後者之存有，是屬認知分析下的存有，如西洋哲學家亞里斯多德、康德、海德格等，都屬此類型。

至於屬「無執的存有論」之中國哲學，與西洋存有論最大差別，在於無限的智心不是人格化下的產物，亦非知解理性之東西，它是種實踐的，如牟氏云：

但是若無限的智心不被人格化而為一無限性的個體存有，便不會發生這些問題（案：指存有是假設等問題），……。無限的智心之肯定本是實踐上的事（圓

行底事），不是知解一對象這知解上的事，本無像一個對象底存在不存在那樣的問題……⑧。

此中牟氏指出了「無限的智心」之肯定，本是實踐上的事，非是知解上的事。以此來區別「無執的存有論」與「執的存有論」之不同，前者屬實踐之事，後者屬知解之事。中國哲學之存有因爲是屬體證的（體證的存有），所以是「無執的存有論」，西方哲學之存有因爲是知解的，所以是「執的存有論」。

以上是就牟氏所說的東西方哲學之存有論作一交待。以下接著針對牟氏所理解的佛教部份來加以說明。

二、佛家的存有論

依牟氏的看法，「無執的存有論」又分爲二種，一爲非創生系統的存有論，如佛家、道家；一爲創生系統的存有論，如儒家。此分判標準，依牟氏的看法，前者是縱貫橫講，因爲雖就實踐體證面來開顯無限智心，然皆未能就人的德性主體承當，故屬非創生系的存有⑨。後者是縱貫縱講，能直接就人的德性主體來開顯存有，所以是創生系統的存有，此德性主體是既超越既內在的，如儒家哲學。

由上述，我們可以看出牟氏將佛家哲學定位在「非創生系統的存有」。牟氏所解釋下的佛家之無限智心，分為二方面來說明，一為般若，一為佛性，牟氏的《佛性與般若》一書，即是依此模式來分判的。前者是指般若智，是直接地橫說；後者是指如來藏自性清淨心，是間接地豎說，如《圓善論》云：

佛家義的無限智心，直接地橫說，是般若智；通過佛性一觀念而間接地說，即豎說，是自性清淨心⑩。

接著對此又解釋到：

此是由「緣起性空」一法理而悟入。眾生底子是無明業識，通過「依緣起性空一法理之理性而起修行」這一實踐而轉識成智，則無限智心呈現。一切智、道種智、一切種智（般若經三智），乃至根本智、後得智、無分別智（唯識三智），皆無限智心也。收用歸體，通過佛性一觀念，豎說如來藏自性清淨心，由此一心開二門：生滅門與真如門，如此，亦可保住無量無漏功德之純（佛家意義的德），並可說明一切法（生滅門之染污法與真如門之清淨法）之存在以及轉識成智後一切清淨法之存在之諧和于德。此亦足以開德福一致之機。此一實踐途徑亦不由道德意識入，乃由苦業意識入。此一系統，其始也，雖豎說一

心開二門，似是一縱貫系統，然而其終也，仍是縱者橫講，非如儒家之縱者縱講，蓋以其生滅門之一切染污法乃由業識起現，而真如門之一切清淨法則直就生滅門而還滅之而然，並非別有一套清淨法而由自性清淨心以創生之也。其般若智並不能創生一切法也，其佛性法身亦然，其般若、法身、解脫三德秘密藏亦然⑪。

在此牟氏分別解釋般若智與佛性之無限智心。最後判佛家爲非本體論的生起論。

在牟氏《佛性與般若》一書中，有進一步詳細說明「般若」與「佛性」之分別，其認爲般若是觀法下的無諍，是般若之作用的圓實，如其云：

《般若》中無所建立，只是一融通淘汰之精神，一蕩相遣執之妙用。……此即示《般若》部無有任何系統，無有任何教相。它不負系統教相之責任，它只負蕩相遣執之責任。……般若之圓非天台之圓⑫。

另又云：

因此，《般若經》之融通淘汰，蕩相遣執，是無諍處；其依此蕩相遣執而示顯的諸法實相，畢竟空，亦是無諍法。因為它根本無所說故。諸法實相是依般若蕩相遣執而示顯（遮顯），不是依分解方式而建立，且實相甚至根本亦不是一個法⑬。

牟氏認爲般若扮演著蕩相遣執的作用，而以此示顯諸法實相，並未建立任何系統，且般若不是依分解方式來建立實相，故稱此法門，爲「異法門」，所謂：

> 「異法門」就是「不同於分解方式」的法門。它高一層，但不是同質地高一層，而是異質地高一層。高一層者，它屬消化層，而不是建立層。異質者，它的表達方式不是分解的表詮，而是詭譎的遮詮。……故欲得實相，必須用詭譎的遮詮以顯示⑭。

此中說明般若是「異法門」，即「非分解方式」的法門，也就是「詭譎的遮詮」之法門，因爲是詭譎的遮詮方式，所以是無諍法⑮。

與般若之非分解方式相對的，即是分解的方式，此指阿賴耶系統及如來藏真心系統，如其云：

> 因此，我們似可以綜括說：凡依分解的方式而有所建立者，即有系統性；有系統性即有限定相；有限定相即有可諍處。因此，阿賴耶系統是可諍法，如來藏真心系統亦同樣是可諍法⑯。

在此牟氏判阿賴耶系統及如來藏系統皆屬依分解的方式而建立的存有，因爲是依分解

方式而建立，所以是有系統性；有系統性則有其限定相；有限定相，所以有可諍處，是屬可諍法。此系統正好與般若之無淨法相反。此系統之代表者：地論、地論師、攝論、攝論師，乃至楞伽經、起信論、華嚴宗等⑰。

三、天台圓實教的存有論

至於判天台爲圓教，對天台的看法如何？依牟氏之看法，認爲天台不同於般若，亦不同於阿賴耶系統及如來藏真心系統；天台之不同於般若者，在於般若只是觀法上的無諍，非無諍之圓實教，此即是指《般若經》並未通過佛性來建立系統，而天台是無諍之圓實教，是已通過佛性建立一套存有論之系統，另因天台所依用的方法是詭譎的方式，所以是無諍法，故亦不同阿賴耶系統和如來藏真心系統之分解式的有諍法，如《佛性與般若》云：

> 但是吾人必須正視還有一個《法華經》開權顯實，發迹顯本的一乘即佛乘之圓實教，此亦是無諍法。此是通過「如來藏恒沙佛法佛性」一觀念而演至者，由天台宗盛發之。此無諍之圓實教不同於般若之作用的圓實之為無諍，即不同於觀法上的無諍。這是通過「如來藏恒沙佛法佛性」一觀念，由對於一切法即流轉

與還滅的一切法作一根源的說明而來者，這不屬於「實相般若」問題，乃是屬於「法之存在」問題者，這一問題決定諸大小乘系統之不同，因此，這是屬於教乘一系者⑱。

此則指出《法華》圓教何以不同《般若》之原因，因爲《法華》所處理的是「法之存在」的問題，非「實相般若」問題。至於何以與阿賴耶系統、如來藏真心系統不同，《佛性與般若》解釋到：

《法華》圓教既屬於這一系（案：指教乘一系），何以又為無諍？既是圓實，即當無諍。但既屬於教乘，而又是一系統，似又不能無諍。其所以終為無諍者，即因它雖是一系統，卻不是依分解的方式說，而亦是依一「異法門」而說，即亦依詭譎的方式說。凡依分解方式說者即是權教，因而是可諍。因此，系統有多端，既有多端，即是有限定的系統。因此，是權教，是可諍法。《法華》圓教既不依分解方式說，故雖是一系統，而卻是無限定的系統，無另端交替的系統，因而它無系統相，它是遍滿常圓之一體平鋪：低頭舉手無非佛道。因此，為圓實，為無諍⑲。

此說明了《法華》圓教雖建立一系統，然而其所用之方式，是詭譎的方法，所以是無諍法，是屬無限定的系統，此不同於阿賴耶系統、如來藏真心系統所建立的系統，因爲此二系統皆依分解方式而建立系統，因爲是分解的，所以系統有多端，有多端則有諍。

總而言之，牟氏所詮釋的《法華》圓教，乃是通過「佛性」（依牟氏之話，是「如來藏恒沙佛法佛性」）一觀念，以此作爲一切法根源之說明，即天台觸及了「存有」問題，且以般若「詭譎的方式」爲方法，建立無限定之系統，所以爲圓教。簡單地說，《法華》圓教運用了《般若》無諍法建立存有論之系統。

另依牟氏之看法，其認爲天台圓教無諍之存有論系統，是依「一念無明法性心」而建立，以此爲一切存在之根源，如其云：

但到智者，則將「無住本」一詞分從兩面說，即法性與無明。「無住」即是「無明住地」。「無住本」即是無始無明更無別惑為所依住。而無明無住即法性，此即是空義，早期四家（指鳩摩羅什、僧肇、僧叡、道生）解語，大抵說此義。但天台宗則不止于此。更進而說法性無住即無明。是故從無明立一切法，亦可從法性立一切法，總說則為「從一念無明法性心立一切法」，將「無住本」具體地解為「一念無明法性心」，此則更實際而周至，故由此展開天台宗之圓教，不只是緣起性空之籠統說也。此是將「無住本」吸納于《法華》開權顯實開迹顯本後之「不斷斷」中，在三道即三德下，而說之，故不只是《中論》所說之「以有空義故，一切法得成」之義也。如此說之「無住本」以及「從無住本立一切法」便于實相般若之作用地圓具一切法外，復含有一對于一切法有一根源的解釋之存有論地圓具一切法⑳。

在此牟氏以「無住本」爲一切法存在之根本，以法性和無明來解釋「無住本」，而認爲早期四家（鳩摩羅什、僧肇、僧叡、道生）對「無住本」的解釋，只是就「空」義來解釋，亦即只就「法性」而已。而天台智者並不止于此，更從法性無住即無明來解釋「無住本」。總而說，即是以「一念無明法性心」釋無住本，以「一念無明法性心」立一切法。所以，牟氏認爲天台圓教不單只是實相般若之作用地圓具一切法而已，且是對于一切法根源的解釋之存有論地圓具一切法。此爲牟氏判天台宗所以爲圓教之所在。

有關牟氏所論述佛家之存有論，至此可告一段落。以下針對牟氏所論述天台圓教存有論之檢討。

四、對牟宗三觀點之檢視

從前述第三項中，我們得知牟氏認爲天台學是無諍之圓實教的存有論，以此判天台爲佛教之圓教。

然而，牟氏以存有論的觀點來理解天台教義，根本上是與天台緣起中道實相論之教義相違背的，對此問題，以下提出兩點論證來說明之：

第一、就牟氏存有論的觀點來作檢視：

由於本文並非析判牟氏存有論的專文，故在此只能點出牟氏的存有論兩大預設——應然與實然二分、智的直覺——只不過其預設而已，並非什麼普遍必然的真理。前者只不過哲學上各種二分法（比如事實與價值、事實與理論）之一，而這些二分無論就現今的認知論、科學哲學、現象學及詮釋學等均可論證其謬；後者就康德而言，是上帝才具有而人則無，不然將是超驗的幻相、神祕主義和道德狂熱的根源，而這又可往上推諸西方「人的有限性」與東方「人的無限性」兩種不同的人性觀。

有了上述兩大預設，牟氏才會弄出有執與無執的存有論之分。另外，基督教絕不能接受人格化存有之説，相反的，他們認爲人的位格乃源自上帝，怎可能將上帝人格化？

至於牟氏用般若與佛性二分來解釋佛教也不合各派教義。比如般若系統並不只是觀智上的作用，這可由各種般若經均說及如來自性清淨、法性和法身可知㉑。不但如此，依學者研究般若經從早期到晚期均有與咒語及真言結合的傾向，而用以解釋《二萬五千頌般若經》的《現觀莊嚴論》更是大談佛性㉒。而且詭譎的方法不但不是無諍，且仍然大有爭論，這由歷代大德尤其現今研究者對中觀系統的諸經論的各種義理均充滿爭論可知。

另外，有關佛性問題，如本書第六章所分析其本質（此本質並非一般所指的形上實體，而是「事物的如此這般」，也就是如實之相）仍在於緣起中道實相，而非如牟氏所言的一切存在之根源，即使是所謂如來藏經論也有以緣起中道或無我的方式呈現「佛性」㉓，且強調不能將佛性和如來藏視爲外道的梵我㉔。

由此，我們可以看出牟氏之謬誤，在於以其自己預設下的存有論來理解佛教，因爲佛教之特色：在於反省吾人認知思維下的自性執著，天台緣起中道實相論即扮演著這樣的角色，時時對吾人的認知思惟加以反省、批判，即使談論佛性常有，也是基於緣起觀點而論，並非如牟氏將佛性自性化，視此爲一切法之根源所在。

第二、就牟氏所認爲佛教非創生來檢視：

依牟氏的看法，認爲天台存有論是非創生系統（即指沒有創生意），而唯儒家以德性主體的存有論才有創生意。牟氏如此之判準，乃建立在存有的自性上所作的判準。由於天台的實相論乃建立在緣起中道上，是無自性的，甚至連「一念無明法性心」也是緣起的，由於天台實相、佛性、一念無明法性心皆非自性的東西。因此，牟氏將之判爲非創生系統（指縱貫橫講）。

然我們檢視牟氏以「自性」爲出發點，而判儒家才有創性意這點來看，此自性（指德性主體）基本上也只是萬法之一而已，其雖能生，然本身是有礙於生的，理由在於：若言德性主體才能生，在究竟意義上就不准許其它緣起有之生。所以，德性主體之生，是有礙生。

再就天台緣中道實相論之理論來看，天台的實相是緣起，是無自性，天台所謂的生，是依緣起而生，是建立在法的無自性上，因爲諸法是無自性，所以能生，不但能生，且不礙其它緣起法之生。

註解

①本文僅就中日學者所理解下的天台學，作一分析探討。

②如《佛性與般若》上冊序文中，提到其理解佛教的情形，如其云：「佛所說之經與諸菩薩所造之論傳到中國來，中國和尚有其消化。這種消化工作當然不易，必須對于重要的相干的經論有廣博的學識與真切的了解方能說消化，第一個作綜和的消化者便是天台智者大師，後來的消化如華嚴宗的消化以及所謂「教外別傳」的禪宗的消化，皆不能超出其範圍。……吾人藉著天台的判教，再回來看看那些有關的經論，確乎見出其中實有不同的分際與關節」（見序、頁2），另又說到：「智者大師已說教相難判。若非精察與通識，決難語此。當然有可商量處，然大體亦不甚差。若讓吾人自己去讀，決難達到此種程度。就吾個人言，吾只順其判釋而期能了解之，亦覺不易。……吾順其判釋之眉目而了解此一期佛教義理之發展，將其既不同而又互相關聯底關節展示出來，此即是本書之旨趣」（同上，頁2～3）。從上述兩段引文中，可看出牟氏本身對智者大師之判教頗為欣賞，且也陳述了他自己是順著天台之判教來了解佛教教義之發展，甚至點出了《佛性與般若》一書對佛教教義之判教，基本模式取自於天台判教之架構，以此來分判佛教教義。此為牟氏對佛教理解之情形，然實際上與智者大師之教義是大異的。

③ 如天台對諸經論的判釋，《中論》不僅只是「通教」而已，《華嚴經》亦不僅是「別教」而已。然牟氏卻以「通教」來定位《中論》，以「別教」來定位《華嚴經》。

④ 此圖表乃是就牟氏諸論著中，綜合歸納出來的，如《圓善論》、《佛性與般若》、《智的直覺與中國哲學》及《心體與性體》第一冊第一部份、第二、三章。

⑤ 參《圓善論》附錄——〈「存有論」一詞之附注〉（此書頁337～338）。文中依佛家詞語，以「執的存有論」代表西方的存有論，以「無執的存有論」代表中國儒道佛哲學。

⑥ 此「無限的智心」一語，在牟氏早期論著中，如《智的直覺與中國哲學》一書中，則以「智的直覺」來稱呼之，或有將之稱為「良知」。

⑦ 《圓善論》，頁244。

⑧ 同上，頁245。

⑨ 如牟宗三《圓善論》云：「佛家義的無限智心，……此是由「緣起性空」一法理而悟入。……其般若智並不能創生一切法也，其佛性法身亦然，其般若、法身、解脫三德秘密藏亦然。本體論的生起論並非是佛法」（頁264～265）。

⑩ 《圓善論》，頁264。

⑪ 同上，頁264～265。

⑫《佛性與般若》，頁10～11。

⑬同上，頁13～14。

⑭同上，頁15

⑮如《佛性與般若》：「《般若經》不是分解的方式，無所建立，因而亦非一系統。它根本無系統相，無所建立，因而非一系統。它根無系統相，因此，它是無諍法。此種無諍法，吾將名之曰觀法上的無諍。即是實相般若之無諍，亦即般若之作用的圓實，圓實故無諍，此是《般若經》之獨特性格」（頁16）。

⑯《佛性與般若》，頁16。

⑰參《佛性與般若》上冊，第二部份「前後期唯識學以及起信論與華嚴宗」。

⑱《佛性與般若》，頁16。

⑲同上。

⑳參《佛性與般若》下冊，第二章〈從無住本立一切法〉（頁679）。

㉑參見大正8．307上、584中。

㉒詳見《般若思想》，梶山雄一等著，許洋主譯，法爾出版，頁102及第五章。

㉓參見大正16．467上中，大正31．822中、824下，大正12．395中、580中下。

㉔ 參見大正31・816上中，大正16・489中。

第二節　檢視印順法師所理解的天台學

以此爲標題似乎並不妥當，因爲印順法師於天台學並沒有專著，只是偶而的將之置於中國佛教中談及罷了，甚至印順法師於中國佛教部份也沒有專著來論述（這是指相對於其有關印度佛教之專著而言，即使《中國禪宗史》由於偏重於早期禪宗文獻史料的爬疏，故不足以相提並論），有關中國佛教部份只有零星地散佈在他的諸論著中，偶而提及而已。因此，要論述印順法師對天台學的觀點，的確是有困難的，只能從他諸論著中所述及中國佛教部份之片斷來理解。除此之外，主要是從印順法師思想的基本架構來理解，印順法師雖沒有專文來論述中國佛教，然從其思想基本架構中，已對中國佛教作了某種程度之分判，依此部份仍可視爲印順法師對中國佛教之理解（包括天台學在內），所以在標題上，籠統地來說，是印順法師所理解中的中國佛教，依此再找回印順法師對天台的觀點。

吾人知道印順法師學說中的特色——三系說（性空唯名、虛妄唯識、真常唯

心），以此三系作爲大乘佛學之淵源。依印順法師他個人的看法，唯有「性空唯名」一系真正把握了佛教的精神，餘皆已非佛教原意，尤其真常唯心這一系，依印順法師的看法，是屬於外道梵我、真我的思想，而中國佛教則是這一系下的產物，除了三論宗能倖免。其雖謂天台接近中觀思想，然基本上卻認爲天台屬真常唯心這一系。關於真常唯心這一系何以是外道梵我思想，在《如來藏之研究》及《印度佛教思想史》一書中有詳加說明。

本節中首先要探討的是三系說，接著處理如來藏問題，最後再加以檢視印順法師如來藏系之諸多問題。

一、三系說

早在民國三十六年時，印順法師已完成了《中觀今論》一書，而在此書中明確地界定了三系說的內容，甚至在更早之時，印順法師已提出了他的三系說①。此三系說不同於太虛大師所分的大乘三宗（所謂法相唯識宗、法性空慧宗、法界圓覺宗）。印順法師雖依此大乘三宗，提出他的三系說，然內容上卻是與太虛大師的大乘三宗完全不同②。

在《中觀今論》中，印順法師提到大乘三系說的看法，其云：

三、印傳之大乘三家：遮太過與不及而顯中道，可作多種說明，現在再略說印度的大乘三家。……。我在《印度之佛教》裏，稱之為虛妄唯識系，性空唯名系，真常唯心系。此大乘三系，可從有空的關係上去分別③。

此中提到《印度之佛教》中的大乘三系——性空唯名、虛妄唯識、真常唯心等三系（此大乘三系說到印順法師晚年所寫的《印度佛教思想史》，在名稱上稍略有不同，即將「系」改爲「論」，所謂：性空唯名論、虛妄唯識論、真常唯心論④，但在義理思想上並沒差別），且進一步指出大乘三系說之分別，可從「有空的關係」上去分別。依此「有空」的關係，進一步對大乘三系說提出說明，所謂：

「性空者」所主張的：一切法畢竟空，於畢竟空中能成立緣起有，這是中觀宗的特色，……太過派執空，……，不及派執有，……。中觀者空有善巧，一切空而不礙有，一切有而不礙空，這才是善取空者，也即是能善知有者⑤。

此是以「空有善巧」來解釋性空唯名系的思想，即以中觀思想來詮釋空不礙有，有不礙空，若於「空」太過（即執空）或不及（即執有），那麼皆非中觀。接著對唯識系有如下解說，其云：

「唯識者」，可說是不空假名論師，《瑜伽論》等反對一切法性空，以為如一切法空，即不能成立世出世間的一切法，主張依實立假，以一切法空為不了義。以為一切緣起法是依他而有，是自相安立的，故因緣所生法不空。依他起法不空，有自相，世間出世間法才可依此而得建立，此是不空假名者的根本見解⑥。

接著對真常唯心系解釋到：

「真常者」，自以為是「空過來的」，對於緣起的畢竟空，他們是承認的。但空了以後，卻轉出一個不空的，這即我所說的真常論者。他們以為：空是與小乘所共同的，有些人止於觀空，以空為究竟，這是不圓滿的。頓根利智的大乘學者，從空透出去，能見不空——妙有。《楞伽》、《勝鬘》、《起信》等經論，都是承認妄法無自性，但皆別立妙有的不空，以此為中道。他們所講的不空，是在真如法性上講的，是形而上的本體論，神秘的實在論⑦。

從上述兩段引文中，有關虛妄唯識及真常唯心之觀點，其共同點皆是倡言不空，然亦有所不同，依印順法師之看法，唯識系是側重在經驗現象而談依他不空，而真常唯心系所講的不空，與緣起有不同，是在形上的本體上建立一切法。因此，印順法師則更

進一步區別真常唯心系論點與其餘二系之不同，所謂：

（接上述引文），唯識家所說的有，側重於經驗的現象的，所以與中觀者諍依他不空。這（指真常唯心系）從空而悟證的不空——妙有，與中觀所說的緣起有不同。中觀的安立假名有，是依據緣起法而施設的；不空妙有者，本質是破壞緣起法的，他們在形而上的本體上建立一切法⑧。

在此引文中，印順法師列舉了三系之「有」的不同，唯識系之有，建立在依他不空的緣起上；性空唯名系（指中觀系）則安立在假名有，依緣起法而施設的「有」。至於真常唯心系之不空妙有，印順法師將它判在建立在形而上的本體上，其本質是破壞緣起法的「有」。因此，印順法師將此系判屬為外道的梵我思想。何以印順法師視此系為梵我外道之思想，於下論述之。

二、如來藏——梵我

依印順法師於《中觀今論》的說法，真常唯心系則是屬對「空」太過（即執著「空」而引發出來的），如其云：

真常唯心者從太過派引發出來的，破壞緣起而另覓出路⑨。

至於真常唯心系何以是「太過派」、「破壞緣起」，印順法師解釋到：

迷真起妄，不變隨緣，破相顯性，都是此宗的妙論。所以要走出路者，以既承緣起法空，即不能如唯識者立不空的緣起。以為空是破一切的，也不能如中觀者於即空的緣起成立如幻有。但事實上不能不建立，故不能不在自以為「空過來」後，於妙有的真如法性中成立一切法⑩。

依此段之推論，真常唯心系必然會依真如法性立一切法，別於唯識之不空，別於中觀之幻有。

至於何以依如來藏真如法性立一切法，此思想是外道的真我論呢？對此印順法師於《如來藏之研究》一書中，對諸經論作過詳細之爬疏，以說明如來藏爲一梵我。

首先印順法師是就「如來藏」一詞來加以分析，認爲「如來」與「藏」皆是印度世俗固有的文字，且是代表自體、我之意思，如其云：

如來藏是「後期大乘」的術語，而如來與藏，卻是印度世俗固有的文字真常⑪。

又云：

作為世尊德號的「如來」，並非佛教特有的術語，而是世俗語言，佛教成立以

> 前，印度文化中的固有名詞。……在一般人，如來是眾生的別名，所以說：「我有種種名，或名眾生、人、天、如來等。換言之，如來就是「我」的別名，……⑫。

在此則是以「如來」兩字代表「我」，亦即是生命自體，生命主體，故印順法師對此解釋到：

> 在釋尊當時的印度宗教界，對於眾生的從生前到死後，從前生到後世，都認為有一生命主體；這一生命自體，一般稱之為我（ātman）。「我」從前世來，又到後世去，在生死中來來去去，生命自體卻是如是如是，沒有變異。如如不變，卻又隨緣而來去，所以也稱「我」為「如來」，也可以說「如去」⑬。

以上是印順法師對印度固有文化「如來」兩字的界說。雖然印順法師也一再強調佛法中之「如來」與世俗神教的「如來」是有差別，且是根本上的不同⑭，然印順法師基本上卻以這種我的「如來」，作爲如來藏思想之淵源⑮。

至於「如來藏」之「藏」（garbha），印順法師亦以印度宗教學之「胎藏」來解釋之，所謂：

> garbha是胎藏，印度宗教學而應用胎藏說的，非常古老。在《梨俱吠陀》的創造

讚歌中，就有創造神「生主」（praja-pati）的金胎（Hiranyagarbha）說。從金胎而現起一切，為印度古代創造說的一種。……大乘佛教在發展中，如來與藏（界藏與胎藏），是分別發展的；發展的方向，也是極複雜的。超越的理想的如來，在菩薩因位，有誕生的譬喻，極可能由此而引發如來藏——如來在胎藏的教說。從如來藏的學理意義來說，倒好像是古代的金胎說，取得了新的姿態而再現。或重視如來藏的三義，以論空「藏」的意義。實則「如來之藏」，主要為通俗的胎藏喻。如來在眾生位——胎藏，雖沒有出現，而如來智慧德相已本來具足了。如來藏說，與後期大乘的真常我、真常心——真常唯心論，是不可分離的⑯。

在此印順法師主要是以胎藏來解釋「如來藏」之藏，且進一步指出如來藏說與後期大乘真常唯心系之關係，即後期大乘真常唯心論乃是依此具有神我思想的如來藏而來。因此，印順法師更就如來與法身、界、我、佛種性等來論述如來藏思想⑰，以此說明「法身」、「界」、「我」、「佛種性」等，皆具有一切法普遍之根本之意，而明其本身與違背佛法之無我精神。

另外，印順法師亦就諸經論來說明如來藏思想之運用，是爲了誘化外道之權巧方

便而已⑱。

三、印順法師對天台之看法

從第一、二項中，吾人約略可以了解印順法師所謂的如來藏思想，屬真常唯心論，且以此來了解大乘晚期的思想，乃至中國佛教（三論宗除外），故其認爲天台的判教所判爲圓教之觀點，乃是基於常住不變之如來藏思想，如其云：

> 《涅槃經》不說「生死即涅槃」，「煩惱即菩提」，也不說「一法具一切法」、「一行具一切行」，大概宣說如來常住，久已成佛，所以天台學看作與《法華經》同為圓教⑲。

此中預設了天台圓教思想是建立在常住的如來藏觀點上。另又說到：

> 中土的天台宗，從龍樹的思想而來，受時代思潮的影響，多少有妙有不空的氣息，但法法畢竟空，法法宛然有，較之他宗，仍與中觀義相近⑳。

此段話可分爲兩層來講，首先說明天台宗秉持龍樹思想而來，然基本上仍然無法避免時代思潮——如來藏常住的影響，所以免不了有「妙有不空的氣息」，也就是天台的思想，仍免不了是妙有不空的如來藏思想。至於第二層意思，縱使與中觀義相近，也只是相近而已，仍離不開其常住的如來藏思想，印順法師此看法與牟宗三之看法是一致，但評價不一㉑。

四、對印順法師觀點之檢視

有關印順法師如來藏說爲真常唯心論之檢討，以下分爲兩方面來探討：

㈠對三系說之檢視

印順法師的整個理論思想架構，建立在三系說，而其所認爲的真常唯心系——不空思想，是「破壞緣起法的」，是於「空」外，另立「不空」，對此，印順法師並沒有論證，就判此系學說爲「形而上的本體論」「神秘的實在論」，此種以形上、本體、實體等所作的批評，乃是近代學者慣以批評的方式，然就形上學而言，此種批評是不妥當的，如就西洋哲學史的探源來看，形上本體實體等其原始意義，以亞里斯多德爲例，其實體的主要意義乃指獨立自存的存有，而非基底（在各種存在現象背後預設一神秘永恒常住的具體存在性基底），亦即是指存有的永恒普遍絕對性，此乃人類無論在思想或體證上皆有追求此之本能㉒。

㈡對「如來藏」語之檢視

對「如來藏」一語，印順法師分成「如來」與「藏」來說明。

對於「如來」一詞，印順法師有二種解釋：一爲佛法中的「如來」，一爲印度宗教中的「如來」㉓。佛法中的「如來」，是建立在沒有我實體上，即無我。而印度世俗神教的「如來」，是指生命自體、我，即是「我」這個生命自體，從前世來，又到後世去，於生死來來去去中，生命自體不變，所以將這個「我」稱爲「如來」。印順法師如此區分「如來」一詞之這兩層涵義本是無可厚非的。然而在於其所認爲的「佛法」講「如來」是可以的，而如來藏經論所講的「如來」則是外道的如來，而這樣的判準，在於先有了一個設定，即如來藏是外道的東西，所以凡是如來藏經論所講的「如來」，那麼都是外道思想。也可以說印順法師對佛法中的「如來」採取了雙重標準，即印順法師所判準下的佛法之「如來」與真常的「如來」。

再說印順法師依什麼而判準？空也，而印順法師所理解下的「空」，完全依於龍的《中論》而來的㉔。故正本清源之道，須先釐清龍樹有關於空的界說及其內在困思，才可以檢視印順法師以空爲判準有何問題。

吾人皆知龍樹以空極力破除眾生對自性的執著，且龍樹自覺到吾人不能將其「空」視爲虛無斷滅，同時也自覺到不能將空視爲自性，如《中論》云：

眾因緣起法，我說即是空，亦為是假名，亦是中道義㉕。

此明既然萬法是無自性，所以用描述無自性的「空」，也是無自性的，又如《中論》云：

大聖說空法，為離諸見故，若復見有空，諸佛所不化㉖。

由此吾人可以了解到龍樹以空破自性，且亦自覺到「空」容易被視爲自性，所以加以釐清之。且認爲不能離俗諦得第一義諦，生死與涅槃無有少分別㉗。這是吾人所了解中觀宗（空宗）之特色，以破自性爲主，如「八不」之論破，即是一明顯例子，以歸謬論證法論證萬法是無自性的㉘，且論證他人所主張的自性是無法成立的㉙。以說明主張自性是謬誤的，無自性才是實相。

雖然龍樹以空，八不等來論破自性之執著，然龍樹的空及八不似乎也具有如自性者所主張的永恒普遍性，這是空所存在的困思，如《中論》云：

無得亦無至，不斷亦不常，不生亦不滅，是說名涅槃㉚。

且《中論》爲了解決「空法壞因果，亦壞於罪福，亦復悉毀壞，一切世俗法」㉛的難題，而說道：

> 汝今實不能，知空空因緣，及知於空義，是故自生惱」㉜。

此頌的梵文意思是指：

> 汝不知空性之用（Śūnyatāyāṁ，空用），不知空性本身（Śūnyatāṁ，空性），亦不知空性的意義（Śūnyatārthaṁ，空義），故徒勞而作此說㉝。

此中所要表達地是空義，空義乃指空性，空性即是空的性質，但空性不管如何論述是空的，但其性質卻是永恒普遍的，所以《中論》才會說：

> 業煩惱滅故，名之為解脫；業煩惱非實，入空戲論滅㉞。

又說：

> 諸法實相者，心行言語斷；無生亦無滅，寂滅如涅槃㉟。

此也脗合了龍樹以「八不」對自性的界定，即諸法的實相是「無生亦無滅」的，此「無生亦無滅」即是空，是永恒普遍的。這也可從月稱在註解《中論》的《明句論》第十五章在說明空性時得到輔助性的印證，如其云：

> 諸法中有所謂法性（dharmatā）者，那才是那個（被假託的對象）自體（svabūpa）。然則，這諸法的法性是什麼呢？這便是諸法的自性

（svabhāva）。這自性是什麼呢？它就是本性（prakṛiti）。本性是什麼呢？本性即是所謂空性（śūnyatā）者。何謂空性？即是無自性（naiḥsvābhāva）。何謂無自性？即是指無所改易者（tathatā）。何謂無所改易者？即是保持原狀的（tathābhāva）是不變化的（avikāritva），是永遠存在其處的（sadāiva sthāyita）㊱。

從此中一連串對法性、自性、本性、空性、無自性等的界說中，可得知無自性是指諸法的本性，而此無自性（空性）的性質是無所改易、不變化的，亦即是永恒普遍的。因此，我們可以了解到月稱所界定的「無自性」與龍樹所界說的「自性」其意義是一樣的。㊲由此吾人可得知龍樹的空（無自性）本身就具備了永恒普遍之意義，這在宗喀巴的《菩提道次第廣論》亦可得到輔證，如其云：

於法性所立自性，為見彼此性而修諸道，所修梵行非空無義。又說畢竟不許諸法有自性體，與今忽爾許有自性不相違㊳。

上述所明的「無所改易」「不變化」等本為龍樹所要批判時所對於自性的界說，最後反而變成了「空」（無自性）也具備有此意思，此到底蘊藏了什麼困思呢？要釐清此一困思，應該從原始佛教緣起法入手。

有關龍樹的空無自性所具有永恒普遍之性質，吾人亦可追溯到原始佛教的緣起法，用以說明諸法是緣起的這種緣起法則，其本身亦是永恒普遍的，如《雜阿含》云：

云何緣起法？謂此有故彼有，此起故彼起，……。佛告比丘！緣起法者，非我所作，亦非餘人作。然彼如來出世及未出世，法界常住。彼如來自覺此法，成等正覺，為諸眾生分別演說開發顯示㊴。

另與此相當的南傳《相應部》有更深入的陳述，其云：

諸比丘！以生為緣有老死，無論諸佛如來出世或不出世，而此（緣起的）界（自性）住立，是法住性，是不變，是此緣起。……諸比丘！這裡的是如性，不違自性，不他性，是此緣性。諸比丘！是名緣起㊵。

由上述兩段引文中，可得知此中的緣起法則（緣性）具備了「法界常住」、「法住性」、「法不變」等性質。

從上述的論述中，或許吾人會有一疑惑：佛教是主張無自性的，可是佛法的性質卻與自性的恒常普遍性相重疊。同樣地，爲何在主觀上一直要破自性，且極力避免別人將空涅槃視爲另一獨立並背離世間的存有之龍樹，最後仍陷於非以緣起爲觀點中（如八不、空、涅槃），此究竟是怎麼一回事？要尋找爲何的答案，必須由三個面向切入：

㈠首先是龍樹論斷萬法無自性的判準是「空」，也就是透過歸謬論證法否定自性的存在，而非以「緣起」爲判準，所以對龍樹而言，世間法受因緣，出世間法不受因緣。

㈡印度佛教從佛陀開始雖然以無我或無自性來破除印度的梵我自性，但印度佛教與所有印度的正統教派一樣，均接受印度的大傳統——輪迴解脫——受因緣則輪迴，不受因緣則解脫。只是印度教以爲梵我自性能超脫因緣輪迴限制，而印度佛教則以爲無自性才不受因緣輪迴，但兩者之目的皆在不受因緣之解脫。另外，印度人的思惟及語言仍帶有印歐語言中的二元對立結構（這只是相對於中國關聯性思惟及其語言的簡略性說法，中村元在其《東洋人の思惟方法》雖對中印歐三者間的思惟及語言結構的差異有所申論，但個人對此有諸多不同看法，只是尚待專文處理），所以龍樹在破除自性之餘，隨即繞著解脫及二元對立陷於八不、空、涅槃中。

㈢龍樹如同其他絕對論的思想或教派一樣，均有渴望追求一絕對的要求。絕對在此是指思想或體證不受任何時空條件的變化而變化（即「不受諸因緣」），也就是思想或體證在任何時空條件下對任何對象均是普遍必然的。

龍樹雖自覺到不能將空自性化，但由於著重以空破自性之故，並沒有積極地來面對空自性化問題及立基於空色平等一如來探討問題，因而終究無法避開因傳統文化各方面使然而陷入將空視爲恒常普遍性的困思中。

接著吾人亦可從印順的著作中得到類似前述將緣起現象視爲相對變易，並將緣起法中道實相視爲絕對不變易的看法，如其云：

> 相對的緣起相，絕對的緣起性，不即不離，相依相成而不相奪㊶。

又云：

> 緣起是因果性的普遍法則，一切的存在，是緣起的㊷。

而緣起性即是空性，亦即是無自性和八不中道，如其云：

> 緣起是無自性的緣起，緣起必達到畢竟空；……但以究極為自性說，空是真實，是究竟，也可說是空即（究極）自性㊸。

又云：

> 所以深入緣起本性者，宣說不生不滅（案：即八不）的緣起㊹。

雖然印順法師幾乎多處強調緣起空性不能當作一切法生成的根源——形上實體和自性，如其云：

若說性空為空，而緣起不空，即是未能了解不生不滅等的深義㊺。

又云：

空性即一切法的實相，即一一法的究竟真理，並非離別的諸法而有共通遍在之一體的㊻。

又云：

一切為緣起法，由因緣生，非由空性生起一切或具足一切，然這裡要鄭重指出的，性空即緣起本相，不應作形而上的實體看，也不應作原理而為諸法的依託看㊼。

但由緣起空性具有與自性界說相同的永恒普遍不變的絕對性來看，印順法師所謂的：「『性空者』所主張的：一切法畢竟空，於畢竟空中能成立緣起有，這是中觀宗的特色」㊽，則不能如其表層所說的「不應作爲形而上的實體看，也不應作原理而爲諸法的依託看」，而應看作具有困思性的空自性化。

至此，吾人回頭來檢視天台緣起中道實相論所要解決的問題，天台緣起中道實相「即空即假中中」的提出，可說是因應著上述這樣問題而來，立空有二諦難免各偏於一端，乃至中道第一義諦的提出雖爲解決空有問題而來，然「中道諦」的建立，仍不免讓人誤以爲離「空」「有」之外，另有一中道諦之存在，因而以「即空即假即中」之觀念，來貫穿空、假、中三者之關係，顯示三者彼此間的不可分割。

印順法師以「空」爲判準，建立了他的三系說之判教，且以此作爲對虛妄唯識和真常唯心之批評。而以空作爲判準所存在的諸問題如上述所論，也就是說印順法師對虛妄唯識和真常唯心的批評，同樣會發生在空宗身上。而其視天台爲真常唯心的如來藏系，可說並不符合天台緣起中道實相論之教義。

依印順法師的看法，「如來藏」一詞，除了「如來」代表我，自體是外道思想外，「藏」（garbha）一詞，更是外道的東西。因爲胎藏能現起一切，創造一切，猶如外道創造神的「金胎」。如來與藏相結合成「如來藏」，變成了超越的理想的如來在胎藏，而成了真常我之思想。

基本上，印順法師是依此來解釋如來藏思想的。所以判此思想爲真常思想。也因爲如此，印順法師認爲佛教早期所講的如來藏思想，是爲了誘化外道之權巧方便而已㊾。此也可看出，印順法師本質上認爲如來藏思想是外道真常的思想，不管是早期作爲方便之誘化，或是發展成晚期的真常思想，本質上卻是一致的，都是屬於外道的東西。所以，印順法師才會如此感慨，中國佛教將佛陀爲誘他外道的如來藏說，視爲珍寶，無法把握到此是佛陀誘化外道之方便這一層，而大力弘揚如來藏說，成了中國佛學之主流，然卻與原意有了相當距離㊿。

在此須作一分辨，佛法中雖然藉用外道東西來說法，並不就等於外道的思想。同樣地，佛以如來藏誘化外道，並不等於外道梵我的思想，此好比佛以空說法，此空並不等於印度神教之空。

因此，我們可從印順法師就字義上，來說明「如來」「藏」爲外道之我、自體、真常思想這一點提出檢討。

吾人皆知佛教所用到的名相幾乎都是印度當時的東西，除了吾人較爲熟悉的「輪迴」、「業力」之觀念是印度神教的思想外，且不單上述所談的「如來」、「藏」二語是外道的用語，甚至連代表佛教精神的「緣起」、「空」、「無我」、「涅槃」等觀念，也都是外道思想的產物。這些觀念都不是佛教首創的，可說佛教借用了外道這些觀念，來表達佛教自己的思想，佛教雖然用了外道的觀念，然其所表達的內涵義理卻與外道思想絕然不同。所以，如來藏觀念雖然是外道的東西，然不能因此而判定其爲外道的思想，重要的是要從義理上來考查，主要合乎緣起精神的，則是佛法。

以下先就佛教所用的幾個名相來探討：

(1)緣起：

佛教所講的緣起觀念，原始佛教主要是談十二因緣說，此有彼有，此滅彼滅之因緣說，基本上是《黎俱吠陀》〈無有歌〉的觀念。如〈無有歌〉（Nāsadāsiya sūkta）云：

> (一)其初無無（asat），亦無有（sat），無空界，亦無其上之天界。曾有何物掩蔽之耶？在何處耶？誰擁護之耶？……
>
> (四)彼開展（tad adhi samavartata）而始有愛（kāma），是乃識（manas）之最初種子（retas）也，是即有與無之連鎖。聖者等依其達識，索於心（hṛd）而發現者[51]。

此開展說，為印度緣起論的思想之典型。故木村泰賢於《印度哲學宗教史》說到：

> 吾人又以為佛教十二因緣說之根本立腳地，亦在此歌（指〈無有歌〉），且較數論所受影響為尤重大，無明（avidyā）行（saṁspāra）識（vjñna）名色（nāmarūpa）……等次序中，第一之無明，乃謂現象界為一切迷妄之所產生，此為由佛教立場上之根本假定，亦可認為對此「彼之一」與以確定的意義，第二之行，乃由此發動之衝動（Trieb），或為盲目意志（Der blinde wille），正與此慾愛相當。第三之識為現象（nāmarūpa）之能觀者，與此處

現識（manas）相當。即可認為無明行識等次第，與此讚歌（〈無有歌〉）全然一致[52]。

由此我們可得知佛教之十二因緣緣起說來自於印度〈無有歌〉中。

(2)空（suñña）：

「空」，是佛教非常重要的思想觀念，然此一語亦非佛教所創，在原始聖典的「空」是空無之意，如《中阿含》〈小空經〉、〈大空經〉及巴利《中部》〈小空經〉、〈大空經〉所談之「空」[53]。

(3)無我：

被水野弘元認爲與大乘「空」（Śūnya）有同等意義的「無我」（anātman），在語源上也不過是我（ātman）的否定，而且現代許多學者認爲原始佛教的無我只是否定神我，並不否定認知、輪迴、道德、行爲的我[54]。

(4)涅槃：

「涅槃」（Nirvāṇa）一語，依張曼濤《涅槃思想研究》，認爲是各學派共同表達理境的名詞，如順世派的「最上現法涅槃」（Parama-Dittha-Nivāṇa），耆那教的「離非命涅槃」，數論派的求神我獨存之涅槃等[55]。

由上述所列舉諸名相來看，可知佛教所使用的諸多觀念實皆採自於印度當地。因此，吾人不當就字義上的類比而推斷其思想即如此，更重要應由一詞的前後文，乃至整個思想來了解其義。由於印順法師先判定如來藏是屬真常思想，所以將「如來」、「藏」，乃至「如來藏」皆視爲外道東西。因而也出現其對佛法中之「如來」採取雙重標準，性空者所講的如來是合乎佛法，而如來藏者之如來則是外道。

同樣地，其對天台之看法，基本上架構於如來藏是真常思想的判準下來理解的，如其云：

> 如來藏說，可說是中國佛學的主流！依此去觀察，如賢首宗說「性起」，禪宗說「性生」，天台宗說「性具」，在說明上當然不同，但都是以「性」——「如來（界）性」、「法（界）性」為宗本的。這一法門（指如來藏系），經中國佛教學者的融會發揮，與原義（指如來藏為誘化外導之方便）有了相當的距離，但確乎是中國佛教的主流，在中觀、唯識以外，表示其獨到的立場與見解㊿。

所以，印順法師對天台的評論，認爲其雖然接近中觀思想，然其基本骨子裡卻是如來藏真常的思想（如第三項所述）。

然從吾人對天台的理解，智者大師雖然談佛性、實相、法住法位、世間相常住、一念三千等，而基本上是從緣起中道上來說的。如論一念三千，其本身是空、是假、是中，乃至「即空即假即中」也是空，不可偏執。

本文有關印順法師三系說之檢視，因篇幅所限，故只能論及性空唯名與真常唯心，至於虛妄唯識部份，尚待專文處理。

註解

⑴ 在《印度之佛教》一書中，即已提出三系說之看法。此書是民國三十一年寫的，為印順法師第一部出版作品，由於戰亂等因素而中斷流通，至七十四年重印流通。

⑵ 有關太虛大師「大乘三宗」，於其著〈論大乘三宗〉一文中，談到三宗之差別時，說到：「此三宗之差別何在？法性非安立故，一切名相不可施設故，唯用遮詞遣破，破如可破，畢竟無一名之可得，故唯引發「法空般若」以通達，龍樹系大乘學屬之。法相是安立故，施設諸法名相故，多用表詞成立，破亦為立，顯了無一法之不建，故當善巧「唯識現義」以貫持，無著系大乘學屬之。法界非安立非不安立，遮表破立，同時一致，施設不施設，皆不可思議，故是如來大圓覺海之所印證」（引自「現代佛教學術叢刊99」——《大乘佛教的問題研究》、頁16）。由此可得知「法性

空慧宗」，在於法性不可安立，不可施設，唯法空般若所通達。而「法相唯識」，表現在安立、施設諸法名相上，此是識所緣，唯識變現。至於「法界圓覺宗」的特色，在於法界非安立非不安立，遮表、破立，是同時一致。此法界唯大圓覺滿佛能如此。此為太虛大師對大乘三宗的看法。由三宗之內容，知此三宗是相融的，各自就不同緣起而呈現。至於印順法師之三系，是指來自不同根源，尤其真常唯心系已屬外道思想。

③《中觀今論》，頁189。

④參《印度佛教思想史》第四、七、八章。另在此書〈自序〉一文中，提到大乘論典，將之分為三系，1.中觀系、2.瑜伽行系、3.如來藏系（參頁5）。

⑤《中觀今論》，頁189～190。

⑥同上，頁190。

⑦同上，頁190～191。

⑧同上，頁192。

⑨同上，頁192。至於法相唯識系，則是「不及派」（指不及空，故執著有）引發出來的，「惟有中觀論者依緣起顯示空，即空而不壞緣有，始能善巧中道」（見《中觀今論》，頁192）。

⑩ 同上，頁191。

⑪《如來藏之研究》，頁12。

⑫ 同上，頁13。

⑬ 同上，頁13～14。

⑭ 如《如來藏之研究》云：「「如來」一詞所有的兩種意義，就是佛法與世俗神教的差別。……釋尊開示的佛法，是「無我」論，沒有自我實體，而在緣起（pratītya-samutpāda）的原理上，成立生死的相續，這與神教是根本不同的」（頁15）。

⑮ 如印順法師自己說到：「世俗一般的如來，佛法所說的如來，是根本不同的。然在佛教普及大眾化的過程中，同一名詞而有不同意義的如來，可能會不自覺的融混不分，而不免有世俗神教化的傾向，我覺得，探求如來藏思想淵源的學者，一般都著重在「藏」，而不注意到「如來」，這對如來藏思想的淵源，以及如來藏在佛法中的真正意義，可能得不到正確的結論」（《如來藏之研究》，頁16），在此印順法師是以「如來」及「藏」來為如來藏思想淵源。

⑯《如來藏之研究》，頁16。

⑰ 請參《如來藏之研究》第二章。

⑱ 如印順法師常引用《楞伽經》的一段話，所謂：「世尊修多羅說：如來藏自性清淨，轉三十二相，

> 入於一切眾生身中。如大價寶，垢衣所纏，如來之藏常住不變，亦復如是，而陰界入垢衣所纏，貪欲恚癡不實妄想塵勞所污。……云何世尊同外道說我，言有如來藏耶？世尊！外道亦說有常作者，離於求那，周遍不滅。
>
> 大慧！我說如來藏，不同外道所說之我。大慧！有時說空、無相、無願、如、實際、法性、法身、涅槃……如是等句說如來藏已，如來應供等正覺，為斷愚夫畏無我句故，說離妄想無所有境界如來藏門。……開引計我諸外道故，說如來藏，令離不實我見妄想，入三解脫門境界，悕望疾得阿耨多羅三藐三菩提。是故如來應供等正覺，作如是說如來之藏」（大正16．489上中）。

《楞伽經》此中所強調的——經中所說的「如來藏」是與外道所說的「我」是不同的。如來藏與空、無相、無願、如、實際、法性、法身、涅槃等，基本上是相同的。為了度化凡夫之畏無我，以及為了度化外道之計我，故特別以如來藏之觀念來度化之，雖說如來藏，然此如來藏並不同於外道之我。因此，我們可以看出《楞伽經》雖然運用了類似外道「我」的如來藏觀念，然其所代表義理是絕然不同的。在此印順法師對《楞伽經》之如來藏，解釋為「無我如來之藏」，是為誘化外道的方便（詳參《如來藏之研究》，頁238～239）。

此外印順法師亦據《寶性論》與《涅槃經》來談論「佛性」的觀念。

故依印順法師的看法，基本上則是認為諸經論之如來藏說（如《楞伽經》，《寶性論》等）是為誘化凡夫外道之方便。

⑲《如來藏之研究》，頁270。

⑳《中觀今論》，頁192。

㉑依牟宗三的看法，認為天台運用了般若詭譎的方法，且又觸及存有本身（即佛性），所以是圓教。而印順法師認為天台思想雖似中觀，然卻受如來藏常住思想之影響，所以本質上是屬梵我真常思想。

㉒參見劉紹楨〈西中印空無觀之研究〉頁130，諦觀77期。

㉓參註⑭。

㉔此可參見《中觀今論》與《中觀論頌講記》，及下述所作之論述。

㉕大正30．33中。

㉖大正30．18下。

㉗如《中論》云：「若不依俗諦，不得第一義」（大正30．33上）。又云：「涅槃與世間，無有少分別；世間與涅槃，亦無少分別」（大正30．36上）。此說明萬法皆無自性，所以並不存在一脫離了因緣所構成的「世間」及「俗諦」之外而自性獨存的「涅槃」及「第一義諦」。

㉘所謂歸謬論證法，是指先假定結論的反面，也就是引進結論的否定句為一前提，然後運用所給予

的前提導出一個矛盾句。如此一來，結論的否定句本身就犯了矛盾謬誤。由假設的結論否定句不能成立，再來反證結論才能成立（參見成中英主編《近代邏輯暨科學方法基本名詞詞典》，聯經出版，民72年）。

龍樹此論證仍值得商榷的，表面上看來無預先主見的「應成論證法」，如果無一「無自性」之先見，不可能單憑「自性」之否定而得到「無自性」之結論，因龍樹的無自性同時涉及世間和出世間法，而邏輯方法在龍樹的界說下，只不過是世間的認知思惟和言論的戲論，雖然龍樹同時認為世間與涅槃不能二分。但無自性之空之涅槃是由滅戲論而體證，並非邏輯方法所能得之，即使透過否定方法也只能得到文字般若而非實相般若。縱使龍樹在意識上無此「無自性」之先見，但深層上的先見是龍樹無法去除的，其實這也可從歸謬論證法的界說了解，因歸謬論證法就已「先假設『結論』的反面」，也就是說先有結論了，此一結論即先見。如果拿自然科學研究方法中的「事先無科學家之先見而只是單憑對研究對象的觀察歸納而得到的一科學假設」來比較，經現代科學哲學、Piaget的認知心理學及詮釋學的批判，吾人也可得知這種方法是謬誤，也就是說科學研究不可能無先見。

㉙ 也就是說自性論者所主張的「自性」如果能成立的話，就「則勢必導致一連串與我們正常的認識和理性相悖離的情況」（此引號的話，引自吳汝鈞著〈龍樹的空之論證〉，《諦觀》第69期，民71年

4月25日）。所以主張自性是謬誤的。

㉚ 大正30・34下。

㉛ 大正30・32下。

㉜ 同上。

㉝ 此譯文間接引自瓜生津隆真〈中觀派的形成〉，《中觀思想》頁142，華宇，世界佛學名著譯叢63。

㉞ 大正30・23下。

㉟ 大正30・24上。

㊱ 此譯文間接引自《無我的研究》，頁66，佘萬居譯，法爾出版，民78、6月初版。

㊲ 龍樹的自性，依其《中論》第十五品第一、二、八等頌，以及多位學者的研究，可界說成「永恒、不依他且不會變化的」，詳參註㉒，諦觀77期，頁149～150。

㊳ 《菩提道次第廣論》頁452，文殊，民76。

㊴ 大正2・85上中。

㊵ The Pali Text Society S.Ⅱ・25。

參自葉均譯《清淨道論》下冊，頁144，世界佛學名著譯叢88。

㊶ 《中觀今論》〈自序〉，頁7。

42 《中觀論頌講記》，頁7。

43 《中觀今論》，頁80。

44 同上，頁90。

45 同上，頁97。

46 同上，頁154。

47 同上，頁199～200。

48 同上，頁189。

49 如《如來藏之研究》云：「《楞伽經》說：「開引計我諸外道故，說如來藏」。佛教為了適應印度神教文化，為了誘化主張有我的外道們，使他們漸入佛法，所以方便的宣說如來藏我，這也許更符合佛教方便適應的事」（頁139）。雖然佛陀為了誘化外道而說如來藏，然此之如來藏是與外道之「如來」「藏」是有別的，此差別在於佛所說如來藏本身是基於緣起而說。況佛所說法無不借用了當時印度當地之用語，無不是為了化導凡夫外道。所以將如來藏思想視為為了誘化外導，而就判它是外道的思想，在立論上顯得十分牽強。另外，所謂如來藏為誘化外導之方便說若能成立的話，那如諸經論所言萬法皆無自性而因緣方便說，故不只是如來藏是方便說，空，無我，阿賴耶識……皆是方便說。

㊿參《如來藏之研究》，頁3。

51引自《印度哲學宗教史》，頁140～141。木村泰賢、高楠順次郎著，高觀盧譯，商務出版。

52同上，頁155。

53參見《原始佛教》，頁184。水野弘元著，郭忠生譯，菩提樹雜誌出版。

54同右，頁178。另可參註㉒所引一文，頁141。

55參《涅槃思想研究》，頁40。

56《如來藏之研究》，頁3。

第三節　檢視安藤俊雄所理解的天台學

有關日本學者安藤俊雄對天台學的理解，可分爲兩方面來講，一、實相論；二、三諦論理。

一、實相論

依安藤氏的看法，天台的實相論是與佛教緣起論有著根本上之不同，如其云：

大觀天台實相論的概要，不得不特別的說明與緣起論思想的根本不同①。至於天台的實相論是什麼？基本上，安藤氏是認爲與緣起論根本不同，此可從安藤氏對緣起論的理解，來了解他對天台實相論的看法。安藤氏認爲緣起論是在說明現象經驗界的生起，如其云：

> 緣起論系統的主題，可說在於解明現象經驗界的生起②。

由此我們可以知安藤氏所認爲與緣起論根本不同的天台實相論，則是在於說明本體觀念界的本質，此是就與緣起根本不同處而言，緣起論既然是「解明現象經驗界的生起」，那麼與此之根本不同，則是本體觀念界的本質，雖然安藤氏並沒有直接使用此言辭，然卻將實相論視爲一切法之根本原理，如其在《天台性具思想論》一書中，探討天台的實相論時，則視天台的圓融三諦爲根本原理，所謂：

> 同體三法，是妙法的圓融論理之內容，敵對相即，則是這論理的妙德。且這論理，為法界一切諸法的規範，是根本原理③。

此中所謂的三法，是就《法華玄義》中的「境」、「智」、「行」三法而言，安藤氏以此三法來代表「妙法」，代表一切諸法的最高原理，代表實相自體，如其云：

> 本迹二十妙，不管那種，都是妙法的天然性德，但其中最主要的，是境、智、

行的三法，即妙法，常將自己與三法分開，而在圓融中開展。三法，一面分開，一面微妙圓融，所謂三即一、一即三的不可思議的關係，是妙法的性德，在境、智、行的關係外，不可能有妙法的開展。……妙法是事實，事實是境、智、行的三法，同時亦是一個全體。然妙法，不光是智的對境，而是最高原理，是智並行的最高原理，且是其他諸種妙德的最高原理，不獨境、智、行的三法如此，即本迹二十妙，亦為法界一切諸法的最高原理，而妙法即是實相的自體，是智顗所說的實所、香城④。

另又云：

實相，不是單事單理，是事理不二的事實自體，是相即實、實即相的極處⑤。

由上兩段的引文中，我們可以看出安藤氏對「實相」的理解，基本上，安藤氏視「實相」爲「自體」，是一切法最高的原理，雖然安藤氏亦就本迹二十妙，乃至就「相」的當相當處來言「實相」，此不過是將「實相」之自體於諸「相」，中顯現罷了，而其基本心態則是將天台的「實相」自性化，故將之視爲與緣起論系統有根本上的不同⑥。

將「實相」自性化後，再進一步以「性具」，「性惡」來凸顯天台學之特色，故安藤氏云：

拒以一念三千說為唯心論的世界觀的誤解，而為天台特異法門，放光於萬代的，是性惡說。離去一念三千，我於性惡說中，特別發現天台教學的最高結果。……古來天台教學的特色，在於所謂「具」之一字，對三論宗的「不」與華嚴宗的「起」，「具」字的確可以表示天台學的特色。不唯如此，即在後來的華嚴宗，如澄觀等，亦欲以「具」改造性起哲學，所以唯一「具」字，還不能充分的顯示天台教學的特異法門，要說「性惡」始可顯示天台教學的特異法門⑦。

此中所謂「性具」或「性惡」之性，實皆是「實相」自性化之性，而依安藤氏之見解，認爲唯「性惡」說，始能充分代表天台教學之特色。因此，依安藤氏的看法，認爲「性惡」說乃是天台教學之根本原理，且是性具思想展開之必然性⑧。

二、三諦論理

對於天台之「空」、「假」、「中」之概念，安藤氏將之視爲是實相的根本範疇，或爲存在判斷的範疇，如其云：

圓融三諦，是欲顯示存在判斷的範疇之空、假、中三種概念的相即，以表詮實所的實相構造。……三諦，則不得不說為實相規定的根本範疇⑨。

此即是以空、假、中三概念來說明實相構造，故以此三概念爲存在根本範疇。另有關「空」、「假」、「中」三概念的關係，安藤氏將「空」、「假」二概念視爲不同類概念，即空、假是相對概念，如其云：

假與空不是同類概念，是作空的相對概念看的⑩。

又云：

智顗規定假為空的對極，可說是天台實相論的根本立場⑪。

此說明天台「空」、「假」是相對概念，以此作爲實相論的根本立場。安藤氏如此詮釋「空」、「假」爲對立概念，基本上是藉由黑格爾正、反、合之辯證法模式而來的⑫，故視「空」「假」爲相對之概念，然此與天台空、假、中之意，則完全不同。於下列論述之。

三、對安藤俊雄觀點之檢視

從前面第一、二項論述中，可以了解到安藤氏所理解下的天台實相論，首先其視天台實相論是與緣起論根本不同的，視實相論爲諸法之自體，且於法法中顯法之自體（實相），接著以「空」、「假」、「中」爲實相之根本範疇，依此三支而開展實相之論理。

首先，吾人須了解的，天台之實相論本身即是緣起，並非如安藤氏所說的與緣起論根本不同。甚至天台「空」、「假」、「中」三概念亦皆是緣起的，從緣起無自性，而說諸法「空」，從緣起有而說諸法假名施設，而言假，而法法當體本身即是緣起，故言中。

因此，由於安藤氏對天台學的偏差——將實相與緣起視爲兩橛，所以在其論著中出現矛盾無相融的情形，如其云：

在三論與天台實相觀之間，是有密切關係的，特別是《中論》的三諦偈，因為常被天台引用，所以就變成了他的強有力的論據。如《觀心論》所說「稽首龍樹師」，我們可知智者是深切的尊重龍樹教學的。然從另方面看，亦可說為絕對無視龍樹教學，如對當時三論學派的否定主義，給與通教的地位，是可明白看出的⑬。

此中說明智者大師一面深切的尊重龍樹教學，另方面又絕對無視龍樹教學，爲什麼出現如此兩極化的評斷呢？關鍵點在於安藤氏未能確切把握智者實相與緣起之義，將實相與緣起視爲兩橛，所以，就變成了智者大師一方面推崇龍樹，一方面又漠視之。再說智者評論三論學派，並不等於智者評論龍樹，智者大師深知龍樹何以說「空」，在於因時適宜⑭，而後代人師（指三論師、攝論師等）卻不明此理，各執一邊，各爭是非，此乃是智者對論師們所批評之處⑮。

諸如此類，由於安藤氏於天台學理解的偏差，導致其所詮釋下的天台學呈現種種矛盾。

就安藤氏所理解的天台實相論而言，其將實相視爲事實自體，此自體乃一切法之最高原理，於事物的當相當處呈現，此爲緣起論不同之處，於此我們可以了解到安藤氏之實相，乃是一自性化之實相。以此視爲一切最高原理。此已違天台緣起中道實相義。

再就安藤氏三諦論理來看，安藤氏以空、假、中爲實相之根本範疇，且認爲

「空」、「假」是兩個相對的概念，然對智者大師而言，「空」與「假」雖然是不同概念，而兩者並非是對立的。「空」本身亦是假名施設，「假」本身亦是無自性，只過以「空」、「假」來表達緣起之不同面罷了，兩者皆是緣起，並不是對立概念。且亦非藉此空、假之對立，而尋求一統一的最高真理——中。基本上「空」「假」「中」三概念，對智者大師而言，皆是平等的，皆是表達緣起，所以彼此能相互融通，形成所謂「圓融三諦」。非如安藤氏之所理解「空」「假」是對立，然後尋求「中」之統一。

註解

①《天台性具思想論》（演培法師譯），頁35。

② 同上，頁11。

③ 同上，頁55。

④ 同上，頁57。

⑤ 同上，頁57～58。

⑥ 有關安藤氏所理解的緣起論，恐怕與佛教廣義的「緣起」思想有別，而是十二因緣的緣起。依筆

者個人的判斷，安藤氏所謂之「緣起論」，是指「事」外，或「相」外之理，雖然其云「緣起論」是解明現象經驗界的生起，然理卻不在事物本身，所以基本上，安藤氏之「緣起論」，恐怕是另種類似前文第二節第四項中所提原始佛教將緣起法自性化的「緣起論」，而以此來說明與「實相論」有根本不同，因為一在事外，一在事內。

⑦《天台性具思想論》，頁83。

⑧參《天台學——根本思想とその展開》附篇〈性惡思想の創說者〉之「天台の學說と如來性惡思想との必然的關係」（頁409）。

⑨《天台性具思想論》，頁61。

⑩同上，頁67。

⑪同上，頁69。

⑫如安藤氏《天台性具思想論》云：「圓融論理，必須就具體的思惟、認識、判斷等來加以說明。智顗在其論者的各處，屢屢說為立、建立、存、照、流，是肯定的作用，相當於資成軌。再者，亡、廢、捨、寂、遣，是否定作用，相當於觀照軌。最後雙遮雙照，遮照不二、雙亡正入、寂照雙流、雙遮雙亡、雙流雙照，既不偏於肯定，也不偏於否定，而是統一兩作用的作用，相當於真性軌」（頁49）又云：「在三種作用中，照的作用，是直接的肯定，遮是否定那個的。第三所謂

雙遮雙照，因遮及照是個別的作用，而統一兩者的，所謂雙遮，是遮照俱泯的意思，是配對直接的肯定及否定作用而泯亡超越的。所謂雙照，反於這個，是包攝直接的肯定及否定作用，有遮照兼抱的意義。……以今之哲學用語說，相當於包越作用。即在辯證法的定立、反定立、綜合的三極，也是相合的，所以照、遮、雙遮雙照，說為天台辯證法的三支。……是高揚肯定的綜三合或揚棄的作用」（頁49～50），文中所提到「今之哲學用語說，……」等，可說運用了黑格爾三支之辯證法（然實際上，在黑格爾著作中並無三支——定立、反定立、綜合，或言正、反、合之名目。此恐怕是後代學者理解黑格爾下的產物。黑格爾是用「在己」（Insichsein, Being-in-itself）、「為己」（Fürsichsein, Being-for-itself）及「為他」（Für-Anderes-Sein, Being-for-another）。

就天台的空、假、中三概念而言，並非立於對立矛盾下的產物，而此三概念只是在說明緣起而已。

⑬《天台性具思想論》，頁10～11。

⑭如《摩訶止觀》云：「天親龍樹內鑒冷然，外適時宜，各權所據」（大正46．55），又如《法華玄義》云：「若毗曇婆沙中明菩薩義，龍樹往往破之，謂其失佛方便，是故須破。申佛方便，是故須立，此是龍樹破立意」（大正33．737下）。

⑮ 參《摩訶止觀》如其云：「即破即立，即立即破，經論皆爾。天親龍樹內鑒凝然，外適時宜，各權所據，而人師偏解，學者苟執，遂與矢石，各保一邊，大乖聖道也」（大正46．55）。因此我們可以得知智者大師是批評人師、學者之偏解苟執，而不是批評龍樹，或漠視龍樹學說。

第四節　檢視其他學者所理解的天台學

關於其他學者對天台學的理解，基本上不出上述所論述的三家之觀點。雖然與三家之觀點於細節上有所不同，然大體上觀點卻是一致的。其他學者與上述三種的觀點，有的是屬於純粹式的，有的則是屬混合式。以下分成三種模式，來檢視其他學者對天台學的理解。

一、以主體性爲判準

所謂主體性，是對外在界客觀存有的反省，想走回人的內在主體性，以此爲一切存在之根源。

在本章第一節中所論述牟宗三的觀點，則是屬於此類型。牟宗三的存有論思想，基本上是對康德（Kant）觀念論之反省，而走回人的內在主體，以無限智心、德性主體爲一切存在之根本，且以此建立形上存有論，亦以此存有論來理解天台學說，吳汝鈞對佛學的理解，基本上是秉承牟宗三的觀點來理解。即從主體性的立場來理解佛學。如其對龍樹菩薩思想之理解，則認爲龍樹菩薩是透過不斷否定方式來逼顯主體性，如其云：

> 主體性要在不斷否定不斷超越的思想歷程中，以保住其言亡慮絕的境界，這樣必逼出一無住的主體性①。

此即以「無住」爲主體性，亦即以空空、畢竟空爲主體性，此是吳汝鈞就主體性上來理解佛學，其對天台之理解亦不例外。其認爲天台智者大師的基本問題，在於真理（存有）如何建立與如何體現，如其云：

> 天台的智者大師的基本問題，是真理如何建立與如何體現。他（指智者大師）是以中道佛性——觀念來說真理。在他（智者大師）看來，作為真理的中道，即是佛性，而佛性即是真心，故理即是心，……因此，中道佛性在智者的系統中，是最基本的觀念②。

依吳汝鈞的看法，則把智者大師「三諦」（空、假、中）之「中」諦視爲真理（存有），亦即以中道佛性爲一切法之根本，視中道佛性爲主體性來理解天台學。因此，我們可以看出吳汝鈞對天台學之理解，基本上不脫牟宗三之模式。其謬誤在於將天台之中道佛性視爲存有、真理。然對天台智者大師言，中道佛性是無自性，非一切存在之根本。

在日本學者方面，以主體性理解天台思想的，有玉城康四郎、石津照璽、田村芳朗等人。雖同樣以主體性的觀點來理解天台，但其所認爲之主體性非就康德而來，倒是接近存在主義的主體性。

如玉城康四郎於其著《心把捉の展開》一書中，其對天台智者大師思想之理解，則是透過心把捉的主體性與超越性來理解③。其所主張的是自覺主體性，認爲由實踐觀行之自覺，泯合客觀存在與主觀存在。而此主體性是內在超越的，超越客觀存在與主觀存在。且透過自覺，融合主客觀世界。

另像石津照璽於所著《天台實相論の研究》中，以天台實相爲主體化的究極，即存在的極處，同時亦是宗教究極之根本。

諸如此類，可說皆是就主體性上來理解天台學，有關詳細論證部份因牽涉較廣，本文暫不處理。

二、以空自性化爲判準

此則是以「空」作爲方法論，到後來則以「空」作爲衡量一切之判準，有意無意中，空反成了自性化之東西。而且只要所言是不合乎「空」這種表達方式——即不合乎「破」的模式，皆被視爲外道的東西。殊不知「空」也是緣起法，表達緣起的方法之一而已，並不就是空是等於一切。將「空」作爲衡量一切的判準，此無異把空自性化。雖然也言「空」是無自性的，然卻是以無自性爲自性。本章第二節中所論述印順法師之觀點，則是屬於此。

楊惠南對天台學之理解，基本上是依此標準來理解天台的，甚至可以說是依此標準來理解中國佛教。但與印順法師之觀點亦有別，如對於吉藏法師的思想，印順法師認爲屬於空宗，是合乎龍樹中觀的思想，而楊惠南則認爲吉藏法師的思想中，本質上帶有一乘、佛性、常住之思想，即有如來藏思想。因此，視吉藏法師之思想已不符合龍樹思想④。

雖然楊惠南對吉藏法師之看法與印順法師有所不同，然其對中國佛教的觀點則是一致的，皆判爲如來藏系，以空的角度衡判爲外道的思想，所不同者，只是楊惠南認爲吉藏思想亦有如來藏思想罷了，不似印順法師如此推崇三論宗。

關於楊惠南對天台的理解，不僅以空的角度判天台是如來藏思想這判法有問題，而且在推論上錯誤百出，而對天台教理採取斷章取義⑤。

推論上的謬誤在於：其認爲智者大師誤解了龍樹《中論》〈觀四諦品〉之「因緣偈」，此因爲智者大師把「因緣偈」唯有二諦解成爲三諦（即因緣所生法，即空、即假、即中），而認爲此即空即假即中的中道思想就是如來藏的思想。對於此部份並沒有論述何以即空即假即中就是如來藏思想，只是依印順法師《中觀論頌講記》作爲他個人評判的標準。而其所用以推斷的論證資料，卻是將天台思想斷章取義而拼湊而成的，如其推斷天台的三諦三觀是如來藏思想是這樣的：

1. 首先楊惠南認爲智者大師的三諦三觀思想是承襲了《瓔珞經》《仁王經》⑥。

2.《瓔珞經》的空、假二諦二觀是不究竟之「方便道」，而只有中道第一義諦才是究竟的⑦。

3. 認爲《瓔珞經》的中道第一義諦觀能「雙照二諦」，因此三諦三觀即成一（中道）諦一（中道）觀了⑧。

4. 最後一步則推論出——由於《瓔珞》、《仁王》二經都是受到「常住」、「清

淨」、「如來藏」之後期大乘影響的經典⑨，因而認爲智者大師的三諦三觀說，乃受到「如來藏」思想的深重影響⑩。

上述是將楊惠南有關智者大師三諦三觀與如來藏說思想關係之論證分爲四點來看。然而此四點中有諸多處違背智者大師之意思，以及斷章取義之處。以下加以分析指出：

就第一點而言，智者大師《法華玄義》中雖然說「三諦」名出《瓔珞》、《仁王》⑪，然此也只是名稱上出自《瓔珞》《仁王》而已，並不表示三諦三觀的義理與《瓔珞》《仁王》一樣。更何況智者大師判《瓔珞》《仁王》之三諦三觀，是屬隔別三諦、次第三觀，而非圓融三諦、一心三觀，亦即判爲別教的教觀，而非圓教之教觀。所以，楊惠南所認爲智者大師的三諦三觀思想是承襲了《瓔珞經》《仁王經》，此乃是對智者大師思想之誤解。

就第二點而言，由於楊惠南誤把別教之教觀視爲天台圓教之教觀（此由第一點可得知），故認爲智者大師思想是主張「只有中道第一義諦才是究竟的」，此本是智者大師批判別教教理只有中道第一義諦是究竟的，在楊惠南的理解下，則變成了智者大師主張「只有中道第一義諦才是究竟的」。

就第三點而言，仍然屬於別教教觀之內容。至於代表天台核心思想的圓教思想，皆還未觸及到⑫。

在第四點中最後卻下了這樣的論斷：《瓔珞》、《仁王》二經是受「常住」、「清淨」、「如來藏」之後期大乘影響的經典，所以智者大師的三諦三觀說乃受到「如來藏」思想的深重影響。

從上述四點中，我們可以看出，由於錯誤的理解，導致錯誤的判斷，及謬誤的結論。

至此，我們可以看出持「空」爲究竟的學者，汲汲以如來藏思想來套智者大師的思想，至於如來藏思想代表什麼？如來藏思想與智者大師的思想有何關連？縱使有關連那又是屬於什麼樣的情形？卻不加以論證說明，縱使有論證，也呈現斷章取義，錯誤不堪之局面。

三、以黑格爾觀念論爲判準

黑格爾的觀念論，指的是絕對精神，就辯證法而言，辯證的根據、過程，最終目的，都只是絕對精神本身而已，且此「絕對精神」是絕對、唯一的存在。

學者中有以黑格爾的絕對觀念論來理解天台的中道、佛性、實相。如本章第三節所述，安藤俊雄即是典型的例子，其認爲天台的實相，是一切存在之根本，且於諸法的當相當處來展現實相。甚且以黑格爾之辯證法來詮釋天台的「空、假、中」三諦，認爲此三諦乃是圓融論理之範疇。

學者中，依此模式理解天台學的，有張瑞良、易陶天等人。於下述之。

張瑞良以「敵對相即」爲圓教論理方法，而由此推演出如來性惡説之必然性。如其所著〈天台智者大師的如來性惡説之探究〉一文中，其所論述如來性惡説，基本上模式與安藤俊雄雷同。皆由敵對相即來論天台圓融論理、圓融三諦，且以黑格爾的辯證法包越作用來詮解天台圓融三諦，如其云：

天台辯證法之三支，即「照」、「遮」、「雙遮雙照」，所謂「照」即「肯定作用」，相當於「資成軌」，或稱「立」、「建立」、「存」、「流」等，所謂「遮」即是「否定作用」，相當於「觀照軌」、或稱「亡」、「廢」、「捨」、「寂」、「遣」等，所謂「雙遮雙照」，即統一前兩作用之作用，相當於「真性軌」，或稱「遮照不二」、「雙亡正入」、「寂照雙流」、「雙遮雙亡」、「雙流雙照」等⑬。

又云：

在三種作用之中，「照」的作用是「直接的肯定」，「遮」的作用是「否定」，而「雙遮雙照」是統一前兩者之作用，詳言之，即所謂「雙遮」，是「遮照俱泯」之意，有「超越」之作用，所謂「雙照」即「遮照統合」之意，有「包攝」之作用，因此，「雙遮雙照」兼有「包攝」、「超越」兩作用，簡稱為「包越作用」⑭。

此爲圓教論理，另外又將「天台辯證法」之三支——照、遮、雙遮雙照，與西方辯證法的「定立」、「反定立」、「綜合」的三極作一對比⑮。而由此圓教論理中，推演出「煩惱即菩提」、「魔界如佛界如」，乃至「如來性惡說」。

有關張瑞良以西方黑格爾之辯證法來理解天台學，而認爲「雙庶雙照」之圓融理論是絕對肯定與絕對的否定之「圓融論理」。這種以黑格爾辯證法類比天台之辯證之謬誤，請參見本章第三節。

至於由圓融論理而推演出的性惡說，此仍不離黑格絕對觀念之模式。易陶天對天台之理解，是將黑格爾之絕對觀念來類比天台的教觀思想，亦可說其是以絕對觀念來理解天台教觀，如其云：

> 上來已說絕對觀念論暨其他諸名底根本義諦，此等根本義諦乃為黑格爾哲學的首出觀點或基本立場。這是毋煩徵引而即無可置疑。現在我們且說那也是天台教觀底中心思想或主要根據⑯。

接著就引證天台教義中有關絕對的部份，以說明天台教觀亦是屬絕對義，如「心」、「實相」、「一念心」等⑰，易陶天皆將之視爲具有絕對觀念論底根本義諦，其認爲天台的「一念心」是無對無待，所以是絕對，不可以主觀觀念來看「一念心」，如其云：

> 故而此一念心乃非識（Understamding）所識，非言所言而不思議。不思議即不可依形式邏輯的思想三律以「定思定議」。凡定思定議者皆屬邊見。邊見都是有對有待的。今既不定思定議則非邊見。非邊見則無對無待，無對無待是為絕對。故一念心得為絕對觀念或絕對心，而不可以主觀觀念貌之⑱。

由此可知，易陶天是相對於形式邏輯的定思定議是有待有對，而言天台之一念心是不定思不定議，無對無待，所以一念心是絕對觀念。

此外，易陶天亦就黑格爾之辯證法與天台圓融三諦類比⑲，而此兩者之不同，在於黑格爾是屬思辨的系統，而天台是屬實踐的系統[20]，前者是玄學，後者是聖學，然認爲本質上卻是一樣的，都是絕對觀念。

由上述我們可以得知易陶天是以黑格爾之絕對觀念來理解天台的實相，乃至一念心等之基本教義，另又以黑格爾之辯證法來解說天台圓融三諦之辯證。而如此詮釋下之偏離，與安藤俊雄對天台學之理解是相同的（此可參本章之第三節）。

四、混合型

所謂混合型，是混合了以上三種類型，有的是屬於一、二類型之混合，有的是屬二、三類型混合，有的屬一、三類型混合，或將三種類型混合在一起來理想天台學。但不論所混合運用之情形如何，基本上皆不出上述三種類型。而學者們對天台理解，大多數屬混合型。本文中僅舉霍韜晦作說明，餘不多述。

霍韜晦對天台學的理解，是從「客觀存在的入路」來理解天台學。關於此我們首先要了解霍韜晦是將中國佛教分成兩方面來理解：

(1)**客觀存在的入路——成實論、三論宗、天台宗**[21]。

(2)**主觀境界的入路——起信論、華嚴宗、禪宗**[22]。

由此我們可以看出霍韜晦對天台學之理解，是從「客觀存在」來理解的。至於爲什麼要分這兩條入路來理解中國佛教，其解釋到：

由於印度佛教追求絕對原來就有兩條入路，這對於中國佛教的起步可能有所規範，但卻是一大方便，沒有理由不順著前進。事實上中國佛教的四大宗派：三論宗、天台宗、華嚴宗、禪宗，依我個人的看法，就是分別沿此兩個方向發展至極再迴向現實人間而次第產生的。其中，三論宗、天台宗是從客觀存在的入路推進至極，徹底打通一切存在的界線，徹上徹下而成為一說存在的圓融系統。華嚴宗、禪宗是從主觀境界的入路推進至極，點出價值根源，再下來統攝一切法而成為一說價值並朗現主體的圓融系統㉓。

此中所言印度佛教追求絕對的兩條入路，是指中觀的哲學之路與如來藏、阿賴耶藏的哲學之路㉔，即所謂的「有門」與「空門」，就霍韜晦對佛教的理解而言，「空」本身亦是一存有論上的概念㉕，中觀哲學的主要目的是說明存在，中觀哲學所要到達的存在自身是一個絕對的領域，「空」是「絕對」的代名詞㉖。因此，我們可以看出霍韜晦基本上是就存有論的觀點理解佛教，不管佛教所講的「有門」（指如來藏哲學），甚至「空門」（指中觀哲學），都是涉及存有問題㉗。所不同者，一個從主觀境界入路，一個由客觀存在入路。

依霍韜晦的看法，認爲天台所講的存有（實相），是種客觀存在，未能就人的主體性來開顯，如圓融三諦、一念三千，皆是智者說明存有構造的理論㉘，而霍韜晦尤其特別強調一念三千本身是屬客觀存在。

霍韜晦認爲天台圓融三諦「空、假、中」是「辯證的綜合」，祇是順思想脈絡而來的語言，即智者大師祇是以「空、假、中」三義來描述存有自身的構造，以顯示它的上下交遍、對立及統一，此並不同於黑格爾的辯證法，辦證法本身是存有自身的活動㉙。而一念三千，是把心化爲一切法，並非以心來統攝一切法，所以一念三千本身是以爲客觀存在爲主，以心爲從屬的思維形式，如其云：

（一念三千）……，所以「具」的意義，並非以心來先攝一切法，而是把心化為一切法，這樣倒過來看，一切法也就是心，心與法皆同一存在㉚。

又云：

由此看來，一念三千是以客觀存在為主，以心為從屬於思惟形式，與圓融三諦的路線相同。所以智者雖說一念心，但此心非根源義㉛。

此中霍韜晦所要強調的是一念三千之一念心，仍是一客觀存在，並非是根源義。

由上述中，吾人得知霍韜晦是將天台之圓融三諦，乃至一念三千等皆視爲客觀存在。故由此來理解天台，而認爲天台未能正視心識問題，以致於主體觀念未能朗現㉜。因此；我們可以看出霍韜晦雖就客觀存在來理解天台，而然其基本理路卻是從主體性來處理問題。由此可知霍韜晦是主客交錯之混合型。類似此型態的，像李燕蕙碩士論文《智者大師的實相論與性具思想之研究》及慧嶽法師編著《天台教學史》都可說是屬於此類型。

本章節有關學者們所理解下的天台之分法，爲便於分類，將之分爲三種——方法論、主體、客體等形式，此三種類型是吾人處理問題上所須面對到的問題，即透過知識論來處理問題，或透過對主體的探索，或尋求一客觀存在的理體，或將主客融合一體，……來處理人類所面對的根本問題，此三種類型中，彼此之間多少有些關連，本章節之分法，是就所含之成分濃厚而作分類。非以筆者先有一套理論架構來套學者的觀點。有些學者因其所探討的問題並沒有形成一套看法，或缺乏論證的情況下，很難作判準，且有時其觀點亦是曖昧不清的，而這種情形，是很難作分類的，只好依其傾向之濃厚而作分類了。

而此分類以便於吾人對近代學術所理解之天台作一輪廓性之了解。

註解

①《華岡佛學學報》第七期，頁106。

②〈對現代佛學研究之省察〉。見《獅子吼》27：11，頁3。

③參《心把捉の展開——天台實相觀を中心として》之第二章〈智顗にあける心把捉の主體性と超越性〉。

④參見〈龍樹的生平及其影響〉（《諦觀》54，43），及《吉藏》一書之第六章。

⑤如楊惠南對天台五時教之了解，如《法華玄義》已在駁斥當時諸論師對五時次序之定執（參見大正33．812～813上）。所以，天台解釋五時，是分通五時與別五時來講，以避免吾人對五時教次序之定執。到了宋時，則又執五時之定說，所以明末清初時的蕅益大師則又對此提出強烈的批評，認為已誤解天台五時教之意（參見大正46．937中）奈何近代學者仍執五時之時間次序理解天台的五時教。（楊惠南五時教的資料，則是採自於《天台四教儀》，大正大正46．774下）。除了對五時教之誤解外，天台智者大師對般若時（或般若經）的定位，並沒有判定它只屬於通教之教理，如楊惠南所謂一：「從天台宗的「五時八教」的教判當中，明顯地可以看出《般若經》只是「漸教」之中不究竟的「通教」而已，（參其著〈龍樹的生平及其影響〉（《諦觀》54．49）。這

又時對天台五時八教的一大誤解，在天台引述圓教教義時，也往往引《般若經》、《維摩詰經》、《華嚴經》為經證，更何況天台智者判《般若經》的教理是屬通、別、圓等三教，此於《法華玄義》中到處可見。更謬誤的是將四教配以諸經，藏教是阿含，通教是般若，別教是華嚴，同教是法華參（《吉藏》頁211註㊿）。此誤解不單發生在楊惠南身上，也是近代學者對天台五時八教之看法普遍之現象。

其次，對於天台「實相」之誤解，也是明顯的例子，還有對三諦三觀的理解（把智者評為別教的教理觀行，理解成天台圓教的教觀），諸如此類，真可說不勝枚舉。

⑥ 如楊惠南於〈龍樹的生平及影響〉一文中之註171所說，其云：「……可見智顗的三諦三觀，完全承襲了《瓔珞經》的思想。其特色是：空、假二諦二觀是不究竟之「方便道」，只有中道第一義諦觀才是究竟的」（頁77）。

⑦ 同上，

⑧ 同上，頁77～78。

⑨ 同上，頁78。

⑩ 同上，頁51。

⑪ 參大正33．704下。

⑫也因為誤把別教當圓教來理解，所以認為智者大師特別偏愛中諦，如其云：「智顗的三諦三觀，雖一再強調「即空、即假、即中」，亦即三諦成一諦時，此一諦可以是空諦，也可以是假諦成中諦，但實際上佛特別偏愛中諦」（見〈龍樹的生平及其影響〉，《諦觀》54、77）。

⑬參《臺大哲學論評》第九期，頁82。

⑭同上，頁82～83。

⑮如〈天台智者大師的如來性惡之探究〉云：「總之，「照」、「遮」、「雙遮雙照」是天臺辯證法之三支，相當於西方辯證法的「定立」、「反定立」、「綜合」的三極，尤其「綜合」這一極，具有「上揚」的作用，「雙遮雙照」也一樣有這種作用，（《臺大哲學論評》第九期，頁83）。

⑯見易陶天著〈黑格爾哲學與天台教觀比較論析之一〉（《內明》97，5下）。

⑰由於引文過長，本文不加引錄（詳請參《內明》97，5下～6）。

⑱參同⑯，頁6。

⑲參〈黑格爾哲學與天台教觀比較論析之二〉（內明98，8～21）。

⑳參〈黑格爾哲學與天台教觀比較論析之三〉（內明99，17～27）。

㉑參《絕對與圓融》，頁362。

㉒同上，頁388。

㉓ 同上，頁362。

㉔ 同上，頁358。

㉕ 參見《絕對與圓融》，頁358。因此，霍韜晦認為中國佛教並沒有掌握到真正涵義，而只把空點成方法論上的「蕩相遣執」，如其云：「不過有關「空」的意義，中國佛教傳統一般都把它作為方法論上的概念來處理，即「蕩相遣執」，表現出一種消解精神，不取相、不著相，而未能了解「空」亦是一存有論上的概念，目的在展露真實存有」（《絕對與圓融》，頁358）。此也可看出霍韜晦將「空」理解成存有論的概念。

㉖ 如《絕對與圓融》云：「一切知識俱不可執，結果「空」的概念在這意義下變成對知識固定內容的消解，對主觀法的消解，對理性所安置的理解的消解。「空」成為描述主體作雙遣辯證思惟的過程。不過，如上所述，「空」的這一個用法並非它的本義，因為中觀哲學的主要目的是說明存在，但跟著發覺，以經驗的語言來說明存在的真實狀態是不可能的，這只有引起對真實存在的對反的認識而滯留於他自己所用的語言世界裡，所以必須使用雙遣辯證的方法來拯出之，這樣纔可以與超語言的存在自身相應。由此可見中觀哲學所要到達的存在自身是一個絕對的領域，「空」是「絕對」的代名詞」（頁352～353）。

㉗ 此不包括阿賴耶識之哲學，霍韜晦認為此哲學並未涉及存有問題。

㉘如《絕對與圓融》云：「我們可以接觸智顗兩個有關存有構造的理論，一是圓融三諦，一是一念三千」（頁383）。

㉙如《絕對與圓融》云：「要注意的是，所謂「辯證的綜合」祇是順思想脈絡而來的語言，並不意味存有自身的活動也是如此，否則可能與黑格爾的辯證法相混。智顗祇是以此三義來描述存有自身的構造，以顯示它的上下交徧，對立及統一」（頁382）。

㉚《絕對與圓融》，頁385。

㉛同上，頁386。

㉜同上，頁362。

參考書目：

一、專書

1.法華經　鳩摩羅什譯　大正9　新文豐影印出版　民72，元月再版
2.涅槃經　曇無讖譯　大正12
3.般若經　鳩摩羅什譯　大正8
4.華嚴經　佛馱跋陀羅譯　大正9
5.無量義經　曇摩伽陀耶舍譯　大正9
6.佛說觀普賢菩薩行法經　曇無蜜多譯　大正9
7.佛說仁王般若波羅蜜經　鳩摩羅什譯　大正8
8.維摩詰所說經　鳩摩羅什譯　大正14
9.大智度論　龍樹菩薩造　鳩摩羅什譯　大正25
10.妙法蓮華經憂波提舍　世親造　菩提留支共曇林等譯　大正26
11.中論　龍樹菩薩造　鳩摩羅什譯　大正30

12. 法華玄義　智者說　大正33

13. 法華文句　智者說　大正34

14. 摩訶止觀　智者說　大正46

15. 四念處　智者說　大正46

16. 觀心論　智者說　大正46

17. 觀心論疏　灌頂著　大正46

18. 四教義　智者撰　大正46

19. 觀音玄義　智者說　灌頂記　大正34

20. 大槃涅槃經玄義　灌頂著　大正38

21. 大槃涅槃經疏　灌頂撰　大正38

22. 維摩經玄疏　智者撰　大正38

23. 維摩經略疏　智者說　湛然略　大正38

24. 金光明經玄義　智者說　灌頂錄　大正39

25. 金光明經文句　智者說　灌頂錄　大正39

26. 圓善論　牟宗三著　學生出版　民74，7月初版

27.佛性與般若　牟宗三著　學生出版　民71，1月三版
28.智的直覺與中國哲學　牟宗三著　商務出版　民69，10月三版
29.心體與性體(一)　牟宗三著　正中出版　民68，12月臺三版
30.印度佛教思想史　印順著　正聞出版　民77，4月初版
31.印度之佛教　印順著　正聞出版　民76，9月二版
32.如來藏之研究　印順著　正聞出版　民70，12月初版
33.中觀今論　印順著　正聞出版　民70，2月出版
34.中觀論頌講記　印順著　民62，1月重版
35.性空學探源　印順　民62，2月重版
36.初期大乘佛教之起源與開展　印順　正聞出版　民77，1月四版
38.天台學——根本思想とその展開　安藤俊雄著　平樂寺　1982年8月1日第六刷
39.天台性具思想論　安藤俊雄著　演培法師譯　天華出版　民78，9月天華一版
40.天台大師の研究　佐藤哲英著　百華苑刊　昭和36，3月發行
41.心把捉の展開　玉城康四郎著　山喜房刊　平成元年，2月第三刷
——天台實相觀を中心として——

42.天台實相論の研究　石津照璽　弘文堂　昭和22，5月
43.天台思想論　世界佛學名著譯叢60　華宇出版　民73，11月初版
44.法華思想　平川彰等人編輯　林久稚譯　文殊　民76，11月出版
45.原始佛教思想論　木村泰賢著　歐陽瀚存譯　商務出版　民69，6月臺四版
46.印度哲學宗教史　高楠順次郎　木村泰賢著　高觀盧譯　商務出版　民68，10月臺三版
47.大乘佛教思想論　木村泰賢著　演培法師譯　天華出版　民78，11月一版
48.原始佛教　水野弘元著　郭忠生譯　菩提樹出版　民71，9月出版
49.絕對與圓融　霍韜晦著　東大出版　民75，4月初版
50.華嚴思想　川田熊太郎等著　李世傑譯　法爾出版　民78，6月出版
51.中國哲學史　勞思光　三民出版　民70，2月
52.涅槃思想研究　張漫濤　大乘文化出版　民70，8月初版
53.吉藏　楊惠南　三民出版　民78，4月初版
54.天台性具思想論　安藤俊雄著　法藏館　昭和28（1953）
55.佛教中觀哲學　梶山雄一　吳汝鈞譯　佛光山出版　民67年
56.中觀思想　梶山雄一等著　李世傑譯　華宇出版　民73，11月（收集在《世界佛學名著譯叢》63）

57. 中觀哲學　穆帝（T. R. Murti）著　郭忠生譯　華宇出版　收集在《世界佛學名著譯叢》64、65

58. 中國大乘佛學　方東美　黎明出版

59. Chinese Philosophy——Its Spirit and Its Development Thomé H. Fang Linking Publishing Co Ltd 1981

60. Buddhist Philosophy——A History Analysis D. J. Kalupahana The University Press of Hawaii 1976

二、論文：

1. 黑格爾哲學與天台教觀比較　易陶天　《內明》97～100　民64、4月～10

2. 龍樹之論空、假、中吳汝鈞　《華岡佛學學報》第七期　民73、9月出版

3. 對現代佛學研究之省察　吳汝鈞　《獅子吼》27：11　民77、11月出版

4. 龍樹的生平及其影響　楊惠南　《諦觀》第54期

5. 龍樹的《中論》用了辯證法嗎？　楊惠南　《台大哲學評論》第五期　民71年

6. 「空」否定了什麼？
——以龍樹《迴諍論》為主的一個研究　楊惠南　《台大哲學評論》第八期　民74年

7.天台智者大師的如來性惡說之探究　張瑞良　《台大哲學評論》第九期　民75年

8.龍樹的「空」　楊惠南　《諦觀》第十一期　民73、4月

9.印度一元論與中觀哲學之比較研究　李志夫　《佛光學報》第六期　民70年

10.泛論佛陀及中論緣起理事觀與邏輯理事觀　李志夫《華岡佛學學報》第四期　民69年

11.天台宗之理事觀　李志夫　《華岡佛學學報》第六期　民72年

12.龍樹的語言概念　萬金川　《諦觀》第十二期　民73

13.談中論本頌中戲論之三義　萬金川　《內明》第162～164期

14.自性形上學之批判　陳志華　《法言》第三、四期

15.三論宗中道思想的真理觀與邏輯觀　鄭學禮　《哲學與文化》第十五卷第七期

16.有與空　霍韜晦　《內明》第123期　民71年

17.印度佛教中的絕對觀念　霍韜晦　《內明》第122期　民71年

18.中國佛教的圓融之路　霍韜晦　《內明》第127～129期

19.從原始佛教到華嚴宗　霍韜晦　《內明》第143期

〈跋〉

本書從完成至出版，是經過：〈評審意見書〉→〈答《評審意見書》〉→〈《天台緣起中道實相論》出版之意見報告〉審查的程序。在這審查過程中，承蒙評審學者們提供了許多寶貴意見，本想於此書出版時，將這些審查意見以附錄方式附於書後，以便讀者可以了解到對於此書的不同意見觀點，使得讀者可以對本書所提的一些問題作更進一步地思考。由於本書嘗試以問題的方式，對於一些問題提出質疑反省，此種處理方式，其中所存在的問題，想必亦不少。由於無法取得評審學者們之同意，將這些評審意見公諸於世，實爲可惜！

在此，本人將本書所處理的不同觀念的問題，綜合評審意見略述於下：

㈠首先，對天台實相的解釋，是否有誤讀了天台智者的意思，這可由讀者對本書整個在實相觀念的處理來作研判。

㈡關於性惡問題。由於本書局限以《觀音玄義》來作探索，以及嘗試就天台智者的

思想來作反省，而質疑性惡說非天台思想之核心。至於有關性惡說之形成及其發展，由於非本書所要處理範圍，並未加以擴大地論述。此部份可參考後來發表於《中華佛學學報》第六期〈湛然理具思想之探討〉、《諦觀》第74期〈從觀心評天台山家山外之論爭〉及《諦觀》第76期〈孤山智圓的理具唯心思想對知禮之反批〉，這幾篇文章將有助於吾人對性惡說形成之了解。

㈢〈檢視近代學者所理解的天台學〉這一章節，是本書頗具爭議性的問題。由於本書嘗試就天台智者的緣起中道實相論對近代學者所理解下的天台思想之觀點提出質疑和反省，這些質疑是否誤解了學者們的觀點，這有待學界作進一步之評判。

本書嘗試對問題的提出，在論證上仍有其不足之處，希望讀者不吝於批評指教，亦希望藉由拋磚引玉方式激發吾人對學術這塊園地的關注與投入。

三刷後記

本書出版至今近兩年，趁此三刷之際，將初版所遺留的一些問題，略作交待。

首先，本書於〈跋〉曾提及無法「將這些評審意見公諸於世，實爲可惜」（頁523），自出版以來，學界私下對本書有諸多意見，但公開評論唯見楊惠南教授的〈從「法性即無明」到「性惡」〉（《佛學研究中心學報》第一期，頁111～145），筆者亦撰〈評從「法性即無明」到「性惡」〉一文回應之，此拙文曾於去年「中華佛學研究所專任研究員論文發表會」中提出發表討論，並將刊登於台大《佛學研究中心學報》第二期（1997年）。

其次，本書於頁四七一中，曾提及筆者對中村元有關中印歐思惟模式之看法，尚待專文處理。對此，筆者已撰〈對中村元《東洋人的思惟方法》中有關思惟模式和中國佛教之析判〉一文，正待發表中。

此外，本書於頁四七九中，提到印順法師三系説下對虛妄唯識的看法，有待專文

國家圖書館出版品預行編目資料

天台緣起中道實相論 / 陳英善著. --初版. --臺北市
: 法鼓文化, 1997. 〔民86〕印刷面 ; 公分. --
(中華佛學研究所論叢 ; 5) 參考書目：面

ISBN 957-8473-18-4(平裝)

1. 天台宗-宗義

226.41　　86002811

中華佛學研究所論叢 5

天台緣起中道實相論

著者／陳英善
出版／法鼓文化
總監／釋果賢
總編輯／陳重光
責任編輯／賴月英
美術設計／王孝媺
地址／臺北市北投區公館路186號5樓
電話／(02)2893-4646　傳真／(02)2896-0731
網址／http：//www.ddc.com.tw
E-mail／market@ddc.com.tw
讀者服務專線／(02)2896-1600
初版六刷／2023年6月
建議售價／新臺幣550元
郵撥帳號／50013371
戶名／財團法人法鼓山文教基金會—法鼓文化
北美經銷處／紐約東初禪寺
Chan Meditation Center (New York, USA)
Tel／(718)592-6593　E-mail／chancenter@gmail.com

◎本書如有缺頁、破損、裝訂錯誤，請寄回本社調換◎
有著作權，不可翻印